L'Ennéagramme et ses secrets

Le guide suprême et détaillé pour notre croissance psychologique et spirituelle

Danielle   Dantes

Copyright © 2012 Danielle Dantes

Tous droits réservés.

1 CHAPITRE
L'ORIGINE HISTORIQUE ET GÉOGRAPHIQUE DE L'ENNÉAGRAMME

Somme celle dans laquelle un personnage "magique" dit à quelqu'un qu'il va tomber follement amoureux de la première personne qui le rencontrera en traversant un pont : cette fable annonce ce qui deviendra plus tard une certitude scientifique avec l'éthologie, le phénomène de l'empreinte. Les études de Lorenz sur les oies ont montré que le poussin qui sort de l'œuf établit un lien avec la première personne qu'il rencontre, que ce soit la mère ou non, et commence ensuite à la suivre partout.

Ce qu'est le lien d'empreinte n'est pas facile à comprendre, car en réalité il n'y a pas de fil conducteur concret entre un être vivant et celui sur lequel il est imprimé : le mot lien est un "comme si", une métaphore. Il s'agit en fait d'une situation dans laquelle la présence de celui sur lequel on est imprimé devient indispensable pour pouvoir effectuer certaines actions : par exemple, on le suit, on veut être proche de lui, en sa présence, bref, il déclenche un comportement d'approche et d'accompagnement que l'on appelle "la réaction de suivre", qui a d'une part une dimension qui peut être abordée de manière cognitive, mais qui d'autre part est marquée par l'intentionnalité, c'est-à-dire par un désir de quelque chose.

La réaction de suivre concerne certaines espèces animales, alors que chez d'autres, comme les humains, le lien est moins immédiat et plus progressif dans le temps : dans la théorie de l'attachement, on parle d'attachement7 , ce qui, plutôt qu'un éclair, semble être un processus qui dure des mois : ce qui est génétiquement programmé ici n'est pas un simple comportement, mais la capacité d'apprendre des comportements appropriés aux circonstances.

Notre organisme psychophysique est organisé de telle manière que nous ne pouvons pas ressentir, par exemple, de la tendresse pour n'importe qui : la tendresse maintient les gens ensemble avec un lien étroit, et est naturellement réservée à quelques-uns, de sorte que les petits groupes humains restent plus connectés les uns aux autres et ont plus de chances de survivre. En bref, l'amour, qui est normalement considéré avec un tel sentiment de transcendance, considéré d'un point de vue biologique, est quelque chose qui a un lien étroit avec la survie.

Le lien est avant tout une fonction de survie : le premier lien dans l'histoire de la vie sur terre a probablement été celui entre les parents et les enfants, car si les enfants restent derrière leurs parents et vivent dans leur environnement, ils ont plus de chances de survivre. La mère se bat pour ses enfants, et il est normal qu'une oie, par exemple, ne soit qu'une oie, mais par rapport à un poussin, une oie a plus de chances de se défendre contre le renard. Le lien est une fonction de survie, il maintient les crocodiles autour de leur mère afin qu'ils ne soient pas mangés par d'autres crocodiles : si les crocodiles sortent seuls, ils finissent facilement dans la bouche de quelqu'un, s'ils restent près d'un parent, cela est beaucoup plus difficile pour eux.

En comprenant la fonction que le lien a pour la survie, nous comprenons aussi que le lien existe là où il y a séparation, c'est-à-dire que le lien naît avec la séparation. Dans notre monde romantique, l'amour n'a qu'un seul côté, mais comme dans le monde toutes les médailles ont deux côtés, même l'amour ne peut pas n'avoir qu'un seul côté. Le lien affectif, et plus précisément dans l'espèce humaine, l'attachement, est l'enfant de la séparation, sans lequel il n'existerait pas, et par conséquent il a nécessairement une face cachée, car la séparation implique la douleur. C'est une chose dont on ne parle pas habituellement : dans la culture romantique, l'amour doit être absolu, total, parfait, etc., s'il y a des imperfections c'est à cause de quelqu'un des deux, qui est ignorant, égoïste, etc. L'amour, d'autre part, a nécessairement le visage de la réaction à la séparation : quand un bébé sort du ventre de sa mère, il est dans un autre monde, et si avant la mère était présente de tous côtés, alors, ahhhhhg ! elle est là, lointaine et détachée de lui, et cela ne doit pas avoir un grand effet.

Si vous imaginez que du point de vue de l'empreinte, être attaché à quelqu'un peut signifier que c'est quelqu'un en présence duquel vous pouvez vous comporter de certaines manières, cela ne coïncide pas entièrement avec le concept d'amour : par exemple, vous pouvez rechercher la proximité de quelqu'un par haine, vous pouvez vouloir être proche de lui pour lui faire les yeux au beurre noir. Le lien est là aussi, et on dit en fait que la haine lie encore plus que l'amour.

Quant à l'histoire du lien, quand le bébé naît, c'est comme si l'ensemble mère-enfant se brisait, et on peut imaginer soit que le bébé ait le sentiment qu'il n'est qu'un petit morceau et la mère la plus grande partie, soit qu'au contraire la partie importante est lui-même. Si l'enfant ressent la petite partie, la mère sera idéalisée et merveilleuse (la relation est ici soutenue par l'instinct sexuel), ou crainte comme quelqu'un d'extraordinaire mais pas si digne de confiance (la relation est plutôt soutenue par l'instinct de fuite). Lorsque, par contre, l'enfant naît en se sentant comme une partie non inférieure du tout, l'autre partie n'est pas idéalisée, et la mère est alors une autre de qui il n'y a probablement pas beaucoup à espérer : dans ce cas, on ne peut pas vraiment faire confiance, et prendre le contrôle de la situation semble être la seule issue (le soutien sera alors l'instinct de territoire).

En fait, Heinz Khout, un psychanalyste qui a soigneusement étudié le phénomène du transfert, a décrit trois typologies très différentes, le transfert idéalisant, le transfert miroir et le transfert jumeau, qui semblent correspondre précisément à ces trois éventualités :

- le transfert idéalisant est celui où l'on a et veut de l'autre ce que l'on pourrait avoir d'un personnage idéalisé, d'un parent merveilleux, c'est-à-dire un amour absolu et stable qui permet la fusion. On peut imaginer que l'attachement qui a pu nourrir ce processus d'idéalisation est ambivalent, et le transfert idéalisant compense cela par l'amour de soi, en échappant idéalement au côté agressif de l'autre et en exagérant le côté aimant 9. L'opération fonctionne de deux façons : on peut idéaliser l'autre à l'inverse, comme une personne merveilleuse qui ne se comporte pas comme elle le devrait, et alors l'amour de soi offensé et vindicatif devient du ressentiment.

- Le transfert de miroir est bien connu de Blanche-Neige et des Sept Nains, où la belle-mère demande toujours le miroir magique : "miroir de mes désirs, qui est la plus belle du royaume ?". L'attachement évitant est un attachement de loin, et dans le transfert miroir, la personne ne veut pas être aimée dans la chair, comme dans un attachement ambivalent, mais il suffit d'être reconnu par l'autre, qui est un miroir, un miroir magique, mais seulement un miroir, c'est-à-dire un objet, et avec un objet dont on peut toujours s'occuper, car contrairement aux interlocuteurs humains, il est bon et tranquille10 , même si, comme le miroir de la belle-mère, il répond "Blanche-Neige". Même les miroirs ne sont pas très fiables au final, et la méfiance chronique et rationalisée a toujours le dernier mot ! -

- Dans le transfert de jumeau, le lien avec l'attachement désorganisé est peut-être moins immédiat : si, cependant, on pense qu'il n'y a pas ici de congruence émotionnelle dans l'interaction et qu'il n'y a donc pas tant de fiabilité dans le comportement des autres, la désillusion implique que le mieux que l'on puisse attendre est que l'autre soit un jumeau, un égal, quelqu'un en qui on peut avoir confiance précisément en raison de l'adhésion inconditionnelle que l'égalité implique. Dans ce cas, le thème devient celui de l'égalité, qui peut être opéré de diverses manières qui peuvent être considérées comme congruentes avec la territorialité.

3 CHAPITRE
LE POUVOIR DES ENNÉAGRAMMES POUR DÉCOUVRIR VOTRE VRAIE NATURE

Or, chacun veut satisfaire ces trois désirs, mais il y en a un qu'il veut satisfaire plus que les autres, et il y a ceux qui se soucient avant tout d'être aimés (les accrocheurs), ceux qui se soucient d'être compris (les évitateurs), et ceux qui se soucient de l'adhésion de l'autre (les contrôleurs).

- Ceux qui se soucient tant d'être aimés sont les personnages sentimentaux. Ce sont eux qui connaissent bien les marguerites : "il m'aime, il ne m'aime pas, il m'aime, il ne m'aime pas, il m'aime, il ne m'aime pas", il termine la marguerite, en choisit une autre et dit "où en étais-je ? Il ne m'aimait pas, alors je recommence à partir de "il m'aime" : il m'aime, il ne m'aime pas, il m'aime, il ne m'aime pas". Ce sont ceux à qui vous parlez de la difficulté de reconnaître un type de transfert et qui se posent la question : "cela signifie-t-il qu'il m'aime ou qu'il ne m'aime pas ?"

- Ceux qui ont un transfert en miroir, c'est-à-dire qui veulent avant tout être compris, sont les personnages pensants. Au lieu de feuilleter les marguerites, ils se disent peut-être : "Oui, il m'aime, mais de quoi cela dépend-il ? Qu'est-ce que cela signifie ? Combien de temps cela va-t-il durer ? Est-ce chimico-physique, ou cela dépend-il des phases de la lune, ou de quoi d'autre ... mais surtout, que comprend-il vraiment de moi ?

- Ceux qui ont des attaches de jumeaux se disent : "Ce n'est pas comme s'il y avait quelque chose de spécial à attendre d'elle, c'est juste quelqu'un comme moi : soit je dirige cette relation et je m'assure que nous allons de pair, soit rien de bon n'en sortira", et ce sont les personnages d'action.

Freud a appelé ces trois catégories de personnages centrés sur l'amour, l'indépendance et le pouvoir : le transfert en miroir est le sommet de l'indépendance, parce que la personne est en miroir mais reste de ce côté du pont, tandis que dans le transfert idéalisant, les gens veulent fusionner amoureusement avec l'objet de projection, et dans le transfert désorganisé, ils recherchent une adhésion non critique, qui est marquée par le thème du contrôle du comportement de l'autre.

En bref, pour compenser l'ambivalence, c'est-à-dire le pont qui vacille sous la pression des émotions, certaines personnes le font en se plaçant au-dessus de l'expérience instable, comme les personnages sentimentaux, qui s'appuient sur la force de l'intensité émotionnelle ; certaines personnes le compensent en faisant un pas en arrière, comme les personnages de la pensée, spécialistes du vol contrôlé ; et certaines, comme les personnages de l'action, spécialistes de la gestion du territoire, le compensent en faisant un contre-mouvement : le pont vacille de cette façon et ils se déplacent de cette façon et gardent leur équilibre comme des marins sur un bateau tangent. L'important est de garder à l'esprit que les personnages ne sont rien d'autre que des tentatives de compenser l'ambivalence du lien, une modalité que nous avons développée aux origines de notre vie dans la relation avec la mère, en s'appuyant vraisemblablement sur les différentes ressources instinctives de l'organisme.

La théorie et le schéma général

L'Ennéagramme est une théorie qui parle de l'homme intérieur de manière très directe. Même s'il peut être utile d'appliquer la connaissance de ses lois à d'autres personnes, il vaut mieux l'utiliser comme un outil utile pour une meilleure compréhension de soi-même. Sa connaissance agit comme une sorte de graine ou de virus qui introduit dans le sujet la lueur du conflit, la conscience de la dissonance entre ses mécanismes automatiques d'action et de réaction et sa partie saine, qui est en dehors d'elle et qui commence à bouger, à réfléchir, à observer les mécanismes eux-mêmes, à les reconnaître, à vouloir se libérer des automatismes malsains, c'est-à-dire de ces conditionnements qui éloignent la possibilité de réalisation, et qui commencent à être reconnus comme indésirables.

La représentation graphique de l'Enneagramme est celle d'un cercle subdivisé en neuf points indiqués de 1 à 9 dans le sens des aiguilles d'une montre, l'heure 1 du quadrant coïncidant avec le 1 de l'Enneagramme et le 12 du quadrant coïncidant avec le 9. Les points sont équidistants les uns des autres et reliés par des lignes qui représentent les relations internes du système.

Ces lignes de jonction internes sont fondamentalement deux :

G La ligne 3-6-9 qui forme un triangle équilatéral (loi de 3) ;

G Ligne 1-4-2-8-5-7-1 dont les chiffres forment la séquence périodique obtenue en divisant par sept l'un des autres.

en divisant par sept n'importe lequel des autres nombres cardinaux (loi de 7).

Un exemple connexe est la grande tradition orale des

"Aswot" de Transcaucasie, connue

comme de simples conteurs mais porteurs de souvenirs d'événements très lointains. Le père du père de Gurdjieff était précisément l'un de ces conteurs. Il a également expliqué comment ce symbole.

Il a également expliqué comment ce symbole était utilisé comme un outil spécial pour comprendre le mécanisme de chaque système relativement fermé, comme le système solaire et les lois qui le régissent, le fonctionnement de l'organisme humain, les organismes végétaux, etc.

Géométriquement, il est composé d'un cercle divisé en neuf parties égales (d'où le (d'où le nom) et sa construction est très particulière : une fois le cercle divisé, vous devez numéroter les points dans le sens des aiguilles d'une montre de 1 à 9 et inscrire un triangle équilatéral ayant comme sommets les points 3, 6 et 9. L'union des autres points provient d'un calcul très simple.

simple : si vous divisez le nombre 1 par le nombre 7, vous obtenez le nombre 0,142857142857...,nombre périodique de la période 1 4 2 8 5 7 répété à l'infini. Les points restants à relier ne sont que ces six nombres dans cette séquence.

Ce symbole était également appelé "loi de neuf" et était considéré comme la fusion de la "loi de sept" avec la "loi de trois" ; le chevauchement est évident. La première loi servait à étudier tout processus dans lequel un phénomène intégral (tel que le rayon blanc de la lumière, le son) est toujours composé de sept parties indépendantes (les sept couleurs dans lesquelles la lumière est divisée, les sept notes entières dans lesquelles le son est divisé) ;

la seconde indiquait comment chaque phénomène, du plus petit (atome) au plus macroscopique (étoiles), était macroscopique (étoiles), était toujours généré et maintenu en vie par trois forces ou parties appelées :

1) "Positive" ou d'affirmation,

2) "Négatif" ou résistance, et

3) "Neutralisation" ou de conciliation.

L'ennéagramme représente tout processus qui se maintient par auto-renouvellement : par exemple la Vie. C'est pourquoi Gurdjieff l'a défini comme "le mouvement

perpétuel et aussi la pierre philosophale des alchimistes".
Il a également dit : <<La connaissance

La connaissance de l'ennéagramme a été longtemps conservée en secret et si maintenant, pour ainsi dire, elle est mise à la disposition de tous, ce n'est que sous une forme incomplète et théorique dont personne ne peut faire un usage pratique sans les instructions de ceux qui savent>>.

Il y a seulement quelques années, quelqu'un a essayé d'utiliser ce symbole comme une technique psychologique en créant une technique psychologique hypothétique créant une correspondance hypothétique entre les neuf nombres et neuf "types" imaginaires dans lesquels le sujet est appelé imaginaire dans lesquels le sujet est appelé à s'identifier.

Jusqu'à présent, il n'existe aucune preuve scientifique que cette méthode donne des résultats

appréciable. En outre, il n'existe pas de documentation sur l'utilisation du

de l'Ennéagramme (par Gurdjieff lui-même) comme classificateur de personnalité.

Ce n'est que beaucoup plus tard qu'Oscar Ichazo et Claudio Naranjo ont mis au point cette technique expérimentale.

L'explication des significations implicites de ces deux lois et de leur signification nécessiterait une étude très détaillée.

Parce qu'ils sont situés sur la circonférence d'un cercle, les différents points sont également équidistants du centre, en soulignant qu'ils sont également équidistants du centre du centre, pour souligner qu'ils sont également équivalents, c'est-à-dire qu'il n'y a pas de hiérarchie entre eux, l'un d'eux meilleur ou pire qu'un autre ou plus important, et qu'ils sont donc également proches et éloignés du centre du cercle qui est indiqué par le 0 et qui représente symboliquement la liberté de l'égoïsme par son anéantissement dans une source de caractère supérieur une source de caractère supérieur.

4 CHAPITRE

UNE BRÈVE INTRODUCTION AUX TYPES D'ENNÉAGRAMME

Selon la théorie de l'ennéagramme, l'être humain naît dans un état d'"essence".

Cet état doit être interprété comme une situation de pure potentialité dans laquelle chaque manifestation répond de manière appropriée au stimulus du moment. En particulier, puisque la pensée ne s'est pas encore développée, ce sont les réponses instinctives/émotionnelles qui sont complètement libres et guidées uniquement par l'énergie qui est inhérente à la création elle-même. inhérente à la création elle-même.

En bref, cependant, cet état est complètement perdu : les opportunités/limitations de l'environnement produisent une série de pressions qui conduisent à des réponses "fixes" à partir desquelles toutes les fonctions ultérieures évolueront. Je crois donc que même si chez l'enfant de moins de vingt mois, l'ego logique ne s'est même pas encore formé, et qu'il lui manque donc un centre de référence, la partie instinctive a déjà développé sa propre "raison".

Cette raison fonctionne sur une base intuitive régie par l'instinct d'adaptation et suit un critère fondamental d'expansion, qui nécessite un contact, ou de rétraction, qui implique une séparation ou une distanciation. Dans cette première phase, l'appareil physiologique du cerveau profond, qui supervise les fonctions émotionnelles, est déjà presque entièrement développé, ce qui signifie que tout ce qui arrive à la

Cela signifie que tout ce qui arrive à l'enfant suscite également deux groupes fondamentaux de réponses : les réponses primaires instinctives/émotionnelles (POLARITÉS). Ces Polarités fonctionnent dans un état de flux interactif constant et conduisent, au fil du temps, au développement du sens de la réalité chez l'enfant. La situation évolue de façon spectaculaire avec la naissance de l'ego ou du sens de l'identité. À partir de ce moment, l'être ressent pleinement le sentiment de séparation entre lui et le reste de l'univers, sa limitation, son sentiment de carence et tend à compenser toutes ces carences par des déficiences en développant immédiatement un système émotionnel défensif qui le tranquillisera et lui permettra de survivre.

Les deux polarités sont, par l'intervention de l'instinct d'adaptation, par conséquent réunies en une seule réponse émotionnelle "fixée" (LA PASSION), cohérente avec les exigences du milieu dans lequel vit l'enfant (drame blessé ou original). DRAME ORIGINAL). De cette façon, l'homéostasie instinctive naturelle est complètement perdue.

Perdu, les instincts seront corrompus par la force de la passion et de l'être, comme un automate,

continuera à répondre aux différentes situations qui se présentent, en suivant toujours le "programme" qu'il a dû adopter dans sa situation familiale d'origine.

Le développement ultérieur de la fonction logique ne

changera pas alors la situation existante,

parce que la pensée suivra également la voie déjà empruntée par les réponses instinctives et émotionnelles, et elle échouera et les réponses émotionnelles, et s'enlisera dans une façon de penser qui ne prendra en compte que certains aspects, refusant de voir les autres certains aspects, refusant de voir d'autres indésirables (FIXATION).

La tâche de l'homme qui veut évoluer est donc de sortir de cette "mécanicité", en essayant de réactiver en lui les énergies nécessaires pour surmonter l'obscurcissement ontique dont j'ai parlé plus haut. Pour cela, le simple recours à la volonté ne suffira pas, mais il faudra passer par une première phase de reconnaissance du mode de fonctionnement de leurs mécanismes (Conscience), une deuxième phase de revisitation des expériences émotionnelles profondes et leur remplacement par des formes émotionnelles supérieures appelées VIRTUES (Destructuration de l'ego passionnel), et de l'ego passionné), et une phase finale dans laquelle l'ego primitif remplacera un être évolué qui a pour caractéristique de voir le monde d'une manière non égoïque(SAINES IDÉES).

- L'orgueil (montrer sa supériorité sur les autres).

- Avarice (manque de générosité, celui qui est avare, mais qui à l'origine indiquait la tendance à l'accumulation excessive et injustifiée, la thésaurisation).

- La luxure (dévouement au plaisir et au sexe).

- L'envie (désir malsain envers ceux qui possèdent des qualités, des biens ou des situations meilleures que les siennes).

- Gloutonnerie (abandon et exagération dans les plaisirs de la table).

- Colère (être facilement fâché).

- Paresse (paresse, oisiveté, refus de faire quoi que ce soit, apathie, manque d'intérêt pour les autres, pour soi-même et pour les autres), pour les autres, pour soi-même et pour la vie).

En d'autres termes, à ce que l'on appelle la personnalité, caractérisée par un centre émotionnel inférieur (les passions). Le centre émotionnel inférieur

(Passions), par un centre intellectuel inférieur (Fixations) et par des Instincts corrompus, devra être remplacé par une véritable et complète manière Essentielle d'être composée d'Instincts, de Vertus et de SAINTE IDEES naturellement libres.

Schéma de l'ennéatype

- Les types 1 évitent la colère, ne se fâchent pas et ont tendance à être parfaits en toutes choses - Les types 2 évitent le besoin, se targuent d'être d'une grande aide pour les autres et n'admettent pas avoir besoin des autres.

- Les troisièmes évitent l'échec et s'identifient à leurs succès.

- Le type 4 évite la banalité, il se considère toujours comme spécial.

- Le type 5 évite le vide, toujours soucieux d'accroître la richesse de ses connaissances

- Le type six évite la déviance, en considérant la vie comme ordonnée par des lois, des règles et des normes.

- Type 7 : évite la douleur, aime s'amuser et ne remarque pas la douleur des autres

- Les types 8 évitent les faiblesses, se targuent d'être forts et aiment se disputer
- Les types 9 évitent les conflits, ne peuvent pas gérer les tensions entre les gens et recherchent la paix.

Psychodynamique du caractère

Un personnage est comme un véhicule fait de comportements, c'est-à-dire que ce sont des comportements qui mènent quelque part de fonctionnel à la survie. Or, une voiture n'est pas seulement un moteur, qui simplement posé sur le sol, seul ne va nulle part. Pour avoir une voiture, en plus d'un moteur, il faut des roues, une direction, des pédales, un accélérateur et ainsi de suite : en bref, il faut un système coordonné de propulsion et de direction. Un comportement est imaginable comme une voiture, il y a un mouvement et une direction : ce n'est pas qu'une personne irritable se mette en colère et batte quelqu'un devant elle, quand elle ressent de la colère elle la dirige vers quelqu'un de précis.

En bref, on peut considérer qu'un personnage a deux composantes essentielles : la composante émotionnelle, qui le fait bouger, et la composante cognitive, l'outil directionnel qui lui indique où frapper. La composante émotionnelle est celle qui fait bouger la main, la composante cognitive est celle qui prend le but. La composante émotionnelle n'est pas sous le contrôle de la conscience, mais la composante cognitive est la suivante : dans la voiture, vous ne tournez pas le volant au hasard, vous le tournez en fonction de ce qui est devant vous, car le déplacement du volant est nécessairement lié à la lecture du monde. Il est également lié aux possibilités sensorielles contingentes de la personne : s'il n'y a pas assez de lumière et que vous pouvez à peine voir une ombre, vous devez décider rapidement s'il s'agit seulement d'une ombre ou d'un objet concret, sinon vous risquez un accident. De toute évidence, cette différence fait de la lecture du monde un problème de comportement central.

La lecture subjective du monde peut être appelée

idéologie, et un personnage est une articulation entre une instance émotionnelle et une idéologie : le comportement du personnage dépend non seulement de l'émotion, mais aussi de la lecture du monde par l'idéologie. Par exemple, dans l'idéologie perfectionniste, tout doit être parfait : à l'intérieur, une voix dit "vous devez être parfait, vous devez être parfait, vous devez être parfait". La personne persécute alors ses interlocuteurs avec sa perfection, mais cela dépend du fait qu'il y a cette voix à l'intérieur d'elle, la voix de l'idéologie qui la pousse. L'idéologie et l'émotion travaillent ensemble, le moteur seul ne peut aller nulle part sans l'appareil de conduite qui dirige la voiture : c'est finalement la lecture idéologique du monde, toujours la même, qui nous fait nous comporter de manière répétitive et en accord avec le caractère et non la situation. La solution est d'arrêter de croire en l'objectivité de sa vision du monde : si l'on se sépare de son idéologie, le caractère reste une spécialisation.

La lecture du monde que fait une personne d'idéologie chrétienne est différente de celle d'un bouddhiste, la lecture du monde que fait une personne d'idéologie fasciste est différente de celle d'une personne d'idéologie communiste. Une idéologie, en termes descriptifs, est appelée une fixation. On pourrait dire que dans un certain sens toutes les idéologies ont raison, c'est juste qu'elles sont limitées, elles lisent le monde dans une direction étroite et prennent cela pour de la vérité. Une idéologie prétend toujours être l'administratrice de la vérité, alors qu'elle n'est qu'un point de vue, qu'elle est une fin en soi et qu'elle souffre de l'absence de vérification, ce qui reviendrait à la ramener dans son contexte. Le travail existentiel sur le caractère passe par une vérification continue, en se demandant : mais est-ce que je gagne ou je perds en faisant cela ? Gain ou perte se référant à l'organisme : c'est-à-dire, est-ce que l'ensemble de moi-même gagne ou perd ? Cela en vaut-il la peine ou non ? Cette contextualisation nous permet de sortir de l'idéologie.

Le contexte biologique a une logique circulaire, et non linéaire : dans une logique linéaire, si une livre de chocolat est bonne, deux livres de chocolat seraient meilleures, une demi-livre serait meilleure et une livre serait meilleure. En termes biologiques, au contraire, si manger une livre de chocolat est une bonne chose, en manger une est mortel : la différence entre une logique linéaire et une logique biologique est que cette dernière est circulaire, c'est-à-dire qu'elle implique une rétroaction, l'effet de retour.

Le problème, cependant, est que l'idéologie est investie de manière narcissique : non seulement on est perfectionniste, mais on aime être perfectionniste, non seulement on est splendide, mais on aime mourir dans la splendeur, non seulement on est paranoïaque, mais on aime être paranoïaque. Sortir de l'idéologie, c'est d'abord se séparer de son équipe de football : être perfectionniste, c'est être un fan du perfectionnisme et reconnaître les fans du perfectionnisme comme les vrais êtres humains et les autres comme des gens de seconde zone. Sortir de l'idéologie, c'est renoncer à sa propre équipe, c'est-à-dire à une territorialité narcissiquement investie, ce qui est notoirement difficile.

Le sport serait en fait une ritualisation de l'agression, où l'instance territoriale est ritualisée et gérée selon des règles convenues : le gagnant est celui qui envoie le ballon dans le filet, et non celui qui a coupé le plus de têtes. À Florence, par contre, dans le calcio historique en costume, l'arbitre met le ballon au milieu et siffle le début du jeu : cependant, comme il s'agit d'une tradition de grande et ancienne civilisation, pendant une demi-heure personne ne s'occupe du ballon, mais ils se poursuivent, se battent, se frappent au sol, et ce n'est qu'après plusieurs de ces désagréments que quelqu'un se souvient de jouer, précisément de façon rituelle, avec le ballon. Au Palio de Sienne, les chevaux sont moins bien joués, si possible.

Ces exemples montrent la fragilité des rituels culturels, et comment ils exigent un grand sens de la responsabilité personnelle pour être honorés : cela dépend du niveau de démocratie qui s'est installé dans le monde intérieur de la personne.

Le monde intérieur est constamment le théâtre de dialogues plus ou moins dramatiques, c'est-à-dire d'une dynamique qui cherche une issue dialectique : un conflit interne est le signe d'une partie qui proteste. C'est une partie qui n'a pas de voix, parce que si elle en avait une, elle entrerait dans le jeu de l'interaction démocratique et d'une certaine manière quelque chose de nouveau se produirait : une partie n'a pas de voix quand elle est considérée, pour ainsi dire, "non gouvernementale". Par exemple, la stupidité est généralement considérée comme non gouvernementale, de sorte que plutôt que de dire quelque chose de stupide, une personne se couperait la langue : cela signifie qu'il n'y a pas de place pour ce qu'on appelle l'enfant intérieur, qui est considéré comme hors limites. Dans ce cas, l'enfant intérieur met un rayon dans les roues : Freud appelait cela faire des lapsus, manquer des actes, passer à l'acte.

Si vous imaginez un citoyen non européen sans emploi, sans un sou, avec un enfant qui pleure de faim et de froid, etc. etc., comment pouvez-vous imaginer qu'il ne vole pas ou ne vend pas de drogue juste parce que c'est illégal ? C'est une question de survie, il n'y a pas grand-chose à faire. À cet égard, Bakounine, le grand théoricien de l'anarchie, qui a été l'un des chefs de file des mouvements libertaires au début du siècle et qui a laissé des écrits politiques très aigus, a dit : l'État bourgeois doit veiller à affamer le peuple, parce que c'est très dangereux : le prolétariat est en quelque sorte socialement stable, mais s'il devient un sous-prolétariat alors il n'a plus rien à perdre, et mettre le feu à une ville n'est ni chaud ni froid pour lui.

C'est un point de vue de la fin du XIXe siècle, mais en même temps très actuel : les non-Européens représentent la nouvelle classe marginale, et pour une nation, ils signifient le danger d'événements explosifs. Tous les autres ont quelque chose à perdre, un emploi, une maison, etc., et ils ne mettent pas facilement tout en danger, mais pour ceux qui ne possèdent rien, faire un attentat est la rédemption minimale qu'ils peuvent obtenir du monde. De la même manière, les parties internes qui ne sont pas écoutées dans le parlement de la psyché sont en quelque sorte des sous-classes, peuvent faire de véritables attaques, qui sont alors ce que nous appelons des symptômes.

Sortie de l'idéologie

...l'idéologie est dans un certain sens un pilote automatique : sortir d'un pilote automatique signifie reprendre le contrôle manuel, et sortir de l'idéologie signifie reprendre les contrôles manuels, de sa propre vie. Cela implique de relire la réalité en fonction de ses besoins et non en fonction de ses automatismes...

Par caractère, nous entendons simplement ce qui est instinctif à faire, et c'est là le problème, la passion délirante pour la spontanéité : si c'est spontané, je dois le faire, si ça ne l'est pas, je ne le fais pas. Nulle part il n'est dit que la spontanéité doit être bonne, et nulle part il n'est dit que vous devez être spontané.

Il est important de sortir du caractère, parce que les

êtres humains seraient naturellement dotés de différentes fonctions qui aident dans des situations spécifiques : réduire à utiliser une seule fonction devient difficile à vivre, parce qu'en certaines occasions cette fonction, par ailleurs optimale, ne provoque qu'un forçage dysfonctionnel de la situation.

Un cas de mauvais rapport avec ses propres fonctions était courant dans les années 50, quand l'achat d'une voiture avait encore une forte importance narcissique : il y avait des gens qui, au lieu de se promener avec, passaient leurs dimanches à la laver. La voiture est une fonction, et une personne qui passe ses dimanches à la laver au lieu de se promener dedans est une personne au service de sa fonction. Le caractère peut être vu comme cela, lorsque la personne est au service de la fonction et non la fonction au service de la personne.

Si l'on est conscient de son caractère, on peut s'y investir moins : c'est-à-dire que si l'on constate que l'on a une méfiance chroniquement exagérée, on peut peut-être se détendre. Si vous trouvez que votre méfiance est raisonnable, ce n'est peut-être pas le cas de trop se détendre, mais si vous vous rendez compte que la personne à côté de vous vit exactement la même situation que vous, mais sans vous asphyxier toute la journée avec de la méfiance, il peut devenir légitime de penser que se détendre n'est pas trop risqué.

De même que dans un coup d'État, le parti qui prend le pouvoir prend d'abord possession des journaux, de la radio et de la télévision, c'est-à-dire des instruments qui administrent la lecture cognitive officielle du monde, et à travers ceux-ci informe tendancieusement la population d'un point de vue qui justifie ses actions et la reconfirme dans sa position de contrôle, de même le personnage avec l'activité cognitive de l'organisme, reconfirmant avec sa lecture tendancieuse la fixation qui l'idéologise.

Des neuf fonctions, à un moment donné, l'une d'entre elles prend le contrôle, prend possession des médias et commence à définir le monde selon sa spécificité, c'est-à-dire qu'elle déclare permanente la situation qui la justifie. La perception que nous avons du monde à ce stade est déphasée, puisque nos calculs sont faits sur la base des informations dont nous disposons, et que ces informations sont biaisées, peu fiables : nous avons des informations sur le régime, au service de la fonction au pouvoir et non au service des intérêts de l'organisme. Dans le monde intérieur, il n'y a généralement pas de liberté de la presse, il est interdit de faire circuler des informations qui pourraient porter atteinte à la fonction prééminente : ce type d'informations est censuré de différentes manières, selon le personnage et la personne.

Toujours dans cette logique de gestion du pouvoir, la fonction prééminente ne montre pas toujours son vrai visage : elle peut très bien se déguiser pour mieux imposer sa définition de la situation. Par exemple, dans le cas de la fonction de l'estime de soi gonflée dans l'orgueil, c'est l'orgueil qui définit la situation, mais ensuite, s'il y a besoin d'une apparence de modestie, elle peut aussi se déguiser en autre chose, peut-être en autodéfense : en général, cependant, on en vient à reconnaître que ce qui agite la personne en dessous est une menace contre l'orgueil.

Le point clé de l'ensemble est l'information : le caractère est basé sur l'information que l'organisme reçoit. L'altération de l'information dépend en fait en grande partie d'une activité continue de l'esprit qu'est le fantasme, une activité à laquelle tous secrètement (le fameux secret de Punchinello) sont consacrés. Le personnage, par exemple, qui dépend de la fonction d'autodéfense, a toujours besoin d'être alerté, parce que de cette façon on est toujours prêt à se défendre : alors, avec l'imagination, on cherche des raisons d'alarme de tous côtés, afin d'être prêt à tout, et on pense non seulement aux dangers probables, mais aussi à ceux qui sont possibles même de loin. En même temps, on rêve de mettre fin une fois pour toutes à ces menaces, et peut-être de réaliser un monde où toute l'humanité peut vivre en sécurité : des fantasmes grandioses qui sont le corollaire des catastrophiques.

Consciemment ou non, nous réalisons constamment des fantasmes qui nourrissent le caractère. Comme pour le caractère généré par la fonction d'estime de soi : "Oh mon Dieu, ils pourraient ne pas me remarquer !" (fantasme catastrophique), "maintenant, je vais dire quelque chose d'incroyable et tout le monde va m'admirer" (fantasme grandiose). Le champ de force de la synergie entre les fantasmes catastrophiques et les fantasmes grandioses crée une spirale : la tension stimule les fantasmes, les fantasmes alimentent la tension, etc. De cette façon, le caractère est nourri : c'est une considération très importante, car quelque chose qui peut être nourri peut aussi être boycotté.

L'idéologie amplifie l'émotion : "Je ne peux pas le supporter, je ne peux pas le supporter", et l'implication que l'on entrevoit souvent entre les lignes est la demande "maman en bref, fais quelque chose, tu le répares ! ". Nous vivons convaincus que nous sommes toujours dans l'enclave familiale, que tout est lié à l'environnement familial. Si je souffre, c'est parce que ma mère ou mon père me fait souffrir, si je manque de quelque chose, c'est parce qu'ils ne me le donnent pas, et ainsi de suite. Abandonner cette vision est si difficile que les êtres humains essaient désespérément de trouver des prolongements sans fin : par exemple, la société devient maman... "la société doit prendre soin de moi et me rendre heureuse, parce que je fais partie de la famille !

Certaines personnes le prennent encore plus mal, et leur grand parent est Dieu : il y a même des gens qui se mettent en colère contre Dieu16. En littérature, il arrive souvent de rencontrer des personnages qui sont en colère contre Dieu, qui se demandent quel sens a le monde s'il doit y avoir tant d'injustice : mais ce n'est pas comme si le monde était la famille de Dieu, le monde est juste un endroit où les êtres humains ont une chance de nager dans une direction ou une autre !! C'est comme ça aussi dans la pensée chrétienne, que même si elle n'est pas la plus libertaire, elle considère toujours le libre arbitre comme le noyau fondamental de l'être humain : s'il n'y avait pas le libre arbitre, l'existence de l'enfer n'aurait pas de sens, et l'axe même du christianisme s'effondrerait.

Une question se pose alors : qu'est-ce que la personne ? Il y a beaucoup de choses qui ne sont pas la personne : les pièces mécaniques ne sont pas la personne. Par exemple, une personne mange, mais ce n'est pas la personne, tout le monde mange. Une personne marche, mais ce n'est pas la personne non plus, tout le monde marche. Alors, qu'est-ce que la personne ? Le sujet représenté est-il un tableau de Léonard ? Non, c'est le style avec lequel il est représenté. La personne est son style, toutes les parties mécaniques, physiques et psychiques, ne sont pas la personne mais les supports mécaniques de ce style qui est la personne.

C'est comme si l'on disait que de la même façon que la personne n'est pas l'automobile mais le conducteur, la personne n'est pas le personnage mais celui qui administre le personnage. En renonçant à s'identifier au personnage, on perd le personnage avec lequel on s'était identifié : il y a des gens qui s'identifient à leur voiture, et encore moins qui ne s'identifient pas à leur personnage. Est-ce positif ou négatif ? C'est difficile à dire : si cela leur donne des chances existentielles, qui peut dire que ce n'est pas bon ? Dans la sphère humaine, il n'y a pas de règles générales : il est difficile de lâcher prise sur sa propre identification, si on lâche prise, on est obligé de le faire, ou on a évidemment la possibilité de se réfugier ailleurs.

Ce qui est conseillé, c'est de faire confiance à l'organisme d'abord et à l'ego ensuite :

L'organisme sait mieux que quiconque, il a une connaissance du monde qui vient de la nuit des temps, de centaines de millions d'années d'évolution. Comparé à notre organisme, le moi est un petit garçon : il est comme un enfant intelligent devant un moine tibétain de quatre-vingt-dix ans.

Reconnaître ses propres fantasmes catastrophiques est le début de l'apprentissage de l'interaction avec eux, et de cette façon, on peut arrêter de les nourrir. Si l'on peut soulager la pression des fantasmes sur la fonction prééminente, les autres fonctions émergent lentement d'elles-mêmes sous la poussée des besoins émergents et une autorégulation de l'organisme se rétablit naturellement.

La formation du caractère : attachement et compensation

Reconnaître son propre caractère est très délicat : cela implique de se voir soi-même, de se critiquer, et c'est un sacrifice narcissique. La compulsion de caractère n'est souvent pas considérée comme un problème, elle ne pèse pas sur les gens : pour une personne obsédée par le nettoyage, le balayage est une nécessité, elle ne le voit pas comme un travail, essayez de l'arrêter et vous entendrez comment il crie. Le caractère est ce qui permet à l'être humain de travailler avec moins d'efforts, mais c'est aussi ce qui le rend ennuyeux.

Personne ne sait exactement comment le caractère se forme, mais nous pouvons nous référer de manière plausible aux trois styles d'attachement insécurisé de la théorie de l'attachement de Bowlby, ambivalent, évitant et désorganisé, et nous pouvons imaginer que le caractère compense les difficultés de la personne à gérer l'insécurité du lien en renonçant à traiter ce qui est là 18 et en se contentant d'attitudes compensatoires sur une vision non critique et partiale de la réalité.

- L'attachement ambivalent, qui produit des caractères de sentiment, est compensé par une attitude de grand amour-propre, avec laquelle l'enfant stabilise le mélange d'amour, de douleur et de colère qu'il ressent pour la mère, et cela donne lieu au vice de l'orgueil.
- L'attachement désorganisé des personnages d'action est compensé par une attitude désabusée, qui vit indépendamment des contingences de la relation comme si elle était de toute façon donnée, devient de la cupidité, qui ne se contente pas de prendre, mais prend plus que ce dont elle a besoin, autre lourd syndrome existentiel.

- L'attachement dans les caractères de pensée est l'évitement, compensé par la méfiance, et l'avarice, qui retient plus que la prudence nécessaire ne le conseillerait, est le vice correspondant.

Ces trois attitudes compensatoires se rapportent à la relation avec l'autre, et la différence entre l'égocentrique, le désabusé et le méfiant, se situe dans le style de l'amour :

- la personne égocentrique, c'est-à-dire ayant un caractère de sentiment, idéalise l'objet de son amour, qui devient une divinité, avec laquelle il est plus facile de passer sur l'ambivalence. Un petit ami par exemple, même s'il est un peu con et fait beaucoup de bêtises, est aussi assez divin pour lui pardonner ;

- même pour un méfiant, c'est-à-dire quelqu'un qui a un caractère réfléchi, l'objet de l'amour est idéalisé en un personnage extraordinaire, mais c'est une divinité sur laquelle on ne peut pas compter, c'est une divinité qui peut devenir terrible à tout moment, donc le mieux est finalement de rester à une distance sûre.

- Pour une personne désabusée, c'est-à-dire quelqu'un

qui a un caractère d'action, l'objet de l'amour, en revanche, n'est pas idéalisé, et est fondamentalement quelqu'un comme lui : le fait que l'autre n'est "rien d'autre que cela" est normal, mais si on le compare à quelqu'un qui a une divinité devant lui, on comprend qu'il doit remplacer par beaucoup de quantité la rareté d'une qualité supérieure que l'autre lui offre.

Il y a trois nuances affectives qui constituent le revers de la médaille : l'une est l'amour de soi, une autre est la méfiance, et une autre est la désillusion. On ne sait pas pourquoi trois et non quatre, mais du point de vue de l'ennéagramme, il semble que cela ait à voir avec les trois forces de base, positive, négative et neutralisante, et du point de vue biologique, on peut imaginer que cela a à voir avec les instincts de base de l'évasion du territoire et du sexe. Cependant, il faut toujours garder à l'esprit que le personnage n'est pas une vérité scientifique, mais une représentation narrativométaphorique de quelque chose qui se présente directement à l'expérience.

Si nous imaginons qu'au moment de la naissance le cordon ombilical est remplacé par un cordon ombilical psychique, également une sorte de tube, où un côté, disons le côté intérieur, est l'amour, et le côté extérieur est divisé en trois parties, la méfiance, l'amour de soi et la désillusion, l'image du tube nous permet de représenter l'idée qu'il peut y avoir une partie au premier plan et les deux autres en arrière-plan, et que par conséquent la même configuration peut être présentée de trois manières apparemment différentes.

L'une des infinies étrangetés de l'esprit humain est qu'au niveau intrapsychique, les choses peuvent être positionnées de trois manières différentes :

- une émotion, par exemple, peut être présentée simplement telle quelle, dans le jargon psychologique elle est dite de manière ego-syntonique, c'est-à-dire en accord avec la position de l'ego, c'est-à-dire qu'on est en colère et qu'on se présente en colère.

- Ou bien on peut se présenter de façon éloignée. Le processus d'éloignement est celui par lequel on fait disparaître les corps des amants dans le placard : il y a une vieille blague d'une petite fille qui dit "maman maman, qu'est-ce qu'un amant ? Maman halète, saute, ouvre précipitamment le placard et un squelette en tombe. Le retrait est une façon de gérer les situations par une réorganisation des positions des parties internes : s'il y a quelque chose que vous ne pouvez pas montrer, comme le cadavre de l'amant, vous arrachez un petit mur, vous réimaginez et vous ne pouvez plus rien voir. La caractéristique du processus d'enlèvement est la même que celle du cadavre mis dans le mur : les choses enlevées ne peuvent plus être vues, mais une certaine odeur étrange demeure autour.

- Pour gérer l'arrangement interne, le mental humain a alors un autre mode, qui s'appelle l'entraînement réactif. Par exemple, une personne est très en colère, mais au lieu de laisser cela se voir, elle se montre extrêmement calme : dans l'entraînement réactif, c'est-à-dire que l'on montre le contraire de ce que l'on a, et ce de manière crédible.

Si l'on considère le caractère comme un effort pour

gérer les vicissitudes de l'attachement, on se rend compte de l'effort qu'une personne fait, et qu'elle ne peut pas changer de système juste pour faire plaisir à quelqu'un. Chaque personne est engagée dans des complications folles et fait de son mieux pour les gérer, chacun fait ce qu'il peut en somme pour gérer son propre drame.

Fonctions

Dans certaines limites, un organisme est comme un ordinateur, et possède deux plans mécaniques : un qui est plus visible, comme les os et les muscles, ou la circulation sanguine, et un qui est moins visible, comme les instincts. C'est-à-dire qu'en plus des fonctions physiques, l'organisme a d'autres fonctions, qui lui permettent d'organiser le comportement : l'organisme respire, le sang circule, mais pour survivre il a aussi besoin des fonctions psychiques, qui lui permettent de gérer de manière comportementale la relation avec le monde.

Il est possible d'imaginer que, comme la structure

physique, la structure psychique d'une personne est également organisée, qu'elle possède des organes. Le corps fonctionne comme un ensemble de cellules, mais avec des fonctions spécialisées : sans une jambe, nous pouvons nous débrouiller et ne pas mourir, mais sans le cœur, nous pouvons, car c'est un organe spécialisé dans une fonction fondamentale et irremplaçable. Un corps vit à travers différentes fonctions : circulatoire, respiratoire, digestive, etc., et s'il y a des fonctions qui permettent à cet ensemble de cellules de survivre, alors nous pouvons imaginer que même cet ensemble que nous appelons psyché a, métaphoriquement parlant, des organes, et nous pouvons en bref imaginer qu'il y a des fonctions de l'ego.

La fonction est une usine, pas un entrepôt, dans le sens où elle n'a pas, mais produit quelque chose dont une personne a besoin.

Lorsque l'enfant s'installe, par exemple, sur l'illusion que l'amour consiste à être vu, tout l'organisme s'organise alors autour de l'observation. Cette fonction revient au gouvernement et devient prééminente, et toutes les autres fonctions restent sous sa domination. La fonction devient lentement une passion, et l'organisme entier se met au service de cette fonction : l'organisme est dénaturé, c'est-à-dire détourné de sa tendance naturelle, qui est l'autorégulation de l'organisme, et se met au service de cette seule fonction. Si cet enfant s'est spécialisé de cette manière, c'est parce que cette fonction était fonctionnelle pour lui, il a donc dû avoir une réponse pratique. La passion est un renforcement du noyau émotionnel qui se trouve dans la fonction.

Il y a trois types de caractère, et dans chaque type il y a à son tour trois caractères différents avec des nuances émotionnelles différentes qui constituent neuf fonctions, c'est-à-dire des activités psychiques qui produisent des facteurs de stabilité : les caractères se subdivisent alors avec la même logique en trois sous-types et on arrive ainsi à vingt-sept aspects de caractère bien observables, tandis que d'autres articulations échappent à une perceptibilité de bonne foi.

1) La fonction normative

- La désillusion dans la formation réactive est la fonction normative, c'est-à-dire une instance qui consiste à mettre une chose à un endroit et une autre à un autre endroit. Cette fonction regarde le monde et est capable de l'imaginer comme potentiellement structuré : par exemple, dans une pièce où un groupe travaille, elle met les chaises en cercle, laissant au milieu un espace vide qui est fonctionnel pour concentrer l'attention de chacun au même endroit, etc. Tout être vivant a une attitude normative minimale, mais chez l'être humain, elle est infiniment plus complexe que chez tout animal : une fourmi aura au plus des instances normatives en ce qui concerne son nid, mais dans le monde extérieur, elle n'en aura probablement aucune. La fonction normative est ce qui permet de rendre le monde habitable, ce qui différencie une ville d'un marécage : si une personne ne l'a pas, elle ne pourrait pas organiser sa vie, et serait complètement perdue dans le monde.

2) La fonction d'estime de soi

- l'amour-propre ego-syntonique est très heureux avec le monde, d'où il a tendance à se sentir apprécié : on voit à l'œuvre la fonction d'estime de soi, qui vous permet d'être suffisamment autonome dans l'autosatisfaction pour espérer être accepté et apprécié par le monde, quoi que vous fassiez. On sait qu'un désastre est un crash de l'estime de soi.

3) La fonction d'auto-représentation

- L'amour-propre dans une position éloignée a la fonction d'autoreprésentation : la personne est fière mais l'a enlevée, la fierté est hors de vue et cela conduit à une légèreté qui permet des comportements utiles pour la survie. Une personne qui exerce peu ou mal cette fonction est quelqu'un qui ne fait pas de publicité pour ses produits : puisque la publicité est l'âme du commerce, si personne ne sait rien de ces produits, même si les entrepôts en sont pleins, il ne vend rien. Si vous n'êtes pas capable de vous représenter vous-même, de paraître normal au propriétaire éventuel, vous ne pouvez même pas trouver une maison à louer : s'il y a une maison à louer et qu'il y a dix personnes qui la demandent, le propriétaire la louera à la personne la plus fiable. La fiabilité est essentiellement perçue par la façon dont la personne se présente, ce qui peut signifier beaucoup de choses, car tout le monde peut accepter un type de présentation de plus, généralement dans une fourchette, disons, de normalité. Si vous essayez de faire louer une maison en vous présentant comme un pirate, vous ne l'obtiendrez probablement pas, même du plus romantique des propriétaires.

Une personne qui ne peut pas se vendre finit par se retrouver coincée dans un coin de la vie.

4) Fonction d'autonomie

- L'amour de soi dans la formation réactive, c'est-à-dire le ressentiment, a clairement une fonction d'auto-alliance et une fonction de poussée vers l'affirmation de ses besoins.

C'est la fonction qui fait dire aux gens : "Et pourquoi pas moi ? Pourquoi les autres le font et pas moi ? Cela signifie se mettre de son propre côté, s'opposer à l'injustice, et c'est crucial, car si vous ne preniez pas soin de vous, si vous n'aviez pas de consulat, d'ambassade de vous-même, la vie serait très improbable. D'un autre côté, cela peut conduire à des niveaux de stupidité extraordinaires : les soufis racontent des histoires pour expliquer les paradoxes de la vie, et l'un de leurs personnages typiques est Nazruddin, le sage fou. Une fois au marché, un type le trouve en train de mordre des poivrons et de sauter partout en faisant des grimaces : "Il lui demande : "Qu'est-ce qui ne va pas chez toi ? Nazruddin lui répond : "J'ai acheté ces poivrons qui ressemblaient à des tomates, mais au lieu de cela, ce sont des piments très forts" et il lui dit : "Alors pourquoi les manges-tu ?

"Je ne mange pas les poivrons, je mange mon argent", répond Nazruddin.

5) Fonction analytique.
- La méfiance dans une position ego-syntonique donne naissance à la fonction analytique, sans laquelle on pourrait difficilement, pour ce que ça vaut, être

intelligent. C'est une fonction difficile à reconnaître car elle est si immédiate qu'on la prend pour quelque chose de simplement naturel : les mains, cependant, sont aussi naturelles, mais ce sont des outils spécifiques. La fonction analytique, c'est-à-dire la capacité à séparer raisonnablement le tout en parties, est naturelle tant qu'elle est là, mais si l'on devient fou et qu'après, peut-être, elle ne fonctionne plus, alors on voit immédiatement qu'il s'agissait d'un outil : après, par exemple, la personne n'est plus capable de séparer au point de pouvoir prendre quelque chose et jeter autre chose. Par exemple, dans les situations de pauvreté et dans les cultures primitives, pour diverses raisons, la fonction de séparation n'est généralement pas très développée : il n'y a pas de séparation claire entre le sale et le propre, et il arrive qu'il y ait de la saleté partout.

Avec la syntaxe, nous séparons continuellement un mot d'un autre, un adjectif d'un autre, etc. et nous structurons ainsi les phrases de manière à ce qu'elles deviennent compréhensibles ; lorsque nous peignons, nous séparons une ligne d'une autre, une couleur d'une autre, quoi que nous fassions, nous séparons, lorsque nous cuisinons, nous ne mettons pas tout ensemble, nous mettons par exemple les oeufs dans la casserole et les coquilles dans la poubelle, etc. En Inde, on fait cuire les cosses de pois : les cosses de pois ont un film transparent qui les rend non comestibles, mais si on les épluche et qu'on les fait cuire, c'est bon. Il faut peut-être l'œil d'un pauvre homme et une grande faim pour peler les pelures de pois, mais dans tous les cas, cela fait de bons plats.

Cette capacité de séparation est ce qu'on appelle l'analyse : ana-lyse en grec signifie défaire le tout en ses parties, par exemple détacher les raisins d'une grappe de raisin, ou désassembler un mécanisme en ses parties. Il y a des objets dans la nature qui sont faciles à analyser et d'autres qui sont très difficiles à analyser, comme la pensée, le langage, qui sont les branches sur lesquelles nous sommes assis : le faire est une opération risquée, car en dissolvant l'essentiel, nous risquons de n'avoir rien sur quoi nous appuyer.

La fonction analytique est d'une telle importance qu'il est difficile de se rappeler qu'elle est une fonction, c'est-à-dire qu'elle a un but : il est facile de se perdre dans des processus analytiques qui n'ont pas de sens en eux-mêmes. Analyser pour analyser peut se faire pour l'éternité sans rencontrer aucun point d'arrivée : même la frontière de l'atome a été largement dépassée, les particules élémentaires sont composées d'autres particules qui semblent se déplacer dans onze dimensions différentes. En supposant que dans le monde physique il y a un point d'arrivée, car maintenant même ici il n'y a aucun signe de celui-ci.

6) Fonction d'autodéfense

- Dans la méfiance dissipée, cela ne se voit pas chez la personne, qui cherche toujours la cause de l'effet, en pensant toujours à l'effet qu'aura telle ou telle chose : si elle n'est pas méfiante, pourquoi s'intéresse-t-elle tant à rechercher toutes les causes des effets ? La méfiance peut être vue en transparence par le souci constant, sinon vous ne verriez qu'une personne qui construit un réseau de significations : c'est une fonction très utile, très utile, la fonction d'autodéfense. Cette fonction est une aptitude à coudre des relations de cause à effet qui construit un réseau continu de relations entre les choses et les événements afin de pouvoir prévoir un danger éventuel, et c'est une activité constante : qu'est-ce qui a causé cet effet ? Quel effet cette cause va-t-elle produire ?

7) Fonction d'évitement.

- La méfiance en formation réactive est comme une contre-méfiance, une capacité à être toujours présent, à ne pas avoir de craintes ou de soupçons : cela est possible grâce à un mouvement qui, en musique, est connu sous le nom de toucher et d'évasion. La fonction est l'évitement : avant que le contraste ne prenne forme, la personne a déjà disparu.

Ainsi, la méfiance est empêchée par la capacité d'évitement : si l'on est capable d'éviter, quel besoin y a-t-il d'être méfiant ?

Sur le plan physique, c'est celle qui permet de marcher

et de conduire sans s'écraser quelque part : c'est un automatisme qui permet d'éviter les collisions, y compris psychiques, et donc de jongler avec la circulation et le trafic humain. Sans lui, il n'y aurait pas de service diplomatique.

8) fonction territoriale

- La désillusion égosyntonique est la fonction territoriale : en termes simples, c'est celle qui permet la propriété privée. Il ne serait pas facile de vivre sans distinguer ce qui est propre à chacun de ce qui appartient aux autres : sans reconnaître ce qui est propre à chacun, on perd à la fois des choses matérielles et des relations, des opportunités, etc. Le sens de la propriété implique de prendre soin de son travail, de bien le faire, etc... et sans cette fonction, il est très difficile de vivre. Par exemple, il semble que là où la propriété de la terre a été abolie, l'agriculture a rencontré une crise profonde : probablement la perte du sens de la propriété de la terre diminue le désir que les gens ont de la cultiver.

9) La fonction homéostatique

- La désillusion retirée est la fonction homéostatique, c'est-à-dire celle qui tend à l'équilibre, qui tend à faire en sorte qu'une personne s'organise pour manger aujourd'hui et demain et être en paix avec les autres.

Le fait est que chacun de ces points de vue n'est ni vrai ni faux : que le verre soit à moitié plein ou à moitié vide dépend de la façon dont vous le regardez, si vous le voyez à moitié plein, il est logique d'être triomphant, si vous le voyez à moitié vide, il est logique de se mettre en colère et de se battre pour ses droits. Par exemple, la fonction d'estime de soi est très adaptée à une fête, elle est moins bonne lorsque la personne qui l'a exagérément activée doit se défendre contre quelqu'un ou quelque chose : l'agressivité exagérée est bonne dans une bagarre, moins dans une relation éducative avec un enfant, l'autodéfense exagérée peut être exagérée dans une fête, mais elle est bonne dans une situation dangereuse.

Le non-caractère, le dixième point, serait précisément

de laisser l'autorégulation organismique utiliser les fonctions qui sont nécessaires quand elles le sont : en bref, ce serait l'attachement sécurisant, celui dans lequel la personne a confiance qu'elle peut gérer les situations au moyen de ressources organismiques.

L'autorégulation organismique des fonctions et la spécialisation

Les fonctions sont des organes psychiques, tout comme les organes physiques sont le cœur, les poumons, etc. La fonction digestive, la fonction circulatoire, la fonction motrice, etc. sont coordonnées ensemble dans un système complexe : par exemple, lorsque vous courez, vous respirez plus fort, et qui a dit au corps de le faire ?
Il existe une forme d'organisation au niveau physiologique que l'on appelle l'autorégulation organismique et qui est basée sur l'émergence de besoins. La fonction respiratoire est mise en mouvement parce que le corps a besoin d'oxygène, le besoin démarre la fonction sans passer par le système nerveux central : il

n'y a pas de centre de pouvoir conscient qui décide, même si vous vouliez arrêter de respirer fort vous ne pourriez pas. Les fonctions ne sont pas commandées par l'ego, c'est-à-dire par un système de contrôle central.

L'autorégulation de l'organisme est le contraire d'une organisation tyrannique : lorsque vous mangez par exemple, la structure neurovégétative de l'organisme se modifie et s'adapte à la situation . C'est comme si l'organisme s'adaptait continuellement aux besoins émergents : un besoin arrive, et les fonctions de l'organisme l'accompagnent.

C'est ainsi que fonctionne l'organisation physiologique, et il devrait en être de même pour l'organisation psychique, c'est-à-dire qu'elle devrait également fonctionner selon une autorégulation de l'organisme basée sur l'émergence des besoins. La fonction normative devrait venir au premier plan quand il y a un besoin, c'est-à-dire quand l'organisme a besoin d'organiser le monde autour de lui ; la fonction d'estime de soi devrait venir au premier plan quand il y a un besoin parce que la situation l'exige pour être splendide ; la fonction d'autonomie devrait venir au premier plan quand il y a un besoin pour défendre ses droits, et devrait ensuite revenir à l'arrière-plan quand il n'y a plus de besoin. En effet, la respiration se calme lorsque l'organisme n'a plus besoin d'autant d'oxygène.

Dans une bonne organisation psychique, il devrait y avoir le temps de la fonction normative et le temps de la fonction d'estime de soi, le temps de la fonction territoriale et ainsi de suite, et l'ensemble de la personnalité devrait être comme une amibe qui extravertit quelques conseils qui reviendront ensuite. Ce qui se passe au contraire, c'est que lorsque l'une de ces fonctions prend le devant de la scène, elle y reste et ne s'en va jamais, et ensuite, au lieu d'avoir un mouvement comme une amibe qui se déforme dans une direction en fonction de ses besoins, lorsqu'une pointe se forme, la personne reste déformée. Cela ne signifie pas que les autres fonctions ont disparu, mais qu'elles ne prennent jamais le premier plan et restent toujours subordonnées à la fonction dominante.

Lorsqu'une fonction prend le relais, c'est-à-dire qu'elle ne recule plus à l'arrière-plan, la personne se spécialise dans celle-ci : par exemple, une personne fixée sur la fonction normative a tendance à avoir une pensée académique, à tout savoir sur le fonctionnement des choses, etc. etc. Il y a des moments dans la vie où cela est critique, mais il y a aussi des moments où cela devient mortel : la posture droite est importante, mais si vous êtes dans les tranchées et qu'ils tirent, ce n'est pas le moment d'avoir une bonne posture, c'est le moment de ramper pour sauver votre peau, et dans ce cas la fonction réaliste pourrait être autre chose.

Le caractère n'est rien d'autre qu'une spécialisation dans une fonction, puisque les gens sont capables de privilégier une fonction au détriment des autres : puisqu'il s'est stabilisé, le caractère est narcissiquement investi, et le critiquer c'est comme admettre que le pire de soi-même est la chose que l'on aime le plus, c'est la chose dans laquelle on est le plus spécialisé et que l'on sait le mieux faire, et c'est vraiment difficile. D'un point de vue existentiel, cependant, ce n'est pas tant le degré de spécialisation d'une personne qui importe, mais l'espace qu'elle laisse à d'autres fonctions : pour rester en équilibre, il suffit de réaliser que sa spécialisation est simplement une compétence, ce n'est pas la chose la plus importante au monde.

La prendre au sérieux, cependant, c'est y croire, une opération d'une grande importance dans la relation des êtres humains avec le monde. Croire est une procédure bien connue en mathématiques, où elle est appelée extrapolation : par exemple, à partir de trois points, vous pouvez identifier une courbe parce qu'en passant une ligne à partir des trois points, ils déterminent la courbure et à partir de là vous pouvez calculer la tendance de la ligne entière, et ce calcul est une façon de croire en quelque chose qui n'est pas vu et qui concrètement n'existe pas. Croire a à voir avec la réalité potentielle plutôt qu'avec la réalité réelle.

Le processus d'extrapolation est la chose que l'on fait quand on croit, que ce soit dans le domaine religieux ou politique : on a un élément en main et à partir de celui-ci on extrapolera quelque chose que l'on ne peut pas voir, mais que l'on a déduit être là. Sans croire qu'il est possible de sortir d'un désert, on n'en sort certainement pas, et aussi de sortir des déserts de l'âme ; c'est essentiel, dans le sens où il faut souvent se déplacer dans des directions où l'on ne voit rien, mais on peut extrapoler qu'il devrait y avoir quelque chose.

Un des déserts de l'âme les plus connus est la dépression, quand il y a une absence d'investissement énergétique dans le monde, c'est-à-dire quand le monde n'a plus de sens pour une personne : si elle écoute ce qu'elle entend, elle ne bougera pas de là, parce qu'il n'y a rien autour pour lui montrer le chemin. La seule façon de sortir d'un tel désert est de pouvoir imaginer qu'il y a quelque chose au-delà des dunes, mais jusqu'à ce que vous puissiez le vivre, vous devez y croire : croire dans ce cas est un outil fondamental, mais comme tous les outils, il a deux visages. Un marteau peut être utilisé pour enfoncer des clous, mais se frapper la tête peut avoir un effet désastreux : croire est aussi un outil fondamental pour s'en sortir dans de nombreuses situations, mais dans d'autres, c'est comme une corde autour du cou. Croire en des choses qui sont fonctionnelles dans l'économie de sa vie est un avantage inestimable, mais croire en des choses qui coûtent beaucoup et rapportent peu est un suicide.

En ce qui concerne la différence entre croire et expérimenter, il existe une histoire célèbre d'un moine qui traverse un continent pour rendre visite à un autre moine dont on dit qu'il a atteint l'illumination et qu'il ne croit plus depuis lors. Lorsqu'il le rencontre, il lui demande : "Comment se fait-il que vous ayez eu l'illumination et que maintenant vous ne croyiez plus ? Et l'autre lui répond : "Je croyais avant, maintenant je sais."

En bref, le caractère est un processus, mais vous pouvez l'imaginer comme de l'eau, qui est un liquide, transformé en glaçon, c'est-à-dire un solide : le caractère est un processus tellement lent qu'il ressemble à une structure, et c'est pourquoi, en fin de vie, vous avez exactement le même caractère que lorsque vous étiez enfant. Ce qui finit par changer, ce n'est pas le caractère, mais c'est combien vous y croyez, c'est combien vous y restez attaché : en utilisant la métaphore de l'enfer, du purgatoire et du ciel, on pourrait imaginer l'enfer avec un mariage de caractère, le purgatoire avec une séparation légale, le ciel avec un divorce.

La spécialisation est probablement le début des temps historiques, le mythe de la chute, le mythe de la sortie du paradis terrestre, la transition peut-être pour l'humanité primitive de la phase chasseur-cueilleur à la phase cultivateur . Le paradis terrestre est l'état d'harmonie complète avec la nature, lorsque l'ego n'a pas encore interféré avec l'autorégulation de l'organisme. Gâté par le binôme plaisir/douleur comme boussole de la vie, il est généralement représenté comme un état de plaisir stable : mais le paradis terrestre, c'est-à-dire l'état de la nature, est celui que vit un chat, ou un chien, ou tout autre animal, et il ne faut pas oublier l'expression "vie du chien", qui ne fait certainement pas allusion au plaisir.

Si le paradis terrestre est l'état de la nature, l'expulsion du paradis est l'effet de la connaissance conceptuelle, qui à son tour est la clé de la spécialisation : en bref, il est possible que la spécialisation dans le caractère soit la fille de la culture, la fille du mot lui-même, l'héritage spécifique de l'homme, et avec lui souffrent probablement du problème du caractère même les animaux domestiques, parce qu'ils sont forcés par la dépendance de l'homme à s'adapter à un environnement qui n'est pas naturel.

Dans les traditions littéraires, il y a le mythe du naturel, qui s'est tellement développé au cours des dernières décennies. Alimentation naturelle, vie naturelle dans les paradis tropicaux ... mais les tropiques sont loin d'être un paradis, et n'offrent que la version touristique des paradis naturels, c'est-à-dire des oasis aménagées, avec une faune en plastique et un morceau de mer clôturé par des filets, de sorte que rien de plus grand qu'une sardine n'approche de la plage, et ce sont des paradis naturels avec des animateurs. L'état de nature est peut-être un paradis perdu, mais si vous y viviez plus de cinq minutes sans soutien, cela ressemblerait beaucoup à l'enfer : pour vivre dans un état de nature, il suffit de passer une semaine en Amazonie et vous le réaliserez ! Et le gros problème n'est pas tous ces crocodiles, mais les moustiques ....

5 CHAPITRE
L'ENNÉAGRAMME EST UN SYMBOLE SACRÉ,

UN DIAGRAMME UNIVERSEL

Du grec Ennea "neuf" et grammean "points". L'ennéagramme est une boussole pour le chercheur dans son voyage de l'illusion à la réalité, de la séparation à l'union. L'ennéagramme est un système dynamique de neuf coordonnées et il peut être utilisé pour représenter chaque processus réel : végétal, animal, humain, cosmique. Le symbole de l'ennéagramme peut s'appliquer à différents niveaux, car c'est un symbole objectif qui présente les lois de la création et du maintien de l'univers, selon le principe "comme en haut si en bas" ; il peut être appliqué aux grands comme aux petits. Le dessin de l'ennéagramme a été présenté pour la première fois par Gurdjieff au début de 1900 à ses étudiants, ouvrant ainsi la porte de cet outil à l'Occident. L'ennéagramme permet d'observer comment nos processus, ainsi que les processus du monde, prennent forme en harmonie avec les lois cosmiques. Ces lois fondamentales sont la loi d'un, la loi de trois et la loi de sept. L'ennéagramme montre l'interaction de ces lois combinant la fusion et le dynamisme propre à la nature de la triade et de l'hexade.

Le cercle représente l'identité du phénomène ou Loi d'Un. Le triangle est le symbole de la triade créative ou Loi de Trois. L'hexadécimale est la représentation de l'ordre de manifestation ou Loi du Sept. La première loi nous montre comment chaque être et chaque processus possède sa propre identité, comment ils forment un tout intégral en relation avec lui-même et avec les autres. Le travail avec l'ennéagramme dans ce cas nous aide à découvrir quelle est la véritable identité d'un phénomène ou de notre vrai moi, obscurcie par le faux. La loi des trois manifeste comment tout phénomène réel a besoin de trois forces ou principes pour se manifester : actif, passif et réconciliant. La loi du sept nous dit comment rien de créé ne reste statique, mais évolue ou implique, selon sept étapes fondamentales.

"Dans un sens général, il faut comprendre que l'ennéagramme est un symbole universel. Toute science a sa place dans l'ennéagramme et peut être interprétée au moyen de l'ennéagramme. Sous cette relation, on peut dire qu'un homme ne sait pas vraiment, c'est-à-dire qu'il ne comprend pas, sauf ce qu'il est capable de mettre dans l'ennéagramme. Ce qu'il n'est pas capable de mettre dans l'ennéagramme, il ne le comprend pas. Pour un homme qui sait l'utiliser, l'ennéagramme rend les livres et les bibliothèques complètement inutiles ; tout peut être inclus et lu dans l'ennéagramme. Un homme isolé dans le désert qui dessine l'ennéagramme sur le sable, peut y lire les lois éternelles de l'univers. Et à chaque fois, il peut apprendre quelque chose de nouveau, quelque chose qu'il ignorait complètement auparavant. L'ennéagramme est le hiéroglyphe fondamental d'un langage universel ayant autant de significations différentes qu'il y a de niveaux humains. "L'ennéagramme est le mouvement perpétuel, c'est ce perpetuum mobile que les hommes recherchent depuis la plus lointaine antiquité, et toujours en vain. Il n'est pas difficile de comprendre pourquoi ils ne l'ont pas trouvé. Ils ont cherché à l'extérieur d'eux-mêmes ce qu'il y avait en eux ; ils ont essayé de construire un mouvement perpétuel comme on construit une machine, alors que le mouvement perpétuel fait partie d'un autre mouvement perpétuel, et ne peut être créé séparément de celui-ci. L'ennéagramme est un diagramme schématique du mouvement perpétuel, c'est-à-dire une machine en mouvement perpétuel. Mais bien sûr, il faut savoir lire ce diagramme. La compréhension de ce symbole et la capacité à l'utiliser donnent à l'homme un grand pouvoir. C'est le mouvement perpétuel et c'est aussi la pierre philosophale des alchimistes.

"La science de l'ennéagramme a été gardée secrète pendant très longtemps, et si elle est maintenant, dans une certaine mesure, rendue accessible à tous, ce n'est que sous une forme incomplète et théorique, inutilisable en pratique par quiconque n'a pas été instruit dans cette science par un homme qui la possède.

"Savoir, c'est tout savoir ; ne pas tout savoir, c'est ne pas savoir. Pour tout savoir, il faut savoir très peu, mais pour savoir ce peu, il faut d'abord savoir beaucoup".

G.I.Gurdjieff

la connaissance et l'auto-observation

Comment l'homme peut-il être indépendant des influences extérieures, des grandes forces cosmiques, alors qu'il est esclave de tout ce qui l'entoure ? Il est à la merci de tout ce qui l'entoure. S'il était capable de se libérer des choses, il pourrait aussi se libérer des influences planétaires. "Liberté, libération. Tel doit être le but de l'homme. Devenir libre, échapper à l'esclavage, voilà ce à quoi l'homme doit aspirer lorsqu'il est devenu, ne serait-ce qu'un peu, conscient de sa situation. C'est la seule issue pour lui, car rien d'autre n'est possible tant qu'il reste esclave, intérieurement et extérieurement. Mais il ne peut pas cesser d'être un esclave extérieurement tant qu'il reste un esclave intérieurement. Ainsi, pour devenir libre, il doit gagner la liberté intérieure. "La première raison de l'esclavage intérieur de l'homme est son ignorance et, surtout, son ignorance de lui-même. Sans connaissance de soi, sans compréhension du mouvement et des fonctions de sa machine, l'homme ne peut être libre, ne peut se gouverner lui-même et restera toujours un esclave, à la merci des forces qui agissent sur lui. C'est pourquoi, dans les anciens enseignements, la première demande faite à ceux qui s'engagent sur le chemin de la libération était : "Connais-toi toi-même". "

"Ces mots, dit G., qui sont généralement attribués à Socrate, se trouvent à la base de plusieurs doctrines et écoles bien plus anciennes que l'école socratique. Mais bien que la pensée moderne n'ignore pas l'existence de ce principe, elle n'a qu'une idée très vague de sa signification et de sa portée. L'homme ordinaire de notre temps, même s'il s'intéresse à la philosophie ou à la science, ne comprend pas que le principe "Connais-toi toi-même" fait référence à la nécessité de connaître sa machine, la "machine humaine". La structure de la machine est plus ou moins la même chez tous les hommes ; c'est donc cette structure que l'homme doit d'abord étudier, c'est-à-dire les fonctions et les lois de son organisme. Le principe "Connais-toi toi-même" a un contenu très riche. Il exige en premier lieu, pour l'homme qui veut se connaître, de comprendre ce que cela signifie, dans quel ensemble de relations cette connaissance s'inscrit et de quoi elle dépend nécessairement.

"Se connaître soi-même" est un objectif très élevé, mais très vague et lointain. L'homme dans son état actuel est très loin de la connaissance de soi. C'est la raison pour laquelle, à proprement parler, le but d'un homme ne peut être appelé connaissance de soi. Son grand but doit être l'étude de soi. Il lui suffira amplement de comprendre qu'il doit s'étudier lui-même. Voici le but de l'homme :

commencer à s'étudier, à se connaître, de la bonne manière. "L'étude de soi est le travail, ou le chemin, qui mène à la connaissance de soi. "Mais pour s'étudier soi-même, il faut d'abord apprendre comment étudier, par où commencer, quels moyens employer. Un homme doit apprendre à s'étudier lui-même ; il doit apprendre les méthodes de l'auto-apprentissage. "La méthode fondamentale de l'étude de soi est l'observation de soi. Sans une auto-observation correctement exécutée, un homme ne comprendra jamais comment les différentes fonctions de sa machine sont reliées et en corrélation les unes avec les autres ; il ne comprendra jamais comment et pourquoi, en lui, "tout arrive".

"Il existe deux méthodes d'auto-observation : la première est l'analyse, ou les tentatives d'analyse, c'est-à-dire les tentatives de trouver une réponse à ces questions : De quoi dépend une telle chose, et pourquoi se produit-elle ? La seconde est la méthode d'observation, qui consiste simplement à enregistrer dans son esprit tout ce que l'on observe dans le moment présent. "L'auto-observation, surtout au début, ne doit sous aucun prétexte devenir une analyse, ou une tentative d'analyse. Avant même que les phénomènes les plus élémentaires puissent être analysés, l'homme doit accumuler suffisamment de matière sous forme d'"enregistrements". Les enregistrements, résultat de l'observation directe de ce qui se passe à un moment donné, sont le matériel le plus important de l'auto-évaluation. Lorsque les enregistrements ont été collectés en nombre suffisant et qu'en même temps les lois ont été étudiées et comprises dans une certaine mesure, alors l'analyse devient possible.

"Combien de fois m'avez-vous demandé s'il ne serait pas possible d'arrêter les guerres ? Certainement, ce serait possible. Il suffirait que les gens se réveillent. Cela ne semble rien. Mais il n'y a rien de plus difficile, car le sommeil est induit et entretenu par toute la vie environnante, par toutes les conditions de l'environnement. "Comment se réveiller ? Comment échapper à ce sommeil ? Ces questions sont les plus importantes, les plus vitales qu'un homme puisse se poser. Mais avant de les poser, il devra se convaincre du fait même de son sommeil. Et il ne pourra s'en convaincre qu'en essayant de se réveiller. Lorsqu'il aura compris qu'il ne se souvient jamais de lui-même, et que se souvenir de soi signifie se réveiller jusqu'à un certain point, et lorsqu'il aura vu par expérience combien il est difficile de se souvenir de soi, alors il comprendra que pour se réveiller il ne suffit pas de le désirer. Plus strictement, nous dirons qu'un homme ne peut pas se réveiller lui-même. Mais si vingt hommes se mettent d'accord et établissent que le premier d'entre eux à se réveiller réveillera les autres, ils ont déjà une chance. Cependant, même cela est insuffisant, car ces vingt hommes peuvent dormir en même temps et rêver de se réveiller. Par conséquent, il faut faire quelque chose de plus. Ces vingt hommes doivent être gardés par un homme qui ne dort pas ou qui ne s'endort pas aussi facilement que les autres, ou qui s'endort consciemment quand cela est possible, quand aucun mal ne peut lui être fait, ni à lui ni aux autres. Ils doivent trouver un tel homme et l'attraper, afin qu'il puisse les réveiller et les empêcher de se rendormir. Sans cette condition, il est impossible de se réveiller. Celui-ci doit comprendre.

"Il est possible de penser pendant des milliers d'années, il est possible d'écrire des bibliothèques entières, d'inventorier des théories par millions, et tout cela dans le sommeil, sans aucune possibilité de réveil. Au contraire, ces théories et ces livres inventés et écrits par des personnes endormies auront simplement pour effet d'entraîner d'autres hommes dans le sommeil, et ainsi de suite. "Il n'y a rien de nouveau dans l'idée du sommeil. Depuis la création du monde, on dit aux hommes qu'ils dorment et qu'ils doivent se réveiller. Par exemple, combien de fois lisons-nous dans les Évangiles "Réveillez-vous", "Veillez", "ne dormez pas" ? Les disciples du Christ, même dans le jardin de Gethsémani, alors que leur Maître priait pour la dernière fois, dormaient. Cela dit tout. Mais les hommes le comprennent-ils ? Ils considèrent que c'est une figure de style, une métaphore. Ils ne voient pas du tout qu'elle doit être prise au pied de la lettre. Et là encore, il est facile de comprendre pourquoi. Pour la prendre au pied de la lettre, il faudrait se réveiller un peu, ou du moins essayer de se réveiller. On m'a souvent demandé, sérieusement, pourquoi les Évangiles ne mentionnent jamais le sommeil, alors qu'il est mentionné à chaque page. Cela montre simplement que les gens lisent les Évangiles en dormant.

"Tant qu'un homme est dans un sommeil profond, entièrement plongé dans ses rêves, il ne peut même pas penser qu'il dort. S'il pouvait penser qu'il dormait, il se réveillerait. Et ainsi vont les choses, sans que les hommes n'aient la moindre idée de tout ce qu'ils perdent à cause de leur sommeil. Comme je l'ai déjà dit, l'homme, tel qu'il est, tel que la nature l'a créé, peut devenir un être conscient de lui-même. Créé dans ce but, il est né dans ce but. Mais il naît parmi les gens qui dorment et, bien sûr, tombe à son tour dans un sommeil profond, juste au moment où il devrait commencer à devenir conscient de lui-même. Tout a un rôle à jouer : l'imitation involontaire des adultes par l'enfant, les suggestions volontaires ou involontaires et la soi-disant "éducation". Toute tentative d'éveil de la part de l'enfant est étouffée dans l'œuf. C'est inévitable. Que d'efforts pour se réveiller plus tard ! Et quelle aide sera nécessaire lorsque des milliers d'habitudes favorisant le sommeil auront été accumulées. "Les possibilités de l'homme sont immenses. Vous ne pouvez même pas vous faire une idée de ce qu'un homme est capable de réaliser. Mais dans le sommeil, rien ne peut être accompli. Dans la conscience d'un homme qui dort, ses illusions, ses "rêves", se mêlent à la réalité. L'homme vit dans un monde subjectif auquel il lui est impossible d'échapper. C'est pourquoi il ne peut jamais faire usage de tous les pouvoirs qu'il possède et ne vit toujours que dans une petite partie de lui-même.

Il a déjà été dit que l'étude et l'observation de soi, si elles sont menées correctement, amènent l'homme à réaliser qu'il y a "quelque chose qui ne va pas, dans sa machine et ses fonctions, dans leur état ordinaire". Il se rend compte que, précisément parce qu'il est endormi, il ne vit et ne travaille que dans une petite partie de lui-même. Il comprend que, pour la même raison, la plupart de ses possibilités ne se réalisent pas et la plupart de ses pouvoirs restent inutilisés. Il sent qu'il ne tire pas de la vie tout ce qu'elle pourrait lui donner, et que son incapacité dépend de certains défauts fonctionnels de sa machine, de son appareil récepteur. L'idée de l'autoformation prend un nouveau sens à ses yeux. Il pense qu'il ne vaut peut-être même pas la peine de s'étudier tel qu'il est maintenant. Il voit chaque fonction dans son état actuel, et comme elle pourrait ou devrait le devenir. L'observation de soi amène l'homme à reconnaître la nécessité du changement. En la pratiquant, il se rend compte que le simple fait de s'observer produit certains changements dans ses processus intérieurs. Il commence à comprendre que l'auto-observation est pour lui un moyen de changement, un instrument d'éveil. En s'observant lui-même, il projette en quelque sorte un rayon de lumière sur ses processus intérieurs, qui jusqu'alors se déroulaient dans l'obscurité presque totale. Et, sous l'influence de cette lumière, ces processus commencent à se modifier. Il existe un grand nombre de processus chimiques qui ne peuvent avoir lieu qu'en l'absence de lumière. De la même manière, un grand nombre de processus psychiques ne peuvent se dérouler que dans l'obscurité. Même une lueur de conscience suffit pour changer complètement le caractère des processus habituels et rendre un grand nombre d'entre eux impossibles. Nos processus psychiques (notre alchimie intérieure) ont de nombreux points communs avec ces processus chimiques dans lesquels la lumière modifie le caractère du processus, et sont soumis à des lois similaires.

Et pour commencer l'auto-observation et l'auto-étude, il est indispensable d'apprendre à se diviser. L'homme doit se rendre compte qu'il est en fait composé de deux hommes. Rappelez-vous ce qui a été dit plus tôt : l'auto-observation conduit l'homme à réaliser qu'il ne se souvient pas de lui-même. Son impuissance à se souvenir de lui-même est l'un des traits les plus caractéristiques de son être et la cause réelle de tout son comportement.

Cette impuissance se manifeste de mille façons. Il ne se souvient pas de ses décisions, il ne se rappelle pas de la parole qu'il s'est donnée, il ne se rappelle pas de ce qu'il a dit ou ressenti il y a un mois, une semaine, un jour ou une heure seulement. Il commence un travail, et après un certain temps, il oublie pourquoi il l'a commencé. C'est surtout dans le travail sur soi-même que ce phénomène se produit avec une fréquence très particulière. Un homme ne peut pas se souvenir d'une promesse faite à d'autres sauf à l'aide d'associations artificielles, des associations éduquées en lui, qui, à leur tour, s'associent à toutes sortes de conceptions, également créées artificiellement, telles que l' "honneur", "honnêteté", "devoir" et ainsi de suite. D'une manière générale, on peut dire que pour une chose dont l'homme se souvient, il y en a toujours dix, bien plus importantes, qu'il oublie. "Par conséquent, ses opinions et ses points de vue sont dépourvus de toute stabilité et de toute précision. L'homme ne se souvient pas de ce qu'il a pensé ou dit ; et il ne se rappelle pas comment il a pensé ou comment il a parlé. Cela est lié à l'une des caractéristiques fondamentales de l'attitude de l'homme envers lui-même et envers les autres, à savoir : son "identification" constante avec tout ce qui retient son attention, ses pensées ou ses désirs, et son imagination.

L'"identification" est une caractéristique si commune que dans l'intention de s'observer soi-même, il est difficile de la séparer des autres choses. L'homme est toujours dans un état d'identification ; ce qui change n'est que l'objet de son identification. "L'homme s'identifie à un petit problème qu'il trouve sur son chemin et oublie complètement les grands objectifs qu'il s'est fixés au début de son travail. Il s'identifie à une seule pensée et oublie toutes les autres. Il s'identifie à une émotion, à une humeur, et oublie ses autres sentiments les plus profonds. En travaillant sur lui-même, l'individu s'identifie tellement à des buts isolés qu'il perd de vue l'ensemble. Les quelques arbres les plus proches finissent par représenter, pour eux, toute la forêt. "L'identification est notre ennemi le plus terrible, car elle pénètre partout et nous trompe au moment même où nous pensons la combattre. S'il nous est si difficile de nous libérer de l'identification, c'est parce que nous nous identifions plus facilement aux choses qui nous intéressent le plus, celles auxquelles nous consacrons tout notre temps, notre travail et notre attention. Pour se libérer de l'identification, l'homme doit être constamment sur ses gardes et se montrer inflexible : il ne doit pas avoir peur d'en dévoiler toutes les formes plus subtiles et plus cachées. "L'identification est le principal obstacle au souvenir de soi. L'homme qui s'identifie est incapable de se souvenir de lui-même. Pour pouvoir se souvenir de soi, il faut d'abord ne pas s'identifier. Mais pour apprendre à ne pas s'identifier, l'homme doit avant tout ne pas s'identifier à lui-même, ne pas s'appeler "Je" toujours et en toutes occasions. Il doit se rappeler qu'il y en a deux en lui, qu'il y a lui-même, c'est-à-dire le "je" en lui, et un autre, avec lequel il doit lutter et qu'il doit gagner s'il veut accomplir quelque chose. Tant qu'un homme s'identifie ou est susceptible de s'identifier, il est esclave de tout ce qui peut lui arriver. La liberté signifie d'abord : se libérer de l'identification.

CONNAÎTRE ET ÊTRE

Pendant presque toutes ses explications, G. est revenu sur un thème qu'il considérait évidemment comme de la plus haute importance, mais que beaucoup d'entre nous avaient beaucoup de mal à assimiler.

"Le développement de l'homme, a-t-il dit, se fait selon deux axes, le "savoir" et l'"être". Mais pour que l'évolution se déroule correctement, les deux lignes doivent se dérouler ensemble, parallèlement l'une à l'autre et se soutenir mutuellement. Si la ligne de la connaissance dépasse celle de l'être et si la ligne de l'être dépasse celle de la connaissance, le développement de l'homme ne peut pas se faire régulièrement ; tôt ou tard, il doit s'arrêter. Les gens comprennent ce qu'on entend par "savoir". Il est reconnu que la connaissance peut être plus ou moins étendue et de plus ou moins bonne qualité. Mais cette compréhension ne s'applique pas à l'être. Pour eux, l'être signifie simplement "l'existence" qu'ils opposent à "l'inexistence". Ils ne comprennent pas que l'être peut se situer à des niveaux très différents et impliquer différentes catégories.

Prenons par exemple l'être d'un minéral et l'être d'une plante. Ce sont deux êtres différents. L'être d'une plante et l'être d'un animal sont également deux êtres différents, tout comme l'être d'un animal et l'être d'un homme. Mais deux hommes peuvent être encore plus différents qu'un minéral et qu'un animal. Et c'est précisément ce que les gens ne comprennent pas. Ils ne comprennent pas que la connaissance dépend de l'être. Et non seulement ils ne le comprennent pas, mais ils ne veulent pas le comprendre. En particulier dans la civilisation occidentale, il est admis qu'un homme peut avoir une vaste connaissance, que par exemple il peut être un illustre sage, l'auteur de grandes découvertes, un homme qui fait avancer la science, et en même temps il peut être, et a le droit d'être, un pauvre petit égoïste, chicaneur, mesquin, envieux, vaniteux, naïf et distrait. Il semble normal qu'un professeur oublie son parapluie partout. Pourtant, c'est précisément son être. Mais en Occident, on croit que le savoir d'un homme ne dépend pas de son être. Les gens accordent une valeur maximale à la connaissance, mais ils ne savent pas comment accorder une valeur égale à l'être et n'ont pas honte du niveau inférieur de leur être. On ne comprend même pas ce que cela signifie. Ils ne comprennent pas que le degré de connaissance d'un homme est fonction du degré de son être.

"Lorsque la connaissance dépasse trop l'être, elle devient théorique, abstraite, inapplicable à la vie ; elle peut même devenir nuisible, car au lieu de servir la vie et d'aider les gens dans la lutte contre les difficultés, cette connaissance commence à tout compliquer ; par conséquent, elle ne peut qu'apporter de nouvelles difficultés, de nouveaux troubles et toutes sortes de calamités qui n'existaient pas auparavant. "La raison en est que la connaissance, quand elle n'est pas en harmonie avec l'être, ne peut jamais être assez grande, ou plutôt, suffisamment qualifiée pour les besoins réels de l'homme. Ce sera la connaissance d'une chose liée à l'ignorance d'une autre ; ce sera la connaissance du particulier liée à l'ignorance de l'ensemble, la connaissance de la forme ignorant l'essence. "Une telle prépondérance de la connaissance sur l'être peut être constatée dans la culture actuelle. L'idée de la valeur et de l'importance du niveau de l'être a été complètement oubliée. On ne comprend plus que le niveau de connaissance est déterminé par le niveau de l'être. En fait, chaque niveau d'être correspond à certaines possibilités de connaissance bien définies. Dans les limites d'un certain "être", la qualité de la connaissance ne peut pas être modifiée ; seule l'accumulation d'informations d'une seule et même nature est possible. Un changement dans la nature de la connaissance est impossible sans un changement dans la nature de l'être.

"Pris en soi, l'être d'un homme présente de multiples aspects. Celui de l'homme moderne se caractérise avant tout par l'absence d'unité en lui-même et par l'absence de la moindre trace des propriétés qu'il aime particulièrement s'attribuer : la "lucidité de la conscience", le "libre arbitre", un "Ego" ou "Je" permanent et la "capacité de faire". Oui, aussi étonnant que cela puisse vous paraître, je vous dirai que la principale caractéristique de l'être humain moderne, et cela explique tout ce qui lui manque, est le sommeil. "L'homme moderne vit dans le sommeil ; né dans le sommeil, il meurt dans le sommeil. Du sommeil, de sa signification et du rôle qu'il joue dans la vie, nous parlerons plus tard ; maintenant, réfléchissez seulement à ceci : que peut savoir un homme qui dort ? Si vous réfléchissez à cela, en vous rappelant en même temps que le sommeil est la principale caractéristique de notre être, il vous apparaîtra immédiatement qu'un homme, s'il veut vraiment savoir, doit d'abord réfléchir à la manière de se réveiller, c'est-à-dire à la manière de changer son être.

"En général, l'équilibre entre l'être et le savoir est encore plus important qu'un développement séparé de l'un ou de l'autre. Car un développement séparé de l'être ou de la connaissance n'est en aucun cas souhaitable. Bien que ce soit précisément ce développement unilatéral qui semble particulièrement séduire les gens. "Lorsque la connaissance prédomine sur l'être, l'homme sait, mais n'a pas le pouvoir de faire. C'est une connaissance inutile. Au contraire, lorsque l'être prédomine sur le savoir, l'homme a le pouvoir de faire, mais il ne sait pas quoi faire. Ainsi, l'être qu'il a acquis ne peut lui servir à rien, et tous ses efforts auront été vains. "Dans l'histoire de l'humanité, nous trouvons de nombreux exemples de civilisations entières qui ont péri soit parce que leur savoir dépassait leur être, soit parce que leur être dépassait leur savoir".

La connaissance est une chose, la compréhension en est une autre. Mais les gens confondent souvent ces deux idées, ou bien ils ne voient pas clairement où se situe la différence. "La connaissance en soi ne donne pas la compréhension. Et la compréhension ne pourrait pas être accrue par une simple augmentation des connaissances. La compréhension dépend de la relation entre le savoir et l'être. La compréhension résulte de la conjonction du savoir et de l'être. Par conséquent, l'être et la connaissance ne doivent pas trop diverger, sinon la compréhension serait très éloignée l'une de l'autre.

Répétons-le : la relation entre le savoir et l'être ne change pas simplement en raison d'une augmentation des connaissances. Elle ne change que lorsque l'être croît parallèlement à la connaissance. En d'autres termes, la compréhension ne croît qu'en fonction du développement de l'être. "Les gens confondent souvent ces concepts et ne saisissent pas clairement la différence entre eux. Ils pensent que si l'on en sait plus, il faut comprendre plus. C'est pourquoi ils accumulent des connaissances ou ce qu'ils appellent des connaissances, mais ils ne savent pas comment accumuler la compréhension et ne s'en soucient pas. "Cependant, une personne qui s'exerce à l'auto-observation sait avec certitude qu'à différentes périodes de sa vie, elle a compris la même idée, la même pensée, d'une manière totalement différente. Il lui semble souvent étrange qu'elle ait pu si mal comprendre ce qu'elle croit maintenant comprendre si bien. Et pourtant, elle se rend compte que ses connaissances sont restées les mêmes, et qu'aujourd'hui elle ne sait rien de plus qu'hier. Qu'est-ce qui a donc changé ? C'est son être qui a changé. Lorsque l'être change, la compréhension doit aussi changer.

"La différence entre la connaissance et la compréhension devient claire pour nous lorsque nous réalisons que la connaissance ne peut être qu'une fonction d'un seul centre. La compréhension, en revanche, résulte de la fonction de trois centres. Ainsi, l'appareil de la pensée peut savoir quelque chose. Mais la compréhension n'apparaît que lorsqu'un homme a le sentiment et la sensation de tout ce qui se rapporte à sa connaissance. "Il n'y a rien dans le monde, du système solaire à l'homme et de l'homme à l'atome, qui ne s'élève ou ne tombe pas, qui n'évolue ou ne dégénère pas, qui ne se développe ou ne se dégrade pas. Mais rien n'évolue mécaniquement. Seules la dégénérescence et la destruction se déroulent mécaniquement. Ce qui ne peut pas évoluer consciemment, dégénère. L'aide extérieure n'est possible que dans la mesure où elle est appréciée et acceptée, même si elle ne l'est au début que par le sentiment. "Le langage qui permet la compréhension, est basé sur la connaissance de la relation de l'objet examiné avec son évolution possible, sur la connaissance de sa place dans l'échelle évolutive. "A cette fin, un grand nombre de nos idées communes sont réparties en fonction des étapes de cette évolution.

LES DIFFÉRENTS EGOS

L'homme n'a pas de "je" permanent et immuable. Chaque pensée, chaque humeur, chaque désir, chaque sensation dit "je". Et chaque fois qu'il semble nécessaire de considérer avec certitude que ce "Je" appartient à la Totalité de l'homme, à l'homme tout entier, et qu'une pensée, un désir, une aversion sont l'expression de cette Totalité. En réalité, aucune preuve ne peut être apportée pour valider cette affirmation. Chaque pensée de l'homme, chacun de ses désirs se manifeste et vit" d'une manière complètement indépendante et séparée de sa Totalité. Et la Totalité de l'homme ne s'exprime jamais, pour la simple raison qu'elle n'existe pas en tant que telle, sauf physiquement comme une chose, et abstraitement comme un concept. L'homme n'a pas de "je" individuel. À sa place, il y a des centaines et des milliers de petits "Moi" séparés qui, la plupart du temps, s'ignorent, n'ont pas de relation ou, au contraire, sont hostiles les uns aux autres, exclusifs et incompatibles. À chaque instant, à chaque instant, l'homme dit ou pense "je". Et à chaque fois, son "je" est différent. Il y a un instant, c'était une pensée, maintenant c'est un désir, puis une sensation, puis une autre pensée et ainsi de suite, sans fin. L'homme est une pluralité. Le nom de l'homme est légion. L'alternance de ces "Moi", leurs luttes manifestes, de chaque instant, pour la suprématie, sont commandées par des influences extérieures accidentelles. La chaleur, le soleil, le beau temps font naître tout un groupe de "Moi". Le froid, la pluie, le brouillard appellent un autre groupe de "Moi", d'autres associations, d'autres sentiments, d'autres actions. Et il n'y a rien chez l'homme qui puisse contrôler les changements de ces "Moi", principalement parce que l'homme ne les remarque pas, ou n'en a aucune idée ; il vit toujours dans le dernier "Moi". Certains, bien sûr, sont plus forts que d'autres, mais pas de leur propre force consciente. Ils sont créés par la force des événements ou des stimuli mécaniques externes. L'imitation, l'éducation, la lecture, l'hypnotisme de la religion, des castes et des traditions, ou la séduction des derniers slogans, donnent naissance dans la personnalité de l'homme à des "Moi" très forts qui dominent des ensembles entiers d'autres "Moi" plus faibles. Mais leur force n'est que celle des roulements dans les centres. Et tous ces "Moi" qui constituent la personnalité de l'homme ont la même origine que les gravures sur les rouleaux : l'un et l'autre sont le résultat d'influences extérieures et sont mis en mouvement et commandés par les influences du moment. "L'homme n'a pas d'individualité. Il n'a pas de grand "je". L'homme est divisé en une multitude de petits "Moi". Et chaque petit "Moi" séparé est capable de s'appeler lui-même par le nom de la Totalité, d'agir au nom de la Totalité, de faire des promesses, de prendre des décisions, d'être en accord ou en désaccord avec ce qu'un autre "Moi" ou la Totalité devrait faire. Cela explique pourquoi les gens prennent si souvent des décisions et les respectent si rarement. Un homme décide de se lever tôt, dès le lendemain. Un "je", ou un groupe de "je", prend cette décision. Mais se lever est l'affaire d'un autre "moi", qui n'est pas du tout d'accord avec cette décision, et qui n'en a peut-être même pas été informé. Bien sûr, cet homme continuera à dormir le lendemain matin et, le soir, il décidera à nouveau de se lever tôt. Dans certains cas, cela peut avoir des conséquences très désagréables. Un petit "moi" accidentel peut, à un moment donné, faire une promesse, non pas à lui-même, mais à quelqu'un d'autre, simplement par vanité ou par plaisir. Puis il disparaît, mais l'homme, c'est-à-dire l'ensemble des autres "moi" qui sont absolument innocents, devra peut-être payer pour cette blague toute sa vie. C'est la tragédie de l'être humain que tout petit "moi" ait le pouvoir de faire des chèques et des lettres de change, et que ce soit ensuite l'homme, c'est-à-dire la totalité, qui ait à s'en occuper. Des vies entières sont ainsi passées à régler des dettes contractées par des petits "moi" accidentels. "Les enseignements orientaux contiennent diverses images allégoriques qui tentent de dépeindre la nature de l'être humain de ce point de vue. "Selon l'un d'eux, l'homme est assimilé à une maison sans maître ni surintendant, occupée par une multitude de serviteurs qui ont complètement oublié leurs devoirs : personne ne veut faire ce qu'il doit faire ; chacun essaie d'être le maître, ne serait-ce qu'un instant, et, dans cette espèce d'anarchie, la maison est menacée par les plus graves dangers. Le seul espoir de salut est qu'un groupe de serviteurs plus sensés se réunisse et élise un surintendant temporaire, c'est-à-dire un surintendant délégué. Ce surintendant délégué peut alors mettre les autres serviteurs à leur place, et forcer chacun à faire son propre travail : le cuisinier dans la cuisine, le cocher dans l'étable, le jardinier dans le jardin, etc. De cette façon, la "maison" peut être prête pour l'arrivée du vrai surveillant, qui à son tour préparera l'arrivée du vrai Maître. "La comparaison de l'homme avec une maison attendant l'arrivée du maître est fréquente dans les enseignements orientaux qui ont conservé des traces de connaissances anciennes, et, comme vous le savez, cette idée apparaît sous diverses formes, même dans de nombreuses paraboles des Evangiles. "Mais même si l'homme comprenait de la manière la plus claire ses possibilités, cela ne lui ferait pas avancer d'un pas vers leur réalisation. Pour pouvoir réaliser ces possibilités, il doit avoir un très fort désir de libération, il doit être prêt à tout sacrifier, à tout risquer pour sa propre libération".

LES ÉTAPES DE LA CONSCIENCE

Lors d'une des réunions qui ont suivi, G. est revenu sur le problème de la conscience. "Les fonctions psychiques et les fonctions physiques", dit-il, "ne peuvent être comprises tant que l'on n'a pas compris que l'une et l'autre peuvent fonctionner dans différents états de conscience. Il existe quatre états de conscience possibles pour l'homme (il a mis l'accent sur le mot "homme"). Mais l'homme ordinaire, en d'autres termes, l'homme n°1, 2 ou 3, ne vit que dans les états de conscience les plus bas. Les deux états de conscience supérieurs lui sont inaccessibles, et bien qu'il puisse en avoir connaissance par flash, il est incapable de les comprendre et les juge du point de vue des deux états de conscience inférieurs qui lui sont habituels. "Le premier, le sommeil, est l'état passif dans lequel les hommes passent un tiers, et souvent même la moitié, de leur vie. Le second, dans lequel ils passent l'autre moitié de leur vie, est cet état dans lequel ils marchent dans les rues, écrivent des livres, discutent de sujets sublimes, font de la politique, s'entretuent : c'est un état qu'ils considèrent comme actif et qu'ils appellent "conscience lucide" ou "état de conscience éveillé". Ces expressions de "conscience lucide" ou "état de conscience éveillé" semblent avoir été formulées à la blague, surtout si l'on se rend compte de ce que devrait être une "conscience lucide" et de ce qu'est en réalité l'état dans lequel l'homme vit et agit. "Le troisième état de conscience est le souvenir de soi, ou conscience de soi, la conscience de son propre être. Il est généralement admis que nous possédons cet état de conscience ou que nous pouvons l'avoir à volonté. Notre science et notre philosophie n'ont pas vu que nous ne possédons pas cet état de conscience et que notre désir est incapable de le créer en nous, aussi ferme que soit notre décision. "Le quatrième état de conscience est la conscience objective. Dans cet état, l'homme peut voir les choses telles qu'elles sont. Parfois, dans les états de conscience inférieurs, il peut avoir des lueurs de cette conscience supérieure. Les religions de tous les peuples contiennent des témoignages sur la possibilité d'un tel état de conscience, qui est appelé "illumination", ou sous d'autres noms différents, mais qui ne peut être décrit avec des mots. Mais la seule bonne façon d'atteindre une conscience objective est de développer la conscience de soi. Un homme ordinaire, amené artificiellement dans un état de conscience objective puis ramené à son état habituel, ne se souviendra de rien et pensera simplement qu'il a perdu conscience pendant un certain temps. Mais, dans l'état de conscience de soi, l'homme peut avoir des éclairs de conscience objective et en conserver le souvenir. "Le quatrième état de conscience est un état entièrement différent du précédent ; il est le résultat d'une croissance intérieure et d'un travail long et difficile sur soi-même. "Le troisième état de conscience, en revanche, constitue le droit naturel de l'homme tel qu'il est, et, si l'homme ne le possède pas, c'est uniquement parce que ses conditions de vie sont anormales. Sans aucune exagération, on peut dire qu'actuellement le troisième état de conscience n'apparaît chez l'homme qu'à des intervalles très brefs et très rares, et qu'il n'est pas possible de le rendre plus ou moins permanent sans un entraînement particulier. "Pour la plupart des gens, même les personnes instruites et raisonnables, le principal obstacle sur le chemin de l'acquisition de la conscience de soi est qu'ils croient la posséder ; en d'autres termes, ils sont complètement convaincus qu'ils ont déjà la conscience de soi et possèdent tout ce qui accompagne cet état : l'individualité, au sens d'un "je" permanent et immuable, la volonté, la capacité de faire, etc. Or, il est évident qu'un homme n'aura aucun intérêt à acquérir par un travail long et difficile une chose qu'il possède déjà, à son avis. Au contraire, si vous lui en parlez, il pensera que vous êtes fou, ou que vous essayez de profiter de sa crédulité à votre avantage personnel. Les deux états supérieurs de conscience, la "conscience de soi" et la "conscience objective", sont liés au fonctionnement des centres supérieurs de l'homme. En fait, en plus des centres dont nous avons déjà parlé, il y en a deux autres, le "centre émotionnel supérieur" et le "centre intellectuel supérieur". Ces centres sont en nous ; ils sont pleinement développés et fonctionnent sans interruption, mais leur travail ne réussit jamais à atteindre notre conscience ordinaire. La raison en est les propriétés particulières de notre soi-disant "conscience lucide". "Afin de comprendre quelle est la différence entre les états de conscience, nous devons revenir au premier état, qui est le sommeil. C'est un état de conscience entièrement subjectif. L'homme est plongé dans ses rêves, peu importe qu'il en conserve le souvenir ou non. Même si certaines impressions réelles parviennent au dormeur, comme les sons, les voix, la chaleur, le froid, la sensation de son propre corps, elles n'éveillent en lui que des images subjectives fantastiques. Puis l'homme se réveille. À première vue, il s'agit d'un état de conscience complètement différent. Il peut se déplacer, parler à d'autres personnes, faire des projets, voir les dangers, les éviter, et ainsi de suite. Il serait raisonnable de penser qu'il est dans une meilleure situation que lorsqu'il dormait. Mais si nous regardons un peu plus profondément, si nous jetons un coup d'œil à son monde intérieur, à ses pensées, aux causes de ses actions, nous comprenons qu'il est dans le même état que lorsqu'il dormait. C'est encore pire, car pendant son sommeil, il est passif, c'est-à-dire qu'il ne peut rien faire. À l'état de veille, au contraire, il peut agir en permanence et les résultats de ses actions l'affecteront, lui et les personnes qui l'entourent. Pourtant, il ne se souvient pas de lui-même. Il est une machine ; tout lui arrive. Il ne peut pas arrêter le flux de ses pensées, il ne peut pas contrôler son imagination, ses émotions, son attention. Il vit dans un monde subjectif de "j'aime", "je n'aime pas", "j'aime", "je n'aime pas", "j'ai envie", "je n'ai pas envie", c'est-à-dire dans un monde fait de ce qu'il croit aimer ou ne pas aimer, désirer ou ne pas désirer. Il ne voit pas le monde réel. Il lui est caché par le mur de son imagination. Il vit dans le sommeil. Il dort. Ce qu'il appelle sa "conscience lucide" n'est rien d'autre que du sommeil, et un sommeil bien plus dangereux que son sommeil, la nuit, dans son lit. "Considérons un événement dans la vie de l'humanité. Par exemple, la guerre. Il y a une guerre en ce moment. Qu'est-ce que cela signifie ? Cela signifie que plusieurs millions de personnes endormies s'efforcent de détruire plusieurs millions d'autres personnes endormies. Ils refuseraient de le faire, bien sûr, s'ils se réveillaient. Tout ce qui se passe actuellement est dû à ce sommeil. "Ces deux états de conscience, le sommeil et l'état de veille, sont tous deux subjectifs. Ce n'est qu'en commençant à se souvenir de lui-même que l'homme peut vraiment se réveiller. Autour de lui, toute la vie prendrait alors un aspect et un sens différents. Il la verrait comme une vie de personnes endormies, une vie de sommeil. Tout ce que les gens disent, tout ce qu'ils font, ils le disent et le font dans leur sommeil. Rien de tout cela ne peut donc avoir la moindre valeur. Seul l'éveil, et ce qui conduit à l'éveil, a une valeur réelle. "Combien de fois m'avez-vous demandé s'il ne serait pas possible d'arrêter les guerres ? Certainement, ce serait possible. Il suffirait que les gens se réveillent. Cela ne semble rien. Mais il n'y a rien de plus difficile, car le sommeil est induit et entretenu par toute la vie environnante, par toutes les conditions de l'environnement.

"Comment se réveiller ? Comment échapper à ce sommeil ? Ce sont les questions les plus importantes, les plus vitales qu'un homme puisse se poser. Mais avant de les poser, il devra se convaincre du fait même de son sommeil. Et il ne pourra s'en convaincre qu'en essayant de se réveiller. Lorsqu'il aura compris qu'il ne se souvient jamais de lui-même, et que se souvenir de soi signifie se réveiller jusqu'à un certain point, et lorsqu'il aura vu par expérience combien il est difficile de se souvenir de soi, alors il comprendra que pour se réveiller il ne suffit pas de le désirer. Plus strictement, nous dirons qu'un homme ne peut pas se réveiller lui-même. Mais si vingt hommes se mettent d'accord et établissent que le premier d'entre eux à se réveiller réveillera les autres, ils ont déjà une chance. Cependant, même cela est insuffisant, car ces vingt hommes peuvent dormir en même temps et rêver de se réveiller. Par conséquent, il faut faire quelque chose de plus. Ces vingt hommes doivent être gardés par un homme qui ne dort pas ou qui ne s'endort pas aussi facilement que les autres, ou qui s'endort consciemment quand cela est possible, quand aucun mal ne peut lui être fait, ni à lui ni aux autres. Ils doivent trouver un tel homme et l'attraper, afin qu'il puisse les réveiller et les empêcher de se rendormir. Sans cette condition, il est impossible de se réveiller. Celui-ci doit comprendre. "Il est possible de penser pendant des milliers d'années, il est possible d'écrire des bibliothèques entières, d'inventorier des théories par millions, et tout cela dans le sommeil, sans aucune possibilité de réveil. Au contraire, ces théories et ces livres inventés et écrits par des personnes endormies auront simplement pour effet d'entraîner d'autres hommes dans le sommeil, et ainsi de suite. "Il n'y a rien de nouveau dans l'idée du sommeil. Depuis la création du monde, on dit aux hommes qu'ils dorment et qu'ils doivent se réveiller. Par exemple, combien de fois lisons-nous dans les Évangiles "Réveillez-vous", "Veillez", "ne dormez pas" ? Les disciples du Christ, même dans le jardin de Gethsémani, alors que leur Maître priait pour la dernière fois, dormaient. Cela dit tout. Mais les hommes le comprennent-ils ? Ils considèrent que c'est une figure de style, une métaphore. Ils ne voient pas du tout qu'elle doit être prise au pied de la lettre. Et là encore, il est facile de comprendre pourquoi. Pour la prendre au pied de la lettre, il faudrait se réveiller un peu, ou du moins essayer de se réveiller.

On m'a souvent demandé, sérieusement, pourquoi les Évangiles ne mentionnent jamais le sommeil, alors qu'il est mentionné à chaque page. Cela montre simplement que les gens lisent les Évangiles en dormant. "Tant qu'un homme est dans un sommeil profond, entièrement plongé dans ses rêves, il ne peut même pas penser qu'il dort. S'il pouvait penser qu'il dormait, il se réveillerait. Et ainsi vont les choses, sans que les hommes n'aient la moindre idée de tout ce qu'ils perdent à cause de leur sommeil. Comme je l'ai déjà dit, l'homme, tel qu'il est, tel que la nature l'a créé, peut devenir un être conscient de lui-même. Créé dans ce but, il est né dans ce but. Mais il naît parmi les gens qui dorment et, bien sûr, tombe à son tour dans un sommeil profond, juste au moment où il devrait commencer à devenir conscient de lui-même. Tout a un rôle à jouer : l'imitation involontaire des adultes par l'enfant, les suggestions volontaires ou involontaires et la soi-disant "éducation". Toute tentative d'éveil de la part de l'enfant est étouffée dans l'œuf. C'est inévitable. Que d'efforts pour se réveiller plus tard ! Et quelle aide sera nécessaire lorsque des milliers d'habitudes favorisant le sommeil auront été accumulées. Il est très rare de pouvoir s'en débarrasser. Dans la plupart des cas, dès la petite enfance, l'homme a déjà perdu la capacité de se réveiller ; il vit toute sa vie dans le sommeil et meurt dans le sommeil. De plus, de nombreuses personnes meurent bien avant leur mort physique. Mais de tels cas, nous en parlerons plus tard. "Souvenez-vous maintenant de ce que je vous ai déjà dit. Un homme pleinement développé, ce que j'appelle "un homme au vrai sens du terme", doit posséder quatre états de conscience. L'homme ordinaire, c'est-à-dire l'homme numéro un, numéro deux, numéro trois, ne vit que dans deux états de conscience. Il connaît, ou du moins peut connaître, l'existence du quatrième état. Tous les "états mystiques" et autres, sont mal définis. Cependant, lorsqu'ils ne sont ni des fraudes ni des simulations, ils sont des éclairs de ce que nous appelons un état de conscience objectif. "Mais l'homme ne sait rien du troisième état de conscience, ni ne peut le soupçonner. Il ne peut pas non plus le soupçonner, car si vous lui expliquez en quoi consiste le troisième état de conscience, il vous dira que c'est son état habituel. Il se considère comme un être conscient qui gouverne sa propre vie. Les faits le contredisent, mais il les considère comme accidentels ou momentanés, destinés à s'installer d'eux-mêmes. Ainsi, imaginant qu'il possède une conscience de soi, en quelque sorte par droit de naissance, il ne lui viendra jamais à l'esprit de tenter de l'approcher ou de l'obtenir. Et pourtant, en l'absence de conscience de soi ou du troisième état de conscience, le quatrième état, à l'exception de rares flashs, n'est pas possible. Pourtant, la connaissance, cette véritable connaissance objective, que les hommes, comme on dit, s'efforceraient d'atteindre, n'est possible que dans le quatrième état de conscience. La connaissance acquise dans l'état de conscience ordinaire est constamment entremêlée de rêves. Vous avez ainsi une image complète de l'être de l'homme numéro 1, 2 et 3".

L'une des applications les plus intéressantes de cette approche est la somatisation, l'expérience cénesthésique, par opposition à la visualisation qui a recours à l'utilisation d'images. Avec la somatisation et l'utilisation d'un langage basé sur le corps pour décrire les mouvements et les relations corps-esprit, une transmission d'informations des cellules du corps vers le cerveau et vice versa a lieu. Cela permet une réorganisation et une transformation naturelles des schémas, l'acceptation et l'appréciation de la façon dont nous exprimons qui nous sommes, comment nous percevons le monde, les autres, nous-mêmes et notre façon d'apprendre.

Lorsque, dans un domaine que je pourrais appeler ésotérique chrétien, j'ai appris la signification et les implications psychologiques des péchés mortels, je me suis demandé ce que je devais étudier pour mieux comprendre leurs modalités. On m'a répondu qu'une passion n'était pas tant comprise par l'esprit, mais vue, entendue dans le ton de la voix, presque sentie. Mon professeur voulait, par ces mots, me suggérer que la compréhension intellectuelle était secondaire par rapport à l'expérience directe et que la connaissance, pour porter ses fruits, devait être, comme le disaient les Pères du désert, la connaissance du cœur. Plusieurs années plus tard, en étudiant les enneatypes, j'ai eu la chance de voir la même approche confirmée dans un autre domaine, puisque le mécanisme de reconnaissance de ce qui ne peut être défini qu'à tort comme son propre type se faisait principalement en percevant en soi cet accent de vérité qui nous surprend, parfois douloureusement, lorsque nous avons l'impression que l'on parle de nos positions existentielles les plus intimes.

Les années qui se sont écoulées depuis lors n'ont pas changé mon jugement selon lequel la meilleure façon d'expérimenter les types et d'essayer d'utiliser le pouvoir de guérison contenu dans la connaissance est par une approche directe de la matière dans un groupe dirigé par quelqu'un qui connaît vraiment la matière et qui montre comment tous les mécanismes qui composent les Systèmes de Personnalité agissent à l'unisson et simultanément.

Néanmoins, j'ai réalisé que parfois il peut être utile, dans le seul but de faire un premier pas, d'utiliser une sorte de test qui peut conduire les gens vers une vision plus claire de ce que Gurdijeff appelait le mécanisme dominant.

En moi, cependant, la résistance à fournir un tel outil d'auto-analyse a toujours été très forte, à la fois pour ne pas induire l'esprit de ceux qui abordent le sujet avec plus de superficialité, pour considérer l'Ennéagramme comme un simple jeu pseudo-intellectuel, et parce que je sais très bien qu'il y a des raisons infinies de donner inconsciemment une mauvaise réponse à l'observation qui nous dérange le plus. De plus, l'attitude commerciale de trop de gens proclamant, en concurrence les uns avec les autres, la supériorité "scientifiquement démontrée" de leur système et la difficulté implicite d'être, en même temps, synthétique et complet dans l'identification et la pondération des traits saillants et des différents mécanismes, n'a pas contribué à réduire mon hostilité initiale envers l'instrument de test.

Ces prémisses étant bien expliquées, je me sens plus à

l'aise pour affirmer que ce qui suit est un résultat de médiation, né de la combinaison de mes vingt ans d'expérience personnelle en tant qu'enseignant et de l'examen comparatif de presque tout le matériel disponible, qui a jusqu'à présent donné des résultats satisfaisants dans l'identification des traits dominants.

J'espère qu'il pourra être utile, en poussant les personnes indécises et réellement motivées à entreprendre ce chemin de croissance personnelle, spirituelle et psychologique que nous appelons improprement Ennéagramme.

TEST D'ENNÉAGRAMME

Lisez attentivement les phrases individuelles qui caractérisent les différents profils et évaluez l'ensemble des énoncés selon un principe de cohérence. Essayez surtout d'évaluer quel ensemble de traits vous semble le plus conforme à ce que vous pensez être, et éliminez progressivement les profils dont vous pouvez dire avec certitude "ce n'est pas moi".

Profil jaune

1. Une maladie ne m'empêchera pas de faire ce que j'avais prévu de faire.

2. J'essaie de faire une première impression positive et de faire ressortir mes meilleurs côtés.

3. Je crois que la fin justifie les moyens.

4. Je crois que les choses doivent être faites de la manière la plus bénéfique possible

5. Je crois qu'il est important pour les gens d'améliorer leurs performances et de développer leur potentiel.

6. Je me sens généralement compétent et capable.

7. J'ai une attitude positive ; je crois qu'avec des efforts, on peut faire des choses.

8. J'engage toute mon énergie jusqu'à ce que j'obtienne les résultats que je m'étais fixés.

9. Je travaille très dur pour être une maman ou un papa parfait.

10. La sécurité financière est extrêmement importante pour moi.

11. Les gens se tournent souvent vers moi pour obtenir des directives et des instructions.

12. J'aime m'identifier à l'image d'une personne compétente ou importante.

13. Cela ne me dérange pas si je dois faire des heures supplémentaires.

14. Je suis plus intéressé à parler de mon travail que de ma vie personnelle.

15. Je ne peux pas comprendre les gens qui s'ennuient parce que je suis toujours très occupé.

16. J'ai parfois du mal à entrer en contact avec mes propres sentiments et ceux des autres.

17. Je peux facilement changer l'image que je donne aux autres.

18. Je suis à l'aise avec les listes de choses à faire, les tableaux de croissance et les objectifs ambitieux.

19. Je suis presque toujours occupé.

20. J'ai tendance à faire passer le travail avant les autres choses.

Profil rouge

1. J'essaie de me cacher pour éviter de montrer mes vrais sentiments.

2. J'ai besoin de savoir comment me suffire à moi-même si je veux me sentir en sécurité.

3. Il est difficile d'exprimer mes sentiments de façon immédiate.

4. Dans un groupe, je suis parfois plus un observateur qu'un participant.

5. J'apprends plus en observant ou en lisant qu'en faisant.

6. J'ai l'impression que les personnes effrontées, bruyantes et intrusives gaspillent leur temps et leur énergie ; elles n'obtiendront jamais rien de moi.

7. Je me perds dans mes centres d'intérêt et j'aime être seul avec eux pendant des heures.

8. J'apprécie la compagnie d'autres personnes qui sont des experts dans mon domaine.

9. Je me sens invisible. Je suis surpris lorsque quelqu'un remarque quelque chose à mon sujet.

10. Je me sens différent quand je pense aux choses qui plaisent à la plupart des gens.

11. La connaissance, pour moi, est beaucoup plus importante que les biens matériels.

12. Je n'apprécie pas la plupart des événements sociaux. Je préfère être seul à la maison ou avec quelques personnes que je connais bien.

13. Je ressens plus facilement mes sentiments quand je suis seul.

14. Quand on me demande de faire quelque chose, je me sens dépassé et je ne fais rien ou le contraire de ce qu'on me demande.

15. Lorsque je me sens mal à l'aise en société, j'aimerais souvent pouvoir disparaître.

16. Je suis souvent réticent à m'affirmer ou à être agressif.

17. On m'a accusé d'être négatif, cynique et méfiant.

18. Je me sens parfois grincheux et maladroit et je suis fatigué quand je suis trop souvent entouré de gens.

19. Je me sens parfois coupable de ne pas être assez généreux.

20. Utiliser le flegme est une défense. Cela me fait sentir plus fort.

Profil noir

1. J'ai l'habitude de dire tout ce qui me passe par la tête et mon impulsivité me cause parfois des ennuis.

2. Je suis doué pour persuader les gens de faire ce que je veux.

3. J'ai l'habitude de choisir des amis qui aiment autant que moi le plaisir et les jeux.

4. Je suis extraverti et j'aime me connecter avec des gens que je ne connais pas.

5. Je profite de la vie. Je suis généralement désinhibée et optimiste.

6. Je m'aime bien et j'ai l'air bien.

7. J'aime les nouvelles choses et être en mouvement.

8. J'aime toujours penser à de nouveaux voyages et à de nouveaux divertissements.

9. J'aime les gens et habituellement les gens m'aiment.

10. Il semble que je sorte du deuil et que je me remette plus vite d'une perte que la plupart des gens que je connais.

11. Je n'aime pas la discipline et les règles que je n'ai pas partagées.

12. Je ne suis pas un expert sur un sujet en particulier,

mais j'aime m'essayer à de nombreuses choses.

13. Je ne peux pas décider si je dois me sentir engagé ou si je veux ma liberté et mon indépendance.

14. Je peux renoncer à faire quelque chose qui me plaît, mais seulement si c'est pour le bien des membres de ma famille.

15. Je suis très curieux et astucieux ; j'aime apprendre de nouvelles choses et de nouvelles personnes.

16. Lorsque les gens sont malheureux, j'essaie régulièrement de les élever et de leur faire voir le côté agréable des choses.

17. Je suis énergique et occupé. Je m'ennuie rarement si je peux faire ce que je veux, mais j'aime souvent passer du temps à penser à des projets sans fin.

18. Je suis idéaliste. Je veux contribuer d'une manière ou d'une autre à rendre le monde plus heureux.

19. Je pars pour des aventures qui comportent des risques physiques et verbaux, convaincu que tout ira bien.

20. Je pense que le monde peut être changé avec un peu de bonne volonté.

Profil Lilas

1. Je préfère habituellement éviter les conflits plutôt que d'affronter quelqu'un.

2. Il peut être très difficile de prendre parti. Je peux voir les avantages et les inconvénients de nombreux points de vue.

3. Les autres me voient comme quelqu'un de paisible, mais à l'intérieur, je me sens souvent anxieux.

4. J'ai du mal à me débarrasser des objets, même s'il s'agit de choses que je n'aime pas ou que je n'utilise pas.

5. Au lieu d'essayer de trouver ce dont j'ai vraiment besoin, je me distrais en faisant de petites choses sans importance.

6. Il est important pour moi d'avoir des relations stables, harmonieuses et pacifiques.

7. Je trouve qu'il est facile d'écouter les gens et difficile de leur dire non.

8. J'aimerais avoir du temps pour me détendre sans rien faire.

9. J'ai la capacité de rester calme et de ne pas me

mettre en colère dans n'importe quelle situation.

10. Je me sens souvent connecté à la nature et aux gens.

11. Je fonctionne selon le principe de l'inertie : si je vais, il est facile de continuer, mais parfois j'ai beaucoup de mal à m'arrêter.

12. Faire semblant est particulièrement difficile pour moi.

13. Il m'est parfois difficile de savoir ce que je veux vraiment quand je suis avec d'autres personnes.

14. Quand il y a des sentiments désagréables autour de moi, je me distrais en faisant des choses mineures.

15. Lorsque les gens essaient de me dire quoi faire ou de me contrôler, je deviens têtu.

16. Si je n'ai pas de routine établie dans ma journée, je perds du temps et je ne fais presque rien.

17. Je suis très accommodant de peur d'être mis à l'écart.

18. Dans une situation donnée, je vois plus ce qui unit que ce qui sépare.

19. Je me sens parfois timide et j'ai l'impression de ne

pas savoir ce que je veux.

20. J'ai tendance à remettre les choses à la dernière minute, puis j'ai du mal à les terminer à temps.

Profil bleu

1. J'aime bien connaître les caractéristiques de quelque chose avant de l'acheter.

2. Il m'est difficile d'agir spontanément.

3. La justice, l'équité et l'honnêteté sont très importantes pour moi.

4. J'ai du ressentiment pendant longtemps.

5. Je tiens toujours les engagements que j'ai pris.

6. J'aime être organisé et garder les choses en ordre.

7. J'aime que chaque détail soit parfait.

8. Je m'efforce d'éviter d'être critiqué ou jugé par les autres.

9. Je m'efforce de rendre le monde meilleur de mon point de vue.

10. Je me considère comme une personne pratique, raisonnable et réaliste.

11. Je n'ai jamais assez de temps pour me détendre et,

de toute façon, la détente est difficile pour moi.

12. Je n'aime pas que les gens enfreignent les règles.

13. Je vois presque constamment les autres agir à la légère ou de façon superficielle.

14. Si je suis jaloux, je deviens agressif, peu sûr de moi et compétitif.

15. J'ai souvent l'impression que le temps presse et qu'il reste beaucoup à faire.

16. Je suis presque toujours à l'heure.

17. Je me sens souvent coupable de ne pas faire tout ce que je devrais faire.

18. Je compare souvent ce que je fais et ce que font les autres.

19. J'ai tendance à voir les choses en termes de bien ou de mal, de bon ou de mauvais.

20. Les erreurs de grammaire et de langage m'ennuient beaucoup.

Profil vert

1. J'aide mes amis plus efficacement s'ils sont blessés ou en crise.

2. Je cherche toujours mon vrai moi.

3. J'accorde une grande importance à mon intuition psychologique.

4. Il est très important pour moi d'être compris, mais j'ai souvent l'impression de ne pas l'être.

5. J'ai passé des années à rêver avec ferveur du grand amour qui allait venir.

6. Mes amis disent qu'ils aiment ma chaleur et ma façon originale de voir la vie.

7. J'ai des idéaux romantiques qui sont très importants pour moi.

8. Mes humeurs sont souvent mélancoliques et j'aime parfois m'y attarder.

9. Je me concentre sur ce qui n'est pas bien chez moi plutôt que sur ce qui est bien.

10. J'aime me démarquer des autres.

11. J'aime qu'on me considère comme quelqu'un de spécial.

12. Je déteste le manque de sincérité et la superficialité chez les autres.

13. Je participe de façon très émotionnelle lorsque je

vois des histoires de catastrophes à la télévision ou dans les journaux.

14. La beauté, l'amour, la douleur et la souffrance me touchent jusqu'aux larmes.

15. Je ne peux rien faire pendant des heures, des jours ou des semaines lorsque je suis déprimé.

16. J'ai souvent envie de ce que les autres ont.

17. Je peux me sentir mal à l'aise et différent, comme un être isolé, même avec mes amis.

18. Je vis dans le passé et le futur plutôt que dans la réalité du présent.

19. J'aimerais que les autres comprennent mon état intérieur même si je ne dis rien.

20. Je suis très sensible aux remarques critiques et je me sens blessé par la moindre offense.

Profil Indigo

1. Il est important pour moi d'être une personne aussi chaleureuse et pleine de tact que possible.

2. Je désire ardemment l'intimité, mais j'ai peur de m'attacher trop aux gens.

3. Il est très important que les autres se sentent traités de façon spéciale dans ma maison.

4. Regarder des scènes de violence à la télévision et voir les gens souffrir me bouleverse profondément.

5. J'ai du mal à demander ce dont j'ai vraiment besoin.

6. Les gens disent que je réagis de façon excessive sur le plan émotionnel.

7. Les relations émotionnelles sont plus importantes pour moi que toute autre chose.

8. Je me sens bien de complimenter les gens et de leur dire qu'ils sont spéciaux pour moi.

9. J'aime que les autres viennent me voir pour me demander de l'aide et de l'assistance.

10. Je suis plus à l'aise pour donner que pour recevoir.

11. Je ne veux pas montrer ma dépendance.

12. Je peux tomber malade et être émotionnellement épuisé de m'occuper de mes proches.

13. Quand je suis seule, je sais ce que je veux, mais quand je suis avec d'autres, je ne suis plus sûre.

14. Si je n'obtiens pas la proximité dont j'ai besoin, je me sens triste, blessé et sans importance.

15. Si je veux quelqu'un, je suis prêt à tout et je travaille dur pour surmonter tous les obstacles dans une relation.

16. Je suis attiré par les personnes importantes ou puissantes.

17. Je suis très susceptible et je me sens blessé si je suis critiqué par quelqu'un que j'aime.

18. J'imagine souvent ce que les autres aiment trouver chez une personne et j'agis en conséquence.

19. Je me sens parfois surchargée parce que les autres sont trop dépendants de moi.

20. Je ressens parfois un profond sentiment de solitude qui m'effraie.

Profil blanc

1. Les gens se sentent souvent offensés par ma dureté.

2. Je ne m'arrêterai à rien pour protéger ceux que j'aime.

3. Mon respect ne va pas de soi, mais il doit être gagné par mon comportement.

4. Le conformisme me répugne.

5. Je me bats pour affirmer ce qui me semble juste.

6. L'indépendance et la confiance en soi sont importantes.

7. Les gens qui sont faibles ou qui me font la morale m'ennuient.

8. Je travaille dur et je suis un leader naturel.

9. J'aime l'excitation et j'ai du mal à résister aux appétits et aux pulsions.

10. Je ne peux pas être utilisé ou manipulé.

11. Je ne peux pas voir un subordonné être maltraité par le supérieur.

12. Je peux être assertif et agressif quand il est nécessaire que je le sois.

13. La prise de décision est extrêmement facile pour moi.

14. Lorsque j'entre dans un nouveau groupe, je sais immédiatement qui est la personne la plus importante.

15. Je respecte les gens qui font leur propre chose.

16. Je suis facilement satisfait de la nourriture ou des médicaments.

17. Je suis un individualiste qui supporte difficilement

les règles.

18. Je ne montre mon côté sensible que si je fais vraiment confiance à quelqu'un.

19. J'aime parfois rencontrer des gens, surtout quand je me sens en sécurité.

20. Je m'exprime directement et honnêtement ; je joue cartes sur table.

Profil brun

1. Le fait d'avoir tout en ordre m'aide à me sentir plus maître de ma vie.

2. Mes proches me considèrent comme loyal et je ne les abandonnerais pas en cas de besoin.

3. Je me demande constamment ce qui pourrait mal tourner et je n'aime pas les choses nouvelles.

4. On m'a dit que j'avais un sens de l'humour grotesque et paradoxal.

5. J'aime paraître menaçant ou, à l'opposé, complètement inoffensif.

6. Il est impératif pour moi d'avoir des directives claires et de savoir où je me situe.

7. Je n'aime pas les gens qui exigent, même si parfois je peux le faire.

8. Plus je me sens vulnérable dans mes relations intimes, plus je deviens tendu et anxieux.

9. Je peux être une personne qui, par respect pour la hiérarchie, travaille très dur.

10. Je prends tout trop au sérieux.

11. Je suis les règles à la lettre ou je les enfreins volontairement.

12. Je suis ambivalent envers les autorités : Je les déteste et pourtant je les trouve indispensables.

13. Je remarque facilement si les gens essaient de me manipuler avec des flatteries.

14. Je suis nerveux face à certaines figures d'autorité.

15. Je suis toujours en alerte pour un éventuel danger.

16. J'ai souvent trop de questions.

17. Je suis souvent obsédé par ce que pense mon partenaire.

18. Je perçois souvent les remarques des autres comme une attaque personnelle.

19. J'ai tendance à m'inquiéter si j'ai réussi, de peur de

ne pas pouvoir me répéter.

20. J'ai tendance à être indécis, mais il m'arrive même de me lancer tête baissée dans des situations dangereuses.

RÉSULTATS ET CONCLUSIONS.

L'analyse des résultats des personnes qui ont passé le test, et la comparaison directe qui s'ensuit avec beaucoup d'entre elles, nous a permis de vérifier que les cas de fautes de frappe (c'est-à-dire d'identification erronée), atteignent un pourcentage qui n'est pas inférieur à 30%.

Pourquoi cela se produit-il ? Peut-être que les questions posées ne reflètent pas adéquatement les comportements plus spécifiques d'une Passion et d'une Fixation ? Ou y a-t-il quelque chose qui ne reflète pas adéquatement la réalité d'un caractère spécifique ?

Malheureusement... rien de tout cela ! Les mauvaises identifications se produisent précisément pour les raisons que j'avais exposées dans la présentation du test : difficulté à se voir tel qu'on est vraiment, incapacité à comprendre que des phénomènes apparemment similaires trouvent leur origine dans des motivations totalement différentes, manque de connaissance et de compréhension que la Personnalité se manifeste à travers des Systèmes spécifiques qui doivent être étudiés, considérés et compris.

Pour cette raison, nous avons décidé de ne pas répondre directement à ceux qui nous ont envoyé les résultats du test, en attendant de mieux définir les critères pour essayer de le rendre, au moins, moins trompeur dans les résultats et superficiel.

Après une série de réflexions ultérieures, nous avons vérifié que la marge d'erreur est très sensiblement réduite plus l'écart entre les réponses affirmatives au test d'une couleur et celles des autres est grand.

En d'autres termes, plus une couleur est dominante et se distingue des autres (disons que la différence minimale entre le nombre de réponses positives d'une couleur et celles des autres ne doit pas être inférieure à trois points), plus il est probable que la personne ait réellement cette Passion et cette Fixation dominantes.

Les cas où cela ne se produit pas indiquent qu'il existe une forme de confusion dans la conscience de la personne, qui ne lui permet pas de comprendre clairement ce qui se passe.

Par conséquent, la marge d'erreur s'élargit tellement que les résultats eux-mêmes doivent être considérés comme peu indicatifs et, si vous souhaitez vraiment vous connaître, vous devriez envisager de participer à des séminaires spécifiques.

C'est la correspondance entre les différentes couleurs et types :

Profil jaune : Type Trois,

Profil rouge : Tapez cinq,

Profil noir : Tapez sept,

Profil Lilas : Tapez Neuf,

Profil bleu ; Type Un,

Profil vert : Type Quatre,

Profil Indigo : Type Deux,

Profil blanc : Type Huit,

Profil Brown : Tapez Six.

6 CHAPITRE
LES TYPES D'ENNÉAGRAMME

Ennéatype 1 : la colère

Conformément au principe selon lequel là où il y a une passion, il y a aussi un tabou, dans le sens où la personne soumise à une passion spécifique ne semble pas manifester les caractéristiques les plus évidentes de cette passion, le mot Colère est peu évocateur des caractéristiques de ce type. Les personnes courroucées, en effet, ne perdent guère leur sang-froid et il leur répugne en effet le spectacle de personnes qui ne savent pas se contrôler ou s'exprimer correctement. Nous sommes en présence de personnes qui ont été le "bon garçon" classique et qui sont comme des adultes ordonnés, scrupuleux, polis, très travailleurs et avec un code moral à toute épreuve. Des gens qui n'élèvent guère la voix pour s'imposer, mais qui sont très attentifs à la façon dont les choses sont faites et ressentent facilement un sentiment intérieur d'agacement pour ceux qui, à leur avis, ne s'acquittent pas de leurs tâches avec l'attention requise. On peut dire que la colère naît en eux précisément parce que les autres ne se comportent pas comme ils croient devoir le faire et comme ils le font eux-mêmes. La colère est le seul des vices du capital traditionnel qui est considéré socialement comme ayant un double aspect. En effet, à côté de ce qu'Homère définissait déjà comme la "colère courroucée", avec sa connotation de destruction et d'abus, il y a toujours eu une "colère juste", justifiée par des considérations morales ou idéologiques. Les personnes de ce type ne veulent pas voir en elles-mêmes l'existence du premier aspect et ne s'identifient pleinement qu'avec le second. Ainsi, elles voient le monde selon des critères de bien ou de mal, de noir ou de blanc, de sale ou de propre, et croient aveuglément qu'elles ont entièrement raison lorsqu'elles portent leurs jugements. Cette tendance à éviter tout comportement inapproprié ou ambigu les conduit à dissimuler leurs actions sous un voile éthique de "bonnes manières". Cela les incite à utiliser une phraséologie riche en conditionnalités par laquelle l'iroso peut se présenter comme une personne animée uniquement de bonnes intentions. Des phrases telles que "Vous devriez faire ceci", "Il vaudrait mieux que vous vous comportiez ainsi", ou "Vous devriez éviter ce genre de comportement" abondent dans leur vocabulaire. L'autre personne à qui cette exhortation est adressée se rend compte, cependant, d'après le ton de sa voix et son regard, que derrière l'apparente bienveillance il y a une dureté et une colère qui n'admet aucune réponse. La tendance à poursuivre une sorte de "puritanisme", à la fois comportemental et social, pousse l'irosis à être, souvent, les pires ennemis d'eux-mêmes, nécessitant une attention continue (qui va jusqu'à l'extrême agitation), visant à éviter toute inattention ou imperfection possible. La manière la plus typique dont ces personnes expriment leur colère est en fait la critique, qui fonctionne comme une sorte de soupape de sécurité dans une cocotte-minute. La critique, qui prend souvent le caractère d'un grognement bourru, est alimentée, comme nous le verrons, par une sensibilité prononcée qui amène les personnes de ce type à sentir ce qui ne va pas (de leur point de vue égoïste, bien sûr) et à devenir parfois très rigides. Il est donc inutile de demander à un type Un de faire, par exemple, une autocritique explicite sur ce que les autres considèrent comme une erreur, car un Un ne pourrait pas, même s'il le voulait, admettre au monde qu'il a agi mal ou de manière inappropriée. D'un autre côté, le "procureur", que la littérature psychanalytique appelle le super-ego, initiera en lui-même un processus impitoyable de réexamen de ses propres actions. Ce ressassement ou "ressentiment", qui est une conséquence logique de la Colère, a été décrit avec un grand sens psychologique par Saint Jean de la Croix comme une sorte de zèle agité, visant à empêcher, par une attitude censuratrice, toute chute dans le "vice". Comme la Colère se situe dans la partie supérieure de l'Ennéagramme, c'est-à-dire dans la partie qui est à l'aise avec l'action pratique, une très bonne capacité manuelle et une forte autonomie seront caractéristiques de ces personnes. Tout en valorisant leur propre vie privée et en respectant par principe la vie privée des autres, les types Uno surveillent avec un soin excessif le comportement des autres et en font souvent trop en donnant des conseils même si les autres ne les ont pas sollicités du tout. Un exemple littéraire classique de cette forme de manifestation est Jiminy Cricket de la fable de Pinocchio.

Quelques exemples de personnes ou de personnages célèbres.

Un bon système pour permettre la compréhension d'un type de l'Ennéagramme est de donner des exemples de personnes ou de personnages célèbres qui incarnent, pour ainsi dire, les discours théoriques qui sont faits. Dans le type 1, les réformateurs religieux, les politiciens et, d'une manière générale, tous ceux qui sont animés par la conviction intime que le monde doit être "sauvé" et fermement guidé sur la voie de l'amélioration éthique et morale abondent. La galerie d'exemples réels comprend des hommes de foi comme Saint Paul, Martin Luther, Calvin, Saint Ignace de Loyola, l'actuel pontife Jean-Paul II, mais aussi des hommes politiques et des hommes de gouvernement de différentes orientations comme la Reine Victoria, George Washington, Margaret Thacher,

Lénine et le président du parti italien DS Massimo D'Alema. La mentalité quelque peu policière de l'Unique signifie que beaucoup d'hommes de justice ou d'enquêteurs sont des types de l'Unique. Parmi les nombreux, nous citons, par exemple, le député de Mani Pulite Antonio Di Pietro. Parmi les artistes qui appartiennent à ce type se distinguent des auteurs ayant une vision "morale" du monde. L'exemple le plus célèbre est, évidemment, Dante Alighieri. Toute la Divine Comédie, lue de ce point de vue, est le reflet des convictions profondes d'un Type 1 qui voit l'univers entier en termes de bien et de mal et n'hésite pas à juger sans aucun doute. Dante est rejoint en termes de pénétration psychologique et de sens moral de l'histoire par le plus grand romancier italien, Alessandro Manzoni. Les Sposi Promessi (Les fiancés) sont une authentique mine de personnages peints avec cette scrupuleuse, cette exactitude caractériologique et cette précision jusqu'au moindre détail qui est propre à ce genre. Un exemple est celui du cardinal Federigo Borromeo qui est décrit dans le roman comme un modèle éclairé de la caractéristique de la Colère de vivre avec un zèle inépuisable visant à changer le monde. Malgré quelques défauts du vrai Federico, également typique du type Un, Manzoni le montre toujours riche d'une capacité d'action qui ne se décourage pas même lorsque le fléau aurait conduit le plus à une fuite précipitée. Dans le célèbre dialogue avec Don Abbondio (comme nous le verrons, il est un type Six), le cardinal Federigo prononce les mots suivants qui sont un peu un résumé du style de vie d'un type Un : "Telle est notre misérable et terrible condition. Nous devons exiger des autres ce que Dieu sait que nous serions prêts à donner : nous devons juger, corriger, reprendre... Mais malheur si je prenais ma faiblesse comme une mesure du devoir des autres, comme la norme de mon enseignement ! Pourtant, il est certain qu'avec les doctrines, je dois donner aux autres un exemple".

Une autre quintessence du Type 1 est Harry Higgins, le protagoniste masculin de la pièce Pygmalion de George Bernard Shaw (également un Type 1), mieux connu sous le titre de sa version cinématographique My

Fair Lady. Le monde de la bande dessinée nous fournit un autre excellent représentant de ce type dans le personnage de Lucy Van Pelt, soeur de Linus qui donne son nom aux célèbres bandes de Schultz. Le monde du cinéma et de la littérature offre de nombreux bons exemples qui peuvent faciliter la compréhension de la dynamique interne de ce type. Dans Mary Poppins, nous pouvons observer l'attitude éducative et corrective combinée à son expression pleine de bonnes manières. Le jeu de Julie Andrews, également de type 1, ajoute aux traits littéraires du personnage une vigueur et une détermination à donner le bon exemple aux enfants qui lui sont confiés, ce qui rend parfaitement le style propre à Ira. Derrière les mots célèbres, "il suffit d'un peu de sucre", il est clair qu'il n'y a pas de véritable douceur à imposer l'adhésion à ce qui est socialement considéré comme une "bonne conduite". En revanche, l'attitude d'Alister Stuart, le mari de la protagoniste muette de Leçons de piano, est extrême. Il est prisonnier de son incapacité à montrer ses vrais sentiments et en même temps il est tellement contrôlé qu'il assiste à la trahison de sa femme, plein de colère mais inerte. Le ressentiment et la jalousie tourmentés qui le torturent, ne peuvent trouver leur exutoire que lorsqu'il intercepte le message que sa femme envoie à son amant et apprend que sa femme veut le quitter. Sa réaction est typiquement celle de celui qui ne veut pas s'avouer à lui-même qu'il est en proie à une rage furieuse. En fait, il coupe le doigt de sa femme, l'empêchant ainsi de pouvoir jouer et donc de pouvoir communiquer ses sentiments d'une manière ou d'une autre, mais il le fait avec une action qui ne semble pas vindicative à sa conscience, mais qui est pleinement justifiée car elle ne fait que corriger un comportement erroné. Le désir de faire taire la voix critique intérieure en "sauvant" à tout prix les êtres, qu'ils soient humains ou animaux, chers à un type Un, est au contraire la source profonde qui anime le comportement de Clarice Sterling, l'héroïne du Silence des agneaux de l'écrivain Thomas Harris. Dans l'intrigue du film et du livre dont il s'inspire, la motivation du personnage joué par Jodie Foster n'est pas le simple accomplissement de son devoir professionnel, mais un besoin plus profond de trouver la paix intérieure par une action (le sauvetage d'une fille kidnappée par un tueur en série qui fait revivre à Clarice les souvenirs de son expérience d'enfance après la mort de son père), qui peut faire taire, au moins momentanément, les exigences inflexibles de son super ego. Dans la dernière partie du livre, après que la jeune fille ait été sauvée, Clarice reçoit une lettre d'Hannibal Lecter, le psychiatre cannibale fou joué par Anthony Hopkins à qui elle s'est adressée pour obtenir de l'aide dans l'enquête, ce qui montre bien quelles étaient les véritables motivations qui la poussaient. Avec un grand sens psychologique, Lecter écrit à Clarice : "Eh bien, Clarice, les agneaux ont-ils cessé de crier ?...Je ne serais pas surpris si la réponse était oui et non. Les cris des agneaux vont cesser pour le moment. Mais, Clarice, le problème est que tu te juges sans aucune pitié ; tu devras le mériter encore et encore, le silence béni. Car c'est l'engagement qui vous émeut, et en comprenant ce qu'est votre engagement, l'engagement pour vous ne finira jamais, jamais". La tentative obsessionnelle et absurde de s'améliorer, en se débarrassant des parties de l'être humain qui sont considérées comme "sales" ou "animales", est au contraire la racine ultime des actions du protagoniste de l'histoire de Stevenson Le cas étrange du docteur Jekill et de Monsieur Cache. Le dédoublement de la personnalité dont souffre le protagoniste est bien plus qu'une simple allégorie de la condition humaine ; il nous montre comment le raisonnement par bons/mauvais schémas de type Un, peut conduire dans des cas extrêmes au rejet d'une partie de soi-même et à la pathologie mentale qui en découle. Un exemple, cependant, des meilleures qualités d'un Iroso est offert par le personnage de Guillaume de Baskerville, retracé à mon avis en grande partie sur le modèle de Sherlock Holmes, dans le roman Le Nom de la Rose d'Umberto Eco. En plus de son hyperactivité, de sa loyauté et de son esprit déductif mais pratique, ce personnage fait preuve d'un sens de l'humour subtil et d'une capacité de compréhension qui sont communs aux personnages plus intégrés. La motivation profonde qui le pousse dans son enquête policière n'est pas de trouver de manière obtuse un coupable à punir, comme le fait l'inspecteur Javert dans

Les Misérables de Victor Hugo, par exemple, mais elle est très proche des motivations de Clarice Sterling : il est juste que les innocents soient sauvés et les coupables punis, peu importe qu'ils soient riches, puissants ou en haut de l'échelle sociale. Cette tension héroïque du type "Un prêt à se battre, indépendamment de tout avantage personnel, pour une valeur jugée intérieurement juste" peut conduire, selon les cas, soit à des formes de fanatisme justifiées par la morale, comme dans le cas des Croisades, soit à une idéalité qui se transforme en un altruisme exquis, comme dans les cas des grands médecins Pasteur et Sabin. Je termine ce bref aperçu en invitant le lecteur à voir le merveilleux film La vie est merveilleuse de Frank Capra dont le protagoniste, George Bailey, illustre de manière parfaite cette "probité" riche en capacité de sacrifice de type Un.

Ennéatype deux : la fierté

L'Oxford English Dictionary définit la fierté comme "une grande opinion sans limite de ses propres qualités, réalisations ou conditions". Cette définition a certainement le mérite de nous orienter vers l'une des caractéristiques les plus évidentes de l'orgueil, le grand sens de soi, mais elle a aussi le défaut de nous faire voir cette passion davantage comme une idée, une opinion, que la personne a d'elle-même. En réalité, le monde intérieur d'un orgueilleux n'a pas grand-chose à voir avec l'aspect cognitif et est totalement dominé par la perception instinctive et émotionnelle. La position du type 2 dans l'Ennéagramme nous indique clairement qu'il est le plus éloigné du Centre de la Pensée et souligne la prédominance décisive de la partie émotionnelle. Les discours logiques et les subtilités de la pensée portent une personne fière, qui est à la recherche d'émotions intenses et d'amour. La phrase la plus classique des personnes de ce type est : "Je suis important pour toi et tu ne peux pas te passer de mon amour". Conformément à cette hypothèse, les deux types se perçoivent comme de très bonnes personnes, prêtes à tout pour aider l'autre (pas, bien sûr, l'autre au sens universel, mais au sens plus réduit des personnes qui les intéressent), attentionnées, de bonne compagnie et serviables. La passion trouve ainsi un point d'appui décisif pour se déguiser, comme nous l'avons également vu dans le Type Un, derrière une attitude de bienveillance. Les personnes de ce type, tout en nourrissant souvent une forte ambition sociale, ont tendance à montrer une image de soi très attrayante et jolie, car il est important pour elles de sentir l'intérêt des autres. C'est pourquoi elles s'entourent de personnes qui amplifient leur estime de soi en leur demandant leur avis et leurs conseils. Les Fiers aiment la gaieté, la spontanéité, un langage fleuri et délicat, des environnements riches en chaleur émotionnelle et, corrélativement, ils se sentent mal à l'aise dans des situations tristes, conventionnelles et impersonnelles. Le paramètre qu'ils utilisent pour évaluer le monde et les gens est celui de l'appréciation ou de l'aversion et une fois qu'ils ont porté un jugement dans ce sens, il est extrêmement difficile de changer leur opinion. Il faut noter, dans ce sens, qu'il ne s'agit pas seulement d'entêtement mais d'une forme plus profonde de rébellion contre quiconque veut limiter sa liberté émotionnelle. Ce besoin psychique de ne pas se sentir limité par un conditionnement social à la recherche d'émotions agréables, est la prémisse d'un autre trait de caractère typique des Deux, la séduction. Cette séduction est souvent inconsciente et la personne n'est même pas consciente d'envoyer des messages dans ce sens. Cela crée parfois des situations frisant l'embarras et le ridicule, car l'autre personne, à qui ces messages implicites sont adressés, se sent autorisée à faire des avances qui semblent pourtant absolument infondées aux yeux des Deux. En termes plus généraux, nous pouvons dire que, dans l'Orgueil, cette grande liberté de ressentir et d'exprimer des émotions est obtenue au détriment de la perception cognitive de celles-ci. De tous les types, le Deux est celui qui exerce le moins de contrôle sur les pulsions et fait de sa "spontanéité" émotionnelle son drapeau de vie. Tout ce qu'un Deux perçoit comme irritant est fréquemment exprimé en termes explicites de désapprobation, mais le plus souvent il est transmis de manière à stimuler la culpabilité. L'autre, bien sûr, en plus de percevoir que derrière les recommandations et les attentions "douces" il y a un besoin spécifique du Deux et non le sien propre, ressent la nature manipulatrice de ces manœuvres. Souvent, ce type est accusé à juste titre d'être possessif et intrusif parce qu'il croit qu'il n'y a rien de mal à exprimer ces sentiments. Un autre élément spécifique du type Deux est qu'il aime les enfants d'une manière viscérale. Ce trait de caractère est le résultat d'une projection du Type Deux qui voit l'enfant comme un être qui n'est pas encore conditionné, qui a un grand besoin d'aide et qui ne peut en aucun cas être une menace pour sa liberté. Un problème que les enfants de type Deux ont fréquemment, est celui de se libérer d'un parent certes affectueux mais qui continue à considérer leur fils de quarante ans comme un "petit". Les caractéristiques que nous avons vues être présentes dans le type Deux (chaleur émotionnelle, séduction, éducation, demande extrême de proximité, être important pour les proches, etc.), sont dans le monde occidental celles qui sont le plus typiquement attribuées à la féminité. Il n'est donc pas surprenant que ce type soit celui qui a, en pourcentage, la plus forte présence de femmes parmi ses représentants.

Quelques exemples de personnes ou de personnalités célèbres

Nous commençons cette liste par l'exemple de Napoléon Bonaparte, car sa figure illustre à la fois un grand égocentrisme et la certitude d'être le sauveur de toute une nation. Une anecdote savoureuse nous raconte qu'un jour, Napoléon essayait de prendre, avec difficulté, un livre placé sur une haute étagère. Un grenadier, le voyant en difficulté, a dit : "Votre Majesté, attendez que je vous aide, je suis plus âgé". Napoléon le dévisagea et lui répondit : "Imbécile ! Plus haut, pas plus grand". Il est bien connu qu'un grand nombre de ses promotions et de ses aumônes dépendaient de mouvements soudains de son âme, positivement frappée par un acte de courage ou de dévouement, plutôt que d'un plan bien motivé. Son étrange habitude de garder une main dans son gilet au niveau de la poitrine peut s'expliquer par l'attitude du type Deux de se sentir vivant à travers la perception de ce qui est le centre de son être : les battements de son coeur. Dans la même ligne de conduite, on retrouve le caractère de la vraie Cléopâtre, une femme dont la fierté, la capacité à communiquer (elle parlait couramment cinq langues), la grande passion, la séduction et l'ambition débridée, ont contribué à rendre formidable la capacité de manipulation propre au type Deux. La manière même dont elle est morte rappelle l'appel continu du Deux à son propre coeur, puisque Cléopâtre s'est suicidée non pas directement, mais par la morsure d'un serpent dont le poison a bloqué le battement de son coeur. Le personnage littéraire de la tragédie de Shakespeare, Antoine et Cléopâtre, n'est pas moins passionné ni moins manipulateur que le vrai. Dans le premier acte de la tragédie, on peut voir les deux aspects en action lorsque Cléopâtre, craignant inconsciemment d'avoir perdu son influence sur Antoine, lui envoie un messager, car son orgueil ne lui permettrait jamais de montrer son besoin directement à son amant, qui ferait revenir à l'esprit son désir pour elle. Les mots que Shakespeare met dans la bouche de Cléopâtre sont si précis psychologiquement qu'ils méritent d'être rapportés ici :

Cléopâtre (s'adressant au messager) : "Va voir où elle

est, avec qui elle est, ce qu'elle fait. Ne dites pas que c'est moi qui vous envoie. Si vous le trouvez mélancolique, dites-lui que je danse ; s'il est joyeux, dites-lui que je me suis soudainement sentie mal. Vite, et revenez ensuite".

L'interprétation cinématographique la plus célèbre de ce drame est certainement celle avec Liz Taylor et Richard Burton. Dans ce film, Taylor, qui est également un type 2, ajoute aux traits de caractère une certaine fragilité enfantine et un besoin d'encouragement explicite qui sont également typiques de Pride. La chanteuse Madonna peut être considérée comme une transposition moderne du personnage de Cléopâtre. Elle aussi, profondément ambitieuse, a toujours su vendre une séduction qui ne se soucie pas beaucoup du jugement des autres, une image d'indépendance et un désir de liberté émotionnelle qui ne veut subir aucun type de conditionnement et ne se soucie pas beaucoup du jugement social. Parmi les actrices, on ne peut que se souvenir de notre Sofia Loren, célèbre dans le monde entier pour ses rôles riches en impulsivité et en chaleur émotionnelle. On retrouve plutôt l'aspect plus maternel et nourricier de Due, pleinement exprimé dans Mia Farrow, une supermaman qui, non satisfaite de ses enfants naturels, n'a pas hésité à adopter généreusement une colonie d'enfants de différentes nationalités. Cet aspect certainement évolué du Deux se retrouve encore plus marqué dans les motivations de Mère Teresa de Calcutta dont le désir d'aider les pauvres et les nécessiteux s'est étendu, au-delà des limites de l'Orgueil, à toutes les souffrances du monde. Selon Mère Teresa, la pire chose au monde était le sentiment d'être non désiré, une affirmation qui semblerait étrange sur les lèvres d'un Deux, mais qui révèle au contraire l'un des traits de motivation les plus profonds et les plus niés de ce type. Son amour pour les enfants était vraiment sans limite et c'est pourquoi elle s'est toujours battue, à tort ou à raison, contre l'avortement volontaire. La phrase qui résume pleinement son credo est également la devise de l'ordre des Missionnaires de la Charité, qu'elle a fondé : "La seule chose qui convertit vraiment, c'est l'amour". Des motivations similaires à celles de Mère Teresa se retrouvent dans l'œuvre d'autres couples éclairés comme

Florence Nightingale et Henri Dunant, à qui le monde doit cette merveilleuse institution qu'est la Croix-Rouge. Parmi les exemples littéraires, outre Cléopâtre déjà mentionnée, trois personnages se distinguent : Donna Prassede de la Sposi Promessi (Le Fiancé), la malheureuse Francesca da Rimini dans L'Enfer de Dante et l'indomptable Carmen de la nouvelle du même nom de Prospero Merimée, rendue immortelle par la musique de Bizet. Le portrait que Manzoni nous donne de Donna Prassede est aussi exact psychologiquement qu'il a du goût dans l'ironie qui l'anime et mérite d'être rapporté dans son intégralité. Afin de ne pas rendre le texte de cette page trop lourd, je me limiterai à rapporter uniquement les lignes suivantes, qui montrent l'intrusion sans équivoque et bien intentionnée du type Deux, qui semble évidente pour tout le monde sauf pour la personne elle-même : "Tant mieux pour Lucia, qui n'était pas la seule à qui Donna Prassede devait faire du bien.... Outre le reste des serviteurs, tous les cerveaux qui avaient plus ou moins besoin d'être redressés et guidés ; outre toutes les autres occasions de prêter le même office, par bon cœur, à beaucoup, avec lesquels elle n'était obligée à rien : occasions qu'elle recherchait si elles ne s'offraient pas ; elle avait aussi cinq filles ; aucune à la maison, mais qui lui donnaient plus à penser, que si elles avaient été là. Trois d'entre elles étaient des religieuses, dont deux étaient mariées ; et Donna Prassede s'est naturellement retrouvée avec trois monastères et deux maisons dont elle devait s'occuper : une entreprise vaste et compliquée, et d'autant plus fatigante que deux maris, soutenus par des pères, des mères et des frères, et trois abbesses, flanquées d'autres dignités et d'autres religieuses, ne voulaient pas accepter sa supervision. C'était une guerre, ou plutôt cinq guerres, couverte, douce, jusqu'à un certain point, mais vivante et sans répit : c'était dans tous ces lieux une attention continue pour éviter sa sollicitude, pour fermer l'accès à ses opinions, pour se soustraire à ses demandes, pour la mettre dans le noir, autant que possible de toutes les affaires. Francesca, placée par Dante dans le cercle de la luxure, illustre plutôt la tendance à la séduction inconsciente et aux triangles amoureux du type Deux. Je rapporte les mots célèbres qu'elle prononce en réponse à

Dante, (veuillez noter que c'est elle qui parle, toujours fière de son péché d'amour et non son compagnon), qui lui demande comment est née la relation entre elle et Paolo Malatesta : " Un jour, nous lisions pour le plaisir.

Un jour, nous lisions pour le plaisir
De Lancialotto, comment l'amour l'a serré dans ses bras ;
Nous étions seuls et sans aucun soupçon.
A plusieurs reprises, les yeux nous ont suspendus
Que la lecture et la décoloration de nos visages ;
Mais un seul point était ce qui nous a fait gagner.
Quand nous lisons les rires tristes
Être embrassé par un tel amant,
Celui-ci, qui n'a jamais été de moi, a été divisé,
Ma bouche a embrassé tout tremblant.
Galeotto était le livre et celui qui l'a écrit !
Ce jour-là, nous ne l'avons plus lu.

La pauvre Francesca, pour justifier sa chute dans la tentation, blâme le livre, comme il est typique d'un Due, et proclame l'innocence totale de ses intentions. Nous, observateurs extérieurs, bien que touchés comme Dante par la profonde tristesse de son destin, ne pouvons pas ne pas nous demander si elle était vraiment "sans soupçon", le fait de se retrouver seule à lire aux côtés de son jeune beau-frère, un livre dont le thème principal était celui d'une relation adultère, ou pourquoi elle a répondu au premier baiser avec ce transport merveilleusement décrit dans le dernier verset cité. Dernier exemple de ce bref aperçu, Carmen, la cigarière de Séville, montre enfin la coquetterie et le désir explicite de conquérir les personnes qui l'attirent, mais de les abandonner ensuite sans trop de précautions lorsque le jeu de la conquête est terminé, ce qui fait de ce type le prototype de l'amant latin charmant et flirteur (Giacomo Casanova appartenait, en fait, au type Deux).

Ennéatype Trois : Déception

Evagrius Ponticus, le brillant anachorète qui a été le premier à décrire en détail les caractéristiques des passions, a écrit sur la Déception ou la Vainqueur avec un grand sens psychologique : "Il est difficile d'échapper à la vaine gloire ; en fait, ce que vous avez fait pour vous purifier deviendra pour vous un début de nouvelle vaine gloire". C'est dans les mots d'Evagrius que nous pouvons trouver le sens le plus profond de la Déception. Cette passion ne consiste pas, en fait, en un plaisir à raconter des mensonges aux autres (même si le vaniteux y parvient parfaitement), mais plutôt à se mentir à soi-même, en essayant d'augmenter le sens de sa propre existence et de sa propre valeur par une augmentation correspondante de sa propre image. La capacité de faire beaucoup et bien, d'obtenir des résultats à tout prix, de correspondre exactement à toute image de rôle ou de genre sexuel requise par la société, est ce qui distingue cette passion de celle de l'Orgueil que nous avons déjà examinée. L'incapacité à avoir une idée claire de soi et à comprendre les sentiments en profondeur, est cependant la motivation profonde qui est à la base de cette passion. Un célèbre proverbe persan dit qu'un paon sans plumes n'est rien d'autre qu'une grosse dinde, et le Vain est quelqu'un qui a appris cette leçon très tôt dans sa vie, quelqu'un qui sent au fond de lui qu'il n'a aucune valeur s'il ne brille pas et n'est pas un gagnant. Par respect pour cette croyance, le type Trois travaille très dur (en anglais, le mot workaholic est utilisé pour cette caractéristique, indiquant une sorte de dépendance psychologique au travail), il a toujours tendance à vendre une image de lui-même soignée dans les moindres détails, à soigner son apparence presque au point de devenir un accro aux cosmétiques, à être un fanatique du fitness et un amoureux du bon "timing". Le trio voit le monde comme un lieu où il est non seulement nécessaire de rivaliser mais aussi essentiel de gagner ; c'est pourquoi il est capable de s'identifier au rôle qu'il occupe et de changer, comme un caméléon, son image. Contrairement au type 1, qui est animé par un désir de bien faire, le type 3 est animé par un impérieux besoin de faire ce qui lui sera bénéfique (ou à ses proches), et est totalement convaincu que sa voie est la seule bonne. L'envie de réaliser ses projets est si forte que le Type Trois se caractérise comme un formidable organisateur, motivateur et vendeur de lui-même. Les objections et les réticences ne sont jamais acceptées de plein gré et Trois ne les considère que comme une forme d'envie de la part des perdants. Cela conduit souvent Vanitosi à avoir des difficultés relationnelles avec d'autres personnes qui se sentent peu impliquées, sinon utilisées comme de simples outils, dans les projets que les Trois poursuivent avec ténacité. Si cette situation implique des personnes qui leur sont profondément chères, les Trois réagissent avec colère et un sentiment d'étonnement douloureux, semblable à ce que peut ressentir un Deux, ce qui peut également les conduire à un détachement émotionnel le plus total afin d'éviter que des troubles sentimentaux n'interfèrent avec leur capacité à faire. De manière plus générale, les relations intimes peuvent être un véritable problème pour les personnes de ce type. Parce qu'elles sont souvent incapables de comprendre l'émotion profonde de leur partenaire, ni la leur, elles ont tendance à jouer l'image du partenaire parfait, sachant toutefois qu'elles ne font que jouer un rôle. Cette difficulté d'être en contact réel avec l'émotion profonde, qui est ontologiquement la source la plus sûre du sens de l'être, peut avoir des conséquences dévastatrices sur la vie d'un Trois. Aux États-Unis, où ce type constitue la personnalité modale dans la phase historique actuelle, les psychiatres ont souvent eu à traiter des cas dramatiques de personnes qui, après avoir lutté avec acharnement pour s'affirmer et avoir atteint un niveau social élevé, sont tombées en proie à une violente dépression qui a souvent abouti au suicide. Les victimes de cette pathologie, appelée significativement syndrome du yuppie, ont accepté de vivre un effrayant sentiment d'aliénation et de vide existentiel, qui a transformé, soudainement, le monde en un lieu étranger dépourvu de tout sens, où tout était inutile.

Quelques exemples de personnes ou de personnages célèbres

La grande capacité caméléonique fait du Vain le type le plus approprié pour jouer des rôles. Il n'est donc pas surprenant que parmi les personnes célèbres, nous trouvions une longue liste d'acteurs à succès comme Lawrence Olivier, Sharon Stone, Tom Cruise, Richard

Gere, ou des chanteurs qui étaient à l'aise pour jouer des rôles au cinéma comme Frank Sinatra. La capacité de Tre à être un communicateur très habile et à utiliser son corps comme un instrument pour obtenir des succès qui dépassent le domaine artistique est, au contraire, évidente à la fois dans des personnages comme Arnold Schwarzenegger et Silvester Stallone qui ont réussi à devenir des capitaines d'industrie en vendant une image précise d'eux-mêmes, et dans Ronald Reagan dont l'ascension d'acteur de second plan au poste de président des États-Unis est la parabole la plus formidable de la motivation de Vanity. La grande capacité caméléonique de ce type est cependant admirablement exprimée par l'actrice Jane Fonda. Née dans un milieu d'acteurs à tendance politique résolument radicale (elle est en effet la fille de Henry Fonda et la soeur de Peter Fonda, tous deux acteurs très engagés dans le domaine social), elle s'est pleinement adaptée aux valeurs de sa famille, vendant dans sa jeunesse l'image d'une pacifiste, farouchement hostile au système capitaliste américain et à l'intervention militaire au Vietnam, au point de nommer son premier enfant Ho Chi Min et de prononcer un anathème public contre le départ des soldats pour la guerre. Mais lorsqu'à la fin des années 60, elle épouse le réalisateur Roger Vadim, Fonda change complètement d'image et, s'adaptant complètement au rôle que son mari lui avait dessiné, elle endosse le rôle, dans la vie comme sur le plateau, de la parfaite poupée sexy, belle en apparence aussi vide de substance qu'une bulle de savon, jouant le rôle de Barbarella dans le film du même nom basé sur une célèbre bande dessinée française. Les changements dans sa vie, dont l'échec de son mariage, l'ont bientôt poussée à chercher une autre façon d'affirmer sa valeur. Elle est devenue l'un des gourous du fitness et a contribué de manière décisive à l'affirmation mondiale de l'aérobic comme outil pour obtenir et maintenir une image extérieure de beauté (pas simplement pour être en forme, mais comme moyen d'affirmer sa visibilité). La Fonda a ainsi ajouté une autre pièce au tableau du succès qu'elle était en train de construire et s'est préparée à la prochaine métamorphose, qui s'est produite lorsqu'elle est devenue la compagne de

Ted Turner, le fondateur de CNN, la première station de télévision commerciale à distribution mondiale. Maintenant dans le rôle d'une véritable première dame qui faisait partie intégrante de l'establishment social, Fonda a commencé à demander pardon, sans jamais l'obtenir pleinement, aux vétérans de la guerre du Vietnam, pour les jugements exprimés à l'époque de sa jeunesse. Les plus malicieux parmi les commentateurs de la télévision américaine ont déclaré que derrière cette conversion, il y avait, malgré les nombreuses larmes versées publiquement, le désir de ne pas nuire aux ambitions politiques de son mari. Cette union de la politique, du divertissement et des affaires n'est pas du tout rare dans le type Trois. Cependant, d'autres personnalités célèbres sont plus typiquement politiques, comme l'ancien président américain Bill Clinton, le plénipotentiaire français Talleyrand et certains des plus grands empereurs romains, comme Octave Auguste et Hadrien (le vrai et celui des splendides Mémoires d'Hadrien de Marguerite Yourcenar). La capacité sans scrupule à changer d'alliance, à faire passer le succès personnel avant les sentiments et à savoir tirer le meilleur parti de ses propres compétences en matière de propagande, est encore plus évidente dans le cas de Jules César, dont la célèbre phrase veni, vidi, vici, avec laquelle il commentait son succès pas du tout facile en Gaule, résume admirablement la confiance des Trois en ses capacités. L'orientation vers un succès mesurable et tangible, fait qu'il est difficile de trouver parmi les Vanitosi des personnages intéressés par la sophistication artistique dans un sens universel. Il n'est donc pas surprenant que parmi les artistes du type Trois, on trouve des personnes qui voient l'art comme un moyen d'apparaître, de se démarquer dans la société, d'offrir ce que la culture dominante de leur environnement exige, plutôt que quelqu'un qui s'intéresse à l'absolu. Des exemples dans ce sens sont des écrivains tels que Giambattista Marino et Oscar Wilde (qui, cependant, avait une forte deuxième partie), dont les histoires personnelles sont étonnamment similaires et qui partagent une vision narcissique débridée de l'art. Le premier, considéré dans son siècle comme un auteur plus important qu'Homère lui-même, n'est essentiellement connu que pour une seule oeuvre, l'Adonis, dans laquelle il exalte le culte de la beauté esthétique avec des métaphores élaborées dont le plus grand mérite est de satisfaire le goût des cours du XVIIe siècle pour le paradoxe. Le second, qui a également une très forte proximité avec le type Deux, incarne le prototype du dandy superficiel et raffiné qui voit dans la beauté de l'image extérieure le but ultime de l'existence. Le très célèbre Portrait de Dorian Gray est l'oeuvre dans laquelle la vision de l'art de Wilde est la plus complètement déployée. La phrase de la préface qui ouvre le roman, très semblable à la phrase la plus célèbre de Marino (l'artiste est l'aileron, la merveille), est aussi celle qui illustre parfaitement la conception de l'auteur : l'artiste est le créateur de belles choses. Le lecteur, dès qu'il entre en contact avec ses sentiments, ne peut s'empêcher de se demander : est-ce la profondeur ? Dorian Gray est peut-être le personnage artistique dans lequel le sens de la Déception dans la perception des sentiments est le plus évident. Dans un passage crucial du roman, Dorian, au cours d'une conversation qu'il a eue avec sa fiancée Sybil après le fiasco retentissant de la pièce qu'elle jouait, est confronté à sa propre incapacité à percevoir comment des sentiments profonds peuvent faire paraître tout le reste totalement inintéressant. La révélation est si dévastatrice que Dorian perd immédiatement tout intérêt pour cette femme. Je transcris ci-dessous les passages en question pour laisser les mots aux protagonistes eux-mêmes.

"Elle le regarda en entrant, et une joie infinie se dessina sur son visage. - Comme j'ai mal agi ce soir, Dorian ! - cria-t-il.

- Horriblement ! - répondit-il en la regardant avec étonnement. - Horriblement ! C'était une chose terrible. Vous vous sentez malade ? Vous n'avez aucune idée de ce que c'était ; vous n'avez aucune idée de ce que j'ai souffert.

La jeune fille sourit. - Dorian - elle a répondu, ...vous auriez dû comprendre. Mais maintenant, vous comprenez, n'est-ce pas ?

- Comprendre quoi ? demanda-t-il furieusement.

- Pourquoi j'ai été si mauvais ce soir ; pourquoi je serai toujours mauvais ; pourquoi je ne pourrai plus jamais agir correctement.

Il haussa les épaules. - Je pense que vous ne vous sentez pas bien. Quand vous n'êtes pas bien, vous ne devez pas agir ; vous vous ridiculisez. Mes amis étaient ennuyés ; j'étais ennuyé.

Elle n'avait pas l'air de l'entendre. La joie l'a transfigurée ; elle était en proie à une extase de bonheur.

- Dorian, Dorian - elle a pleuré, - avant que je vous rencontre, le théâtre était la seule réalité de ma vie. Je ne vivais qu'au théâtre ; je pensais que tout était vrai. (...) Je ne connaissais que des ombres et je les croyais réelles. Tu es venu, mon cher amour, et tu as libéré mon âme de la prison. Tu m'as appris ce qu'est la réalité. Ce soir, pour la première fois de ma vie, j'ai découvert toute la superficialité, la fausseté et la stupidité du spectacle vide auquel j'avais toujours pris part. (...) Tu m'avais apporté quelque chose de plus élevé, quelque chose dont tout art n'est qu'un reflet ; tu m'avais fait comprendre ce qu'est vraiment l'amour. (...) Je pouvais simuler une passion que je ne ressentais pas, mais je ne peux pas simuler une passion qui me brûle comme un feu. Oh, Dorian, comprenez-vous ce que cela signifie ?

Il s'est laissé tomber sur le canapé, en détournant le visage. - Tu as tué mon amour", dit-il d'une voix sourde.

Une crise de sanglots passionnés l'a étouffé. Elle s'est recroquevillée sur le sol comme une créature blessée et Dorian Gray l'a regardée de ses beaux yeux et ses lèvres finement dessinées se sont élevées dans un suprême mépris. Les émotions de ceux que nous n'aimons plus ont toujours quelque chose de ridicule. Sybil Vane lui semblait follement mélodramatique ; ses larmes et ses observations lui rongeaient les nerfs.

Greta Scacchi dans Présumé innocent offre un autre exemple magistral de la façon dont les Trois moins évolués utilisent les autres comme outils pour la réalisation de leurs propres objectifs, tandis que Scarlett O'Hara, la protagoniste d'Autant en emporte le vent, nous montre l'esprit indomptable qui permet aux personnes de ce type de toujours croire qu'il existe une issue, même dans les situations les plus dramatiques et désespérées.

Ennéatype quatre : Envie

Même pour cette passion, nous devons nous habituer à un sens du mot différent de celui de l'usage courant. Cette passion ne consiste pas tant en une haine du bonheur des autres, comme le décrivait Saint Augustin, mais plutôt en la perception consciente d'un sentiment de carence, et d'imperfection intérieure (bien qu'il ne manque pas de personnes et de personnages réels de ce type qui soient ouvertement envieux et destructeurs envers les autres). Le désir de combler cette lacune entraîne une recherche incessante d'amour qui ne peut cependant jamais être satisfaite, car le surmoi raffiné de ces personnes leur dicte de ne jamais se contenter de moins que la perfection. Quatre se sent donc comme une sorte d'ange déchu du Paradis, et souffre beaucoup de cette "mauvaise" image de soi. La douleur et la culpabilité sont perçues consciemment et conduisent souvent à une tendance à se lamenter et à une dépression ouverte ou rampante. L'envieux évalue toujours comme plus important (peu importe si les gens, les choses ou les situations), ce qu'il n'a pas et n'est pas là, plutôt que ce qui lui appartient. Tout est ardemment désiré et perçu comme indispensable, cependant, lorsqu'il est finalement obtenu, il perd l'attrait qu'il semblait avoir auparavant. L'idéalité joue un rôle majeur dans ce processus, puisque le type quatre est celui qui compare le plus systématiquement la situation réelle avec un modèle de perfection irréalisable, en notant ses défauts. Cela crée un "tiraillement" caractéristique et douloureux, par lequel, par exemple, on ne voit que les meilleures caractéristiques de son partenaire lorsqu'il est loin, mais on ne manque pas les plus petites imperfections lorsqu'il est proche. Cette attitude conduit également à revivre émotionnellement toutes les situations du passé, en les couvrant d'un voile de douce tristesse et de mélancolie et, corrélativement, à avoir toujours le sentiment d'avoir fait de mauvais choix, rabaissant ainsi les situations de la vie présente. Cette attitude existentielle trouve un exutoire naturel dans la créativité artistique, qui est aussi un moyen de soulager le tourment produit par la perception de ses propres défauts. Il n'est donc pas étonnant que ce type soit celui dans lequel les artistes abondent le plus, notamment ceux liés à une vision qui considère la vie comme une forme de pathos universel. L'empathie pour les pauvres, les maltraités et la souffrance est très présente dans ce type, puisque les Quatre s'identifient facilement à leur condition. Étant donné le modèle culturel de notre société, dans lequel le genre masculin est dominant, de nombreux Quatre féminins ont, en se fondant sur cette sensibilité, participé au premier plan des mouvements d'émancipation des femmes. Profondément enraciné dans ses sentiments, l'Envoyé a l'impression de percevoir les choses avec une sensibilité et une profondeur telles qu'il ne peut être compris par les autres, ce qui le fait souffrir profondément. Mais en même temps, il préfère renoncer à tout sauf à cette sensibilité douloureuse qui lui permet de se sentir pleinement vivant. Pour cette raison, le Quatre est le type qui accorde la plus grande importance à la capacité des autres à décoder les messages souvent insaisissables qui se cachent derrière les nuances de son comportement et croit que ceux qui l'aiment doivent nécessairement comprendre ses désirs profonds. La forte émotivité se reflète également dans l'humeur, provoquant des hauts et des bas continus et démotivés qui reflètent la transition soudaine entre des moments d'exaltation et une dépression cachée. Malgré tout cela, l'Invidioso est aussi fondamentalement optimiste et, comme le dit la chanson Il Manichinodi Renato Zero, "espère toujours que sa chance va tourner". Et il est convaincu, comme Luigi Tenco (les deux chanteurs appartiennent au type Quatre), que "je ne peux pas vous dire comment ou quand, mais un beau jour, cela va changer". Le raffinement, même esthétique, est une valeur très importante pour les Invidiosi, qui ont un "goût" intérieur marqué et décisif qui transparaît dans toutes leurs manifestations. Ainsi, par exemple, un type quatre parlera et s'habillera de manière à montrer à l'extérieur au moins un signe de sa "noblesse" de sentiment. Plus généralement, on peut dire que les Quatre ne se satisfont jamais de la normalité, qui leur apparaît souvent comme une simple banalité, et qu'ils personnalisent tout ce qu'ils font avec une note de couleur, un accent, qui exprime subtilement leur perception de la beauté idéale.

Exemples de personnes ou de personnalités célèbres

Les capacités artistiques des Quatre font que les poètes, romanciers, chanteurs, peintres et acteurs abondent parmi les représentants de ce type. Parmi ces derniers, nous signalons immédiatement Marilyn Monroe qui, bien qu'étant dans l'imaginaire collectif le symbole même de la beauté féminine, était totalement insatisfaite de son apparence. Il est bien connu que Marilyn détruisait des albums entiers de photographies avec des ciseaux, trouvant toujours quelque chose qui la rendait insatisfaite de l'image qu'elle véhiculait. En réalité et à la manière d'un Quatre, ce qui a rendu la pauvre Marilyn désespérée, c'est qu'aucune photo ne pouvait exprimer la douleur profonde de son coeur ; le besoin désespéré d'amour qui était resté insatisfait tout au long de sa vie. Très similaire à celle de Marilyn Monroe est aussi la parabole humaine de James Dean, un autre acteur célèbre qui appartenait à ce type. En général, les acteurs de ce type parviennent toujours à transmettre aux personnages qu'ils incarnent une aura romantique et une profonde sensibilité, qui sont souvent absentes dans les scénarios. C'est le cas, par exemple, de Viviane Leigh dans sa célèbre interprétation de Scarlett O'Hara, qui est plutôt un type Trois par excellence, de Robert De Niro dans le film The Deer Hunter (dont le personnage selon l'intrigue est plutôt un type Un) ou dans Raging Bull (où il joue le rôle du boxeur Jack La Motta un type Huit), de Judy Garland. Dans l'interminable liste des personnages littéraires qui appartiennent au type Quatre, je ne mentionnerai, parce que chacun d'eux illustre une tendance distincte de cette passion, Edmont Dantes protagoniste du Comte de Monte-Cristo d'Alexandre Dumas père, Jago dans la tragédie de Shakespeare Othello (à qui sont étroitement liés Cousine Bette protagoniste du roman du même nom d'Honorè de Balzac, Uria Heep dans le David Copperfield de Charles Dickens et Shylock dans Le Marchand de Venise), Anna Karenine protagoniste du roman du même nom de Tolstoï et Jean Valjean protagoniste des Misérables. Jago est l'illustration de l'Envie destructrice, de la haine qui se nourrit en silence en détruisant d'abord sa propre âme et ensuite, pour une forme de vengeance et de justice déformée, celle des autres qui ont la chance d'avoir une âme intacte. Au début de la tragédie, il semble que Jago ne soit animé que par une forme de jalousie folle envers Othello, mais il n'en est rien. Dans le monologue intérieur du premier acte, il se dit "Je déteste le Maure... On a aussi murmuré, ici et là, qu'il m'a remplacé dans le devoir conjugal entre mes draps. Je ne sais pas si c'est vrai, mais pour un simple soupçon de ce genre, j'agirai comme si j'en avais la certitude. Il compte sur moi ; et mieux mes machinations agiront sur lui. Cassio est un bel homme...Voyons voir...Pour prendre sa place et faire culminer mon plan dans un double coup..." C'est en ces deux mots que s'explique la motivation profonde de Jago. Othello et Cassio sont tous deux détestés parce qu'ils ont quelque chose qu'il a l'impression de ne pas avoir (la gloire et l'amour pour le premier, la beauté et la pureté pour le second) ; toute excuse est valable pour nourrir ce sentiment. Dans la scène où Jago planifie la mort de

Cassio, ces sentiments deviennent conscients et Jago déclare : "Cela ne doit pas être ; si Cassio reste, il a une beauté quotidienne dans sa vie, qui me rend laid". La puissance de ce sentiment est telle qu'il efface toute forme d'espoir, de respect de soi et de considération, suscitant dans l'âme de l'Envoyé un profond désespoir qui ne peut trouver de soulagement que dans la destruction de l'objet envié et, par conséquent, dans l'élimination de la douloureuse comparaison avec lui. Shakespeare, qui était aussi un type quatre, connaissait parfaitement la puissance dévastatrice de ce sentiment, qui enlève tout espoir à la vue d'yeux embués par la haine. En fait, les derniers mots surprenants de la pièce ne peuvent être pleinement compris que si l'on est conscient de l'incapacité à se satisfaire, qui nourrit secrètement la haine envieuse. dit Lodovico à Jago : Et toi, chien spartiate, plus insatiable que la douleur, la faim ou la mer ! Regarde la charge tragique qui pèse sur ce lit ! C'est votre travail. Un spectacle qui empoisonne la vue ! Cachez-le !" Chez Anna Karénine, cependant, l'espoir de pouvoir avoir le véritable amour n'est pas perdu, et nous pouvons voir dans l'action Quatre la tendance à se jeter tête baissée dans toute situation qui pourrait faire apparaître la possibilité d'obtenir la satisfaction de ce désir. En fait, Anna n'hésite pas à demander le divorce et à suivre son nouvel amour à l'étranger, même si elle sait qu'en faisant cela, elle aurait perdu son enfant, la personne qu'elle aimait le plus au monde, pour toujours. Le crescendo angoissé de culpabilité, de jalousie, de tristesse et de honte qui accompagne Anna, ronge lentement son monde intérieur et la conduit vers la fin autodestructrice, mais ne peut pas encore la détruire tant qu'elle nourrit l'espoir de pouvoir être encore aimée comme au début de leur relation. Le tournant dramatique survient lorsque, au cours d'une conversation orageuse avec Vronsky, Anna devient convaincue que l'espoir est perdu à jamais et que le suicide est le seul moyen d'obtenir l'amour éternel de son amant. Nous voyons les mots que Tolstoï met dans la bouche et l'esprit d'Anna : "Que puis-je vouloir ? Je ne peux que vouloir que tu ne me quittes pas, comme tu penses le faire", dit-elle, comprenant ce qu'il avait gardé le silence. "Mais c'est secondaire. Ce que je veux, c'est de l'amour, et il n'y en a plus. Alors tout est fini". ... Oui, meurs ! pensa-t-elle. La honte de Karénine (le mari qu'elle avait quitté) et son déshonneur, ainsi que ceux de Séryon et ma propre honte, tout sera effacé par ma mort. Mourir, c'est donc dire que lui (Vronsky) va ressentir de la douleur, m'aimer et souffrir pour moi. Avec un sourire fixe de pitié envers elle-même, elle était assise dans le fauteuil, enlevant et mettant les anneaux de sa main gauche, et se représentant de façon vivante sous tous les angles ses sentiments après sa mort. Il est important de noter que dans ces rêveries suicidaires, qui souvent tourmentent les Quatre, il y a toujours un élément de vengeance contre l'autre qui a trahi les attentes de l'amour qu'ils ont nourri. Chez Edmond Dantès aussi, on peut voir à l'œuvre le désir de vengeance et de vengeance caractéristique du type quatre, mais ici il prend ces formes de raffinement et de durabilité qui différencient la vengeance de ce type de la vengeance beaucoup plus immédiate et directe que nous verrons en action dans le type huit. Dantes étudie avec l'acuité psychologique de ce type, les principaux défauts de ses ennemis qui ont conspiré pour sa ruine, et les frappe en leur faisant ressentir la même douleur qu'il avait ressentie, mais, contrairement à Jago et Anna Karénine, il est toujours soutenu par l'espoir qui soutient ceux qui sont sortis indemnes des moments les plus sombres du désespoir. Sa profonde sensibilité est évidente dans de nombreux épisodes du livre, et elle transparaît dans le passage suivant qui clôt le roman : Dites à l'ange qui veillera sur votre vie, Morell, de prier parfois pour un homme qui, comme Satan, a cru un instant être comme Dieu, et a reconnu avec toute l'humilité d'un chrétien, que dans les mains de Dieu seul se trouve le pouvoir suprême et la sagesse infinie. Ces prières atténueront peut-être les remords qu'il porte au fond de son cœur. Quant à vous, Morell, voici tout le secret de la conduite que j'ai gardée à votre égard : il n'y a ni bonheur ni malheur en ce monde, ce n'est que la comparaison d'un état à un autre, c'est tout. Seul celui qui a connu une douleur extrême est apte à goûter au bonheur suprême. Vous devez avoir désiré ardemment la mort, Maximilien, pour savoir à quoi bon vivre. Alors, vivez et soyez heureux, enfants bien-aimés de mon cœur, et n'oubliez jamais que, jusqu'au jour où Dieu daignera révéler l'avenir à l'homme, toute la sagesse humaine sera placée dans ces deux mots : attente et espoir. Encore plus intense et capable de compréhension et d'empathie efficace pour l'autre, c'est la lumière qui illumine Jean Valjean, après que Monseigneur Benvenuto ait lavé son âme de la haine qui l'avait empoisonnée, par un acte d'amour profond et de respect pour sa fragilité humaine. Voici les mots avec lesquels Hugo décrit l'effet produit sur l'âme de Valjean par les paroles et les actions de l'évêque : Il ne pouvait pas réaliser ce qui se passait en lui, il s'est raidi contre l'action angélique et contre les douces paroles du vieil homme : "Tu m'as promis de devenir un homme honnête. J'achète ton âme, je l'enlève à l'esprit de méchanceté et je la donne au bon Dieu". Cela lui revenait sans cesse. Il a opposé cette indulgence céleste à l'orgueil, qui est en nous comme la forteresse du mal. Il comprenait vaguement que le pardon de ce prêtre était le plus grand assaut et la plus formidable attaque par laquelle il avait été ébranlé ; que son endurcissement deviendrait définitif s'il résistait à cette clémence ; que s'il cédait il devrait abandonner cette haine dont les actions des hommes avaient rempli son âme pendant tant d'années, et dont il jouissait ; que cette fois c'était gagné ou à gagner, et que la lutte, une lutte colossale et décisive, était menée entre sa méchanceté et la bonté de cet homme. Devant tout cet éclat, il tâtonnait comme un ivrogne. (...) Jean Valjean a longtemps pleuré. Il a pleuré à chaudes larmes, il a pleuré en sanglots, avec plus de faiblesse qu'une femme, avec plus de peur qu'un enfant. Alors qu'il pleurait, de plus en plus de lumière pénétrait dans son cerveau, une lumière extraordinaire, une lumière à la fois prodigieuse et terrible. Sa vie passée, la première culpabilité, la longue expiation, la brutalisation extérieure, l'endurcissement intérieur, la reconquête de la liberté acclamée par de nombreux plans de vengeance, ce qui lui était arrivé chez l'évêque, la dernière chose qu'il avait faite, ce vol de quarante dollars à un garçon, un crime d'autant plus vil et monstrueux qu'il venait après le pardon de l'évêque, tout cela lui revint à l'esprit et lui apparut clairement, mais dans une clarté qu'il n'avait jamais vue jusqu'alors. Il a regardé sa propre vie, et elle lui a paru horrible : sa propre âme, et elle lui a paru effrayante. Pourtant, une douce lumière se trouvait sur cette vie et cette âme. Il lui semblait voir Satan dans la lumière du ciel. Dans le reste du roman, Valjean montre les meilleurs côtés d'un Quatre en paix avec lui-même, qui a orienté sa très forte sensibilité non plus vers ses propres défauts, mais vers l'aide aux autres de manière pratique.

Ennéatype Cinq : Avarice

Le vide dans la partie inférieure de l'Ennéagramme indique un fort changement d'attitude existentielle entre les positions marquées aux points Quatre et Cinq. Si, en fait, Quatre est, comme nous l'avons vu, marqué par un désir ardent et par l'espoir de pouvoir changer son état, Cinq s'est séparé de ses sentiments et est profondément convaincu que rien ne peut changer pour le mieux. Dans l'Envie, le désespoir, qui est toujours un mouvement émotionnel, est un enfer de désir en ébullition ; nous voilà dans un enfer gelé qui se situe au-delà des limites du désespoir lui-même. L'Avarice est donc plus qu'un amour passionné de l'argent et des biens matériels (bien que, bien sûr, il ne manque pas de personnes avares qui le sont à juste titre dans le langage courant), un sentiment profond d'avoir peu, combiné à la peur (le type Cinq est, en fait, un satellite de Six, qui, comme nous le verrons, est dominé par la Peur) de perdre ce qu'on a peu. Il y a, oui, de l'avidité dans ce type, mais elle est tellement contenue par la peur de s'exposer à un certain risque qu'il est difficile pour un avare de se convaincre qu'une action est nécessaire pour obtenir ce qu'il veut. La métaphore que j'utilise toujours pour expliquer cette position existentielle est celle du naufragé qui, ayant atteint la côte dans son petit bateau avec peu de provisions, a peur de se jeter à l'eau et de parcourir la portion de mer qui le sépare du rivage, de peur de perdre le peu qui lui reste. Ici, poursuivant la métaphore, la nourriture est l'énergie vitale dont l'avare estime ne pas avoir assez pour affronter les situations de front. Ce sentiment de faiblesse pousse l'avare à craindre particulièrement les complications sentimentales et à défendre son monde intérieur en gelant toute impulsion, mettant ainsi une barrière défensive entre lui et le monde extérieur. Un sanctum sanctorum presque inviolable dans lequel se réfugier pour traiter calmement les événements de la vie et un long temps pour répondre aux stimuli, sont des besoins vitaux pour un Cinq. Cependant, en se séparant de ses émotions et en transformant sa vie en un désert aride, l'avare se sépare de la source première de la perception de soi et a le sentiment, inconsciemment, de vivre comme un robot et de trahir la tâche que la vie a assignée à chacun d'entre nous. Cela donne lieu, en plus d'une vision pessimiste et parfois cynique du monde, à un douloureux sentiment de culpabilité omniprésent et lucide que ce type ressent souvent comme une malédiction qui pèse sur lui. Un Cinq se sent comme un petit enfant faible entouré de loups, alors il utilise toute son énergie pour fuir ou mieux se cacher. Il ne supporte pas d'avoir les yeux des autres sur lui, de s'exposer, d'être sous les feux de la rampe, de se faire demander quelque chose, et il trouve particulièrement difficile de partager son espace avec quelqu'un d'autre. En général, un Miser utilise principalement ses propres pensées comme facteur de défense contre un éventuel danger. De tous les types, Cinq est celui qui est le plus à l'aise avec le monde des idées, de la logique et de la controverse intellectuelle et le moins à l'aise avec le domaine de l'action pratique et matérielle. Même l'image que les autres ont de lui n'intéresse guère un Cinq, qui est typiquement détaché du désir de plaisir et de tout ce qui n'est qu'apparence. L'énorme désir de savoir fait de lui le prototype du philosophe dans sa tour d'ivoire, de l'observateur détaché et impartial, de l'astronome, de l'anatomopathologiste, du scientifique qui, isolé dans son laboratoire, se sent parfaitement à l'aise. La solitude qui effraie les autres types est, au contraire, recherchée et souvent désirée par le Cinq qui peut, de cette façon, utiliser son temps pour mettre mentalement en ordre l'énorme quantité d'informations et de connaissances qu'il accumule. Cette énorme "tête", qui est constamment à l'œuvre, aspire en quelque sorte toute l'énergie vitale et pousse le Cinq à essayer de sauver le plus possible de lui-même. La quête de connaissances, cependant, peut aussi étonnamment pousser un Cinq à explorer les domaines du mystérieux, du paranormal et de l'occulte (d'une manière similaire à celle d'un Six), avec une crédulité et une persistance que l'on n'attendrait pas d'un penseur aussi rigoureux.

Quelques exemples de personnes et de personnalités célèbres

La prédominance de l'aspect cognitif explique pourquoi ce type compte le plus grand nombre de philosophes et de scientifiques. Parmi les premiers, on peut citer des hommes comme Pythagore, Parménide, la plupart des cyniques, les sceptiques, Epicure (qui n'était pas du tout hédoniste), Sénèque, Marc Aurèle et Saint Thomas d'Aquin. Ce dernier, en particulier, était appelé par ses frères le bœuf muet, car il ne participait jamais aux disputes philosophiques ou théologiques et restait seul sur la touche la plupart du temps. Mais lorsqu'un jour, on lui a demandé son avis sur un passage difficile de la philosophie d'Aristote, il l'a interprété avec une telle acuité et une telle précision que tout le monde a été frappé par son génie. Parmi les philosophes modernes, on peut citer Hobbes, qui soutenait entre autres que la vie n'est rien d'autre qu'un mouvement des membres et donc qu'un automate est doté d'une vie propre, Bergson, Leibnitz, Heiddeger, Popper et surtout Descartes. Certains choix de sa vie qui pourraient paraître surprenants, sont parfaitement expliqués par la connaissance de l'Ennéagramme. Ainsi, il n'est pas difficile de comprendre pourquoi il a disposé de la ferme que son père lui avait laissée en héritage (il fallait trop d'efforts pour la poursuivre), préférant, en échange, un modeste revenu annuel fixe. À Paris, il trouvait la vie sociale ennuyeuse et trop énergisante, préférant s'isoler dans un quartier monastique pour se consacrer à l'étude de la géométrie. Mais comme, même là, quelqu'un lui rendait visite, interrompant ses études, il décida de s'engager dans l'armée néerlandaise. Cela peut sembler très étrange, si l'on ne tient pas compte du fait que la Hollande était dans une période de paix durable et que ses soldats avaient très peu de tâches à accomplir. En fait, dès que le risque de guerre se profilait à l'horizon, Descartes a démissionné et s'est engagé dans l'armée bavaroise, dont la principale occupation à l'époque était de maintenir les casernes en ordre, choisissant comme destination un endroit froid et isolé. Sa difficulté à avoir des relations avec les gens devint plus intense dans sa deuxième période parisienne et, afin d'éviter les visites de ses connaissances, il décida de s'engager à nouveau. Descartes était un catholique timide et pratiquant, mais il soutenait les hérésies de Galileo Galilei. Tout en essayant par tous les moyens de capter la sympathie de l'Église et en particulier celle des jésuites, il écrivit ce qu'il pensait, mais avec une extrême prudence pour ne pas courir le danger d'être considéré comme un hérétique, et à cause de cela, il subit diverses persécutions. Il a peu travaillé et peu lu ; son œuvre a été presque entièrement achevée en peu de temps, après de longues années de réflexion et de remaniement. De toutes ses œuvres, celle qui est considérée comme la moins profonde est celle sur l'Amour (le thème, bien sûr, ne correspondait pas très bien aux attitudes d'un Cinq). La phrase qui résume le sens de sa philosophie est la suivante : "Cogito, ergo sum" (je pense, donc je suis). Parmi les scientifiques, une place de choix devrait être accordée à Archimède, si absorbé dans ses réflexions mentales qu'il n'a pas remarqué que la ville de Syracuse était tombée et qu'un soldat romain l'avait menacé, et à Isaac Newton, qui après avoir transformé en très peu de temps les fondements mêmes de la science et de la philosophie, a consacré le reste de sa vie à une étude de l'astrologie aussi stérile que tenace et solitaire (j'ai déjà souligné que souvent le Cinq se livre à des études approfondies sur des aspects ésotériques et mystérieux). Newton a été fait baronnet par la reine et a donc participé aux réunions de la Chambre des Lords, l'une des deux branches du Parlement. Au cours des trente années de sa participation aux réunions, il s'est distingué par trois choses : sa demande de toujours siéger dans le dernier banc, l'absence totale d'intervention dans les discussions (sa seule requête au président de la chambre était de fermer une fenêtre de porte d'où venait le vent), et le fait qu'il répondait invariablement "Il faut du temps pour décider", à ceux qui lui demandaient son avis. à ceux qui lui demandaient un avis sur une question. Dans le même ordre d'idées, nous pouvons également inclure l'Italien Girolamo Cardano, inventeur d'un ingénieux joint mécanique qui a conservé son nom. Cardano était tellement sûr de sa capacité à prédire l'avenir par l'astrologie qu'après une très longue période passée en isolement à étudier les mouvements des planètes, il a communiqué au monde scientifique tout entier ce qui devrait être la date exacte de sa mort. Lorsque la date indiquée est passée sans qu'aucune maladie n'ait touché sa santé, Cardano a déclaré que l'erreur avait été produite par un mauvais calcul. Il s'est donc plongé dans une nouvelle période d'étude dans un isolement total, à l'issue de laquelle il a proclamé que l'erreur était bien due à une erreur de calcul du mouvement de Saturne ; il a donc indiqué une nouvelle date à laquelle il mourrait sûrement. Alors que la date fixée approchait sans qu'aucune maladie ne l'affecte, Cardano commença à s'arrêter de manger, consterné de perdre la seule confiance qui le soutenait dans sa vie, jusqu'à se laisser mourir de faim le jour même qu'il avait indiqué. La grande capacité à faire des analyses précises jusque dans les moindres détails, rend le Cinq particulièrement adapté au jeu d'échecs. Il n'est donc pas surprenant que certains des plus grands joueurs de toutes les époques (Bobby Fisher, Karpov, Alekhine) appartiennent à ce type de jeu. Le désespoir lucide et irréversible qui affecte souvent le Cinq est cependant très évident dans les œuvres de deux des plus grands écrivains appartenant à ce type : Franz Kafka et Emily Dickinson. Tous deux profondément convaincus de l'impossibilité de changer leur état pour le mieux et de pouvoir participer pleinement à l'assemblée des autres humains, ils ont exprimé par des mots d'angoisse lucide cette douleur, si profonde qu'ils ne pouvaient même pas se permettre de pleurer ou d'espérer. Le poème suivant de Dickinson sert d'exemple :

Il y a un chagrin si total...
Qui avale toute la substance...
Puis s'étend sur l'abîme un voile de transe-
Pour que la mémoire puisse passer
Environ - au-delà - au-dessus -
Comme celui qui, dans un sommeil profond...

Continue en toute sécurité, là où les yeux sont ouverts
Briserait os par os.

En plus des protagonistes de la plupart des œuvres de Kafka, nous mentionnons parmi les autres personnages littéraires célèbres qui sont Avari, Smilla Jasperson du roman Smilla's Sense for for Snow, Sherlock Holmes le super observateur pointu d'Arthur Conan Doyle, Le vieux Ebenezer Scrooge, le protagoniste de l'émouvant et délicieux conte de Noël de Dickens (sur le moule duquel le Type Trois Walt Disney a dessiné la figure de l'oncle Scrooge), Don Ferrante des Fiancés, Papa Goriot de Balzac et Harpagon de la pièce de Molière L'Avare. Il ne s'agit pas d'un type Cinq Shylock, un autre célèbre avare de la littérature, qui appartient au type Quatre. Parmi les personnages du film, on peut citer Marion, protagoniste d'Another Woman de Woody Allen, le luthier joué par Daniel Auteuil dans le merveilleux A Heart in Winter et le collectionneur de cassettes vidéo joué par James Spader dans le film Sex, Lies and Videotape. Ces trois personnages montrent bien à la fois la tendance voyeuriste de Five, qui préfère être un observateur plutôt qu'un protagoniste des événements, et l'incapacité de Five à éprouver directement des sentiments et à être capable de comprendre une partie de lui-même en retravaillant la vie des autres. La proximité de Quatre explique pourquoi, malgré le fait que ce type est de loin le plus réticent à se montrer en public, on peut trouver plusieurs grands acteurs parmi les Cinq. Greta Garbo et Alberto Sordi sont parmi eux. Garbo vivait dans un grand appartement complètement vide, à l'exception de deux pièces surchargées d'objets, elle se cachait le visage derrière de grandes lunettes et de larges chapeaux et n'a jamais accepté de se marier parce qu'elle ne pouvait pas accepter de vivre avec quelqu'un. Parmi les quelques hommes de pouvoir appartenant aux Cinq, il faut mentionner les empereurs romains Marc-Aurèle et Tibère. Le premier a empêché qu'à Rome se tiennent des jeux de gladiateurs jusqu'à sa mort et s'est éloigné le plus possible de la ville éternelle, préférant la solitude de sa tente impériale, car l'idée des bains de foule et la nécessité de participer à des fonctions publiques, lui semblait intolérable. Le second, suivant une tendance que nous avons déjà décrite dans Greta Garbo, préférait quitter Rome et se retirer sur l'île de Capri dans une somptueuse villa, presque complètement vide, isolée et inaccessible. Le dernier personnage de cette revue est aussi celui qui montre pleinement les grands dons d'un Cinq touché par la grâce, Oscar Romero, archevêque de San Salvador, dont la vie réelle a servi de base au film avec Raul Julia. Le prêtre timide, introverti, solitaire et conservateur, jamais engagé dans une activité pastorale, qui avait passé sa vie toujours au dernier rang, aussi obséquieux envers la hiérarchie et le pouvoir qu'intellectuellement controversé envers les mouvements de réforme sociale de l'église, s'est transformé, jusqu'à ce que son meurtre se produise sacrilègement dans la même cathédrale, en un défenseur plus que courageux et actif des faibles et des opprimés. Ses homélies hebdomadaires, diffusées par la radio et suivies par tout un pays, dénonçaient avec la précision aiguë des Cinq l'état misérable des pauvres et l'exploitation des paysans. Les Salvadoriens croient qu'une telle transformation est due à un véritable miracle, dû à l'intercession d'un de ses amis franciscains, tué par des propriétaires terriens opposés à la réforme agraire, mais l'Enneagramme nous apprend que, comme dans le cas de Marc Aurèle, lorsqu'un Cinq est convaincu de la vérité et de la nécessité de quelque chose, rien (pas même le souci de lui-même), ne peut le manipuler ou le faire changer d'avis.

Ennéatype Six : La peur

La peur était, comme je l'ai noté dans l'introduction, l'une des deux passions qui ne figurent pas dans la liste traditionnelle des péchés ou des vices capitaux. Cela était probablement dû à deux raisons différentes. D'une part, d'un point de vue chrétien médiéval, la peur, ou la crainte de Dieu, n'était pas considérée comme un élément négatif, car elle conduisait l'homme, par le souvenir du jugement et du châtiment éternels, à se soumettre à la loi et à l'ordre social. D'autre part, il faut dire que la dynamique même de cette passion n'était pas bien comprise. La variété des comportements induits par la passion de la Peur est en effet telle que, à première vue, il semble y avoir peu de points communs entre de nombreuses personnes appartenant à ce type. Si, en fait, il est assez facile de comprendre que les personnes qui sont aussi appelées phobiques dans le langage courant sont certainement dominées par la Peur, c'est-à-dire celles qui ont un style de vie dominé par l'insécurité ou des phobies partiellement explicites, il n'est pas aussi facile de voir la Peur à l'œuvre au niveau de la motivation chez les personnes dites contre-phobiques, qui agissent avec un fort type d'agression stratégique. L'exemple du comportement de la souris qui fuit un chat, permet cependant de comprendre comment les deux attitudes sont, en réalité, des réponses différentes à un même besoin. La souris fuit normalement devant un chat, tant qu'elle a l'espace et la force de le faire, mais, si elle se trouve dans une situation sans issue, elle se retourne et attaque la source même de sa peur. Cette réaction n'est bien sûr pas due à une forme de courage, mais à une défense instinctive mise en œuvre par la Peur. Dans le jeu d'échecs, pour bien exprimer ce concept, nous utilisons le dicton suivant qui concentre efficacement le monde intérieur d'un Peureux, "la menace est beaucoup plus forte que son exécution". Avec cette expression, nous entendons montrer comment l'idée d'un risque qui nous submerge peut être beaucoup plus insupportable pour notre psyché que le fait d'affronter réellement le danger lui-même. La plupart des Six, même s'ils sont principalement phobiques ou contre-phobiques, montrent dans leurs comportements des traits de ces deux réactions. Cette alternance typique s'étend à presque tous les comportements possibles et est souvent décrite par le terme d'ambivalence. Il existe cependant une autre possibilité d'expression de la Peur qui peut également être déduite du comportement adopté par de nombreux animaux au sein de leur groupe. Chez de nombreuses espèces, il existe en effet une forme particulière de reconnaissance de la supériorité de l'autre, qui se manifeste par une série d'actes par lesquels elle reconnaît l'autorité du spécimen dominant et, en même temps, définit sa place dans l'échelle sociale du groupe. Ainsi, chaque membre du groupe sait, sur la base de cet ordre précis, quel est exactement son rôle. Les personnes craintives sont généralement très cérébrales, dans le sens où elles réfléchissent trop aux conséquences possibles de chacun de leurs actes, et elles combattent leur insécurité en demandant du soutien et en ayant tendance à prévoir tous les scénarios possibles. Pour ce type de personnes, il est crucial de savoir quel est le comportement requis par l'autorité et, avec leur ambivalence typique, de savoir comment se comporter face aux exigences qui en découlent. Nous aurons donc trois comportements distincts qui ont cependant en commun le fait qu'ils proviennent tous du besoin de réprimer la peur. Contrairement à un Cinq, un Six n'est pas séparé de ses sentiments et de ses désirs, mais il ne sait pas s'il peut leur faire confiance (en ce sens qu'il n'est jamais sûr des réactions que les autres auront), ou s'il peut se permettre de les exprimer librement. Un thème central de ce type est celui de l'accusation, et c'est précisément pour éviter d'éventuels reproches que Six ressent le besoin de connaître chaque détail d'une situation donnée. Sixes ne donne pas facilement sa confiance et est très attentif à détecter les signes d'ambiguïté ou de déloyauté. Il met souvent les autres (en particulier les proches) à l'épreuve parce que son ambivalence intérieure le conduit à douter de lui-même et de sa loyauté. La personne craintive ressent toute petite fissure comme un piège qui pourrait mener à un effondrement complet et a donc tendance à être un pessimiste lucide, qui préfère prévoir le pire afin d'être prêt à toute éventualité. Pour cette raison, ce type est souvent décrit comme l'avocat du diable, en référence au rôle assumé dans les processus de béatification par un membre du clergé, qui doit trouver des motifs négatifs contre le futur saint éventuel.

Quelques exemples de personnes ou de personnages célèbres.

Le personnage cinématographique du comptable Ugo Fantozzi interprété par Paolo Villaggio (également un Six dans la vie réelle), incarne, à l'extrême dans sa comédie grotesque, toutes les tendances de la Peur. Fantozzi, normalement phobique et totalement soumis à la hiérarchie, a parfois des réactions contre-phobiques qui, en plus d'être caractéristiquement précises, atteignent les sommets du paradoxe le plus exaltant. L'épisode du Cuirassé Potemkine, dans lequel Fantozzi est contraint de renoncer à regarder le match de football de l'équipe nationale italienne, pour assister à la énième réplique du film d'Ejzenstejn, nous montre la crainte totale qu'éprouve un six envers l'ordre et l'autorité. Cependant, lorsqu'on demande au public son opinion habituelle sur le film et que personne ne trouve la volonté de faire le moindre commentaire, Fantozzi compare instinctivement sa réactivité intérieure à celle des autres et, se sentant à ce moment plus fort (ou peut-être, plus justement, moins faible), il explose dans sa fameuse invective qui libère cathartiquement les pulsions des autres qui avaient été réprimées jusqu'à ce moment. Dans le même ordre d'idées que Fantozzi, Manzoni incarne le personnage de Don Abbondio. Pris dans la peur oppressante des menaces reçues par les bons hommes de don Rodrigo et des réactions de Renzo, le bon prêtre ne voit pas d'autre solution que de se faire porter malade et d'essayer de gagner du temps, en attendant que quelque chose ou quelqu'un résolve le problème sans qu'il ne s'expose trop.

Face aux accusations du cardinal Borromée, Don Abbondio tente d'abord de s'opposer aux raisons que tous les Six trouvent toujours pour justifier sa peur. Le dialogue entre les deux personnages très différents (le Cardinal Borromée est, en fait, un type Un aux antipodes dans l'Ennéagramme par rapport aux Six précisément à cause de sa grande capacité d'action), mérite d'être rapporté dans son intégralité.

"Je demande, reprend le cardinal, s'il est vrai que vous avez refusé de célébrer le mariage, alors que vous étiez tenu de le faire, au jour fixé ; et pourquoi".

"En vérité... si votre très illustre seigneurie savait... quelles indications... quels terribles ordres je n'avais pas à donner... Cependant, quand vous me l'ordonnerez, je le dirai, je le dirai à tous...."

"Dites ; je ne voudrais rien de plus que de vous trouver irréprochable."

Alors Don Abbondio commença à raconter la triste histoire ; mais il fit taire le nom principal, et lui substitua : un grand seigneur ; donnant ainsi à la prudence tout le peu qu'on pouvait donner, dans un endroit aussi étroit.

"Et n'aviez-vous pas d'autre raison ? demanda le cardinal, quand Don Abbondio eut terminé.

"Mais peut-être ne me suis-je pas suffisamment expliqué", répondit-il : "Sous peine de mort, ils m'ont conseillé de ne pas faire ce mariage."

"Et cela vous semble-t-il être une raison suffisante pour ne pas remplir un devoir précis ?"

La conclusion du cardinal laisse Don Abbondio presque sans voix, car il se sent attaqué par la règle souveraine de sa vie, mais pas du tout convaincu des motivations de l'autre. Ses pensées ne vont en fait qu'à la perspective du danger qui le menace, et Manzoni, avec sa grande perspicacité psychologique, le représente très bien. "Les opinions de Perpétue", pensait Don Abbondio, avec difficulté, à qui, au milieu de tout ce discours, l'image de ces hommes de bien était la plus frappante, et la pensée que Don Rodrigo était vivant et en bonne santé, et qu'un jour ou l'autre, il reviendrait glorieux et triomphant, et en colère. Et bien que cette dignité présente, cet aspect et ce langage, l'aient rendu confus et lui aient inculqué une certaine peur, c'était une peur qui ne le soumettait pas du tout, ni n'empêchait la pensée d'être récalcitrante : car il y avait dans cette pensée, qu'en fin de compte, le cardinal n'utilisait ni un fusil, ni une épée, ni des braves".

Cette rétro-pensée de Don Abbondio, qui mesure le poids des deux dangers (les reproches moraux qui lui sont adressés par le cardinal et les menaces physiques, infiniment plus sincères pour lui, des braves), fournit le support motivationnel pour l'explosion contre-phobique finale, dans laquelle le doute et l'ambivalence du pauvre vicaire émergent pleinement :

"C'est parce que j'ai vu ces visages", a dit l'évadé à Don Abbondio ; "J'ai entendu ces mots. Vossignoria illustrissima parle bien ; mais il faudrait être à la place d'un pauvre curé, et avoir été à la pointe". Dès qu'il a prononcé ces mots, il s'est mordu la langue ; il s'est rendu compte qu'il s'était trop laissé envahir par sa colère, et s'est dit : - maintenant vient le grand qui lève les yeux avec doute.

Ce passage rapide de l'accusé à l'accusateur témoigne de la capacité des Six à devenir presque l'avocat de sa propre peur et à la transformer en un puissant instrument d'attaque des autres. Ainsi, dans le sous-type contre-phobe, une vue domine selon laquelle soit on attaque, soit on est attaqué. Lorsque ce concept devient extrême, les comportements peuvent viser à la destruction de l'ennemi, qu'il soit réel ou imaginaire, et à l'élimination de toute déviance. L'Allemagne du Troisième Reich est un exemple de cette inclination portée à la suppression aveugle de toute forme d'individualité personnelle et qui conduit, inévitablement, à un sombre et sinistre cupio dissolvi. La tendance du nazisme à exiger une forme de loyauté aberrante et à ne discuter aucun type d'ordre venant des supérieurs hiérarchiques, peut être facilement comprise comme l'extrême des tendances présentes, de toutes les manières, dans les Six. Le père de la psychanalyse moderne, Sigmund Freud, qui appartenait à la variante contrephobique, disait, en expliquant certaines attitudes très agressives envers ceux qui s'opposaient à ses idées, qu'il ne baisserait jamais la tête devant un ennemi qui l'attaquerait. Cependant, malgré cette attitude guerrière typique de la contre-phobie, Freud souffrait d'étranges phobies qui lui rendaient impossible, par exemple, de voyager si à ses côtés il n'y avait pas son médecin personnel, une personne, en d'autres termes, avec autorité, qui le rassurerait contre les risques éventuels. Le monde intérieur d'un Six pessimiste souvent enfermé dans son labyrinthe de pensées et incapable de se décider à agir avant d'être épuisé par une longue analyse, a été magnifiquement décrit par presque tous les écrivains les plus importants. Des exemples célèbres sont les personnages de Hamlet, protagoniste de la tragédie homonyme de Shakespeare, et Raskolnikov, figure centrale du roman Crime et Châtiment de Dostoïevski. L'ambivalence et le pessimisme d'Hamlet sont les moteurs qui animent chacune de ses actions. Dans la lettre qu'il écrit à Ophélie, Hamlet explique sa vision de la réalité comme suit : doute que les étoiles soient du feu, doute que le soleil bouge, doute que la vérité soit un menteur, mais ne doute pas de mon amour. Presque un manifeste programmatique de la mentalité des

Six qui considère le monde comme un lieu d'incertitudes, que seule la loyauté absolue des proches peut rendre plus supportable. Dans le dialogue suivant avec Polonius, le prince malheureux exprime en quelques mots lucides l'inclination des Six à chercher derrière l'apparence évidente, la face cachée des choses, jusqu'à confondre l'ombre avec la réalité. Ce sont ces mots :

Polonius : Honnêtement, monseigneur... Hamlet : Oui, car rester honnête comme le monde est fait, est donné à un homme au-dessus de dix mille. Polonius : Grande vérité, monseigneur. Hamlet : Et puisque le soleil peut faire des vers avec la charogne d'un chien - avez-vous une fille ? Polonius : Oui, Monseigneur. Hamlet : Qu'elle ne marche pas au soleil. Concevoir est une bénédiction, mais attention, mon ami, à la façon dont votre fille peut concevoir.

Le très célèbre monologue du troisième acte est un crescendo qui, partant du douloureux doute initial (Être ou ne pas être, voilà le problème), procède à un examen détaché de la condition humaine, aboutissant à une reconnaissance désespérée des effets les plus délétères de la Peur : C'est la conscience qui nous rend vils, autant que nous le sommes. Ainsi, la teinte native de la résolution se dilue sur la faible palette de la pensée, les entreprises de grande envergure et de grand moment enterrent leur cours et perdent le nom de l'action". Les paroles d'Hamlet reflètent une vérité profonde qui est le résultat des nécessités de la vie : toute impulsion à agir doit être dotée d'une force spécifique propre, afin de surmonter les barrières de la pensée et de pouvoir ainsi s'exprimer dans le monde extérieur. Le personnage de Raskolnikov, fruit de la plume de Dostoïevski qui était aussi un Six, montre dans la succession des événements du roman à la fois la force implacable que l'accusation a dans l'esprit d'une personne craintive, et le chemin titubant qui peut conduire les personnes de ce type à la libération. Le même chemin de Raskolnikov, mais à un niveau beaucoup plus élevé, est celui parcouru par le pêcheur Simon de Jean, qui de la culpabilité d'avoir trahi, dans une nuit plongée dans l'angoisse et la confusion, trois fois son messie par peur, s'est élevé, par l'expérimentation de la grâce, au niveau de premier parmi les fidèles de la nouvelle religion du Christ. L'épisode de Quo Vadis, qui nous a été transmis par la tradition chrétienne, nous montre cependant comment la peur est peut-être le sentiment humain le plus tenace et le plus envahissant et, corrélativement, comment l'exemple et le réconfort d'une figure autoritaire est toujours une bénédiction pour un Six qui peut apaiser toute peur et mener aux plus hauts degrés de transcendance.

Ennéatype Sept : Gloutonnerie

La passion de la gloutonnerie est quelque chose de beaucoup plus envahissant et subtil que l'usage courant du terme glouton ne le laisse supposer. Étant donné la position de ce type sur l'Ennéagramme, on comprend immédiatement que l'aspect cognitif est celui qui prévaut et que, par conséquent, la gourmandise est plus un goût pour les promesses intellectuelles d'une situation, qu'un simple goût pour la nourriture ou la fine cuisine (même si, comme pour les autres passions, il y a des gloutons qui le sont au sens commun du terme). Cette passion est donc, certes, un désir de se remplir de bonnes choses, mais ces "choses" relèvent plus du domaine des attentes idéales que de celui de la matière. Les mots hédoniste et épicurien, qui sont souvent utilisés en relation avec ce type, ne réussissent qu'à transmettre la tendance des Sept à tirer du plaisir de leurs actions et de leur vie, indépendamment d'autres intérêts ou objectifs moraux, mais ne montrent pas que derrière cette apparente espièglerie, il y a une très forte composante de peur qui est en quelque sorte exorcisée. La passion de la gourmandise est, en réalité, celle qui, pour limiter les effets de la peur, utilise tant de trucs qu'elle peut être considérée comme la plus stratégique de toutes. L'attitude de condescendance agréable et d'inclination facile aux plaisirs, cache, en fait, un sentiment plus profond de fragilité existentielle qui est masqué, pour ainsi dire, derrière un rire joyeux. Le Six, pour se défendre, attaque sa propre peur ; le Sept, en parallèle, essaie de se défendre en jouant à cache-cache avec la peur. Le premier se souvient toujours du côté négatif d'une situation, le second, en revanche, essaie toujours de se souvenir et de revivre uniquement l'émotion positive qu'il a ressentie. Un poète médiéval a exprimé cette façon de concevoir la vie des Sept dans les mots suivants : Nous dansons tous, toujours, au bord de la mort. Mais, peut-être, à cause de cela, ne devrions-nous pas danser ou rendre la danse que nous dansons moins attrayante ? De cette tendance naît l'attitude des Sept d'être très curieux, de poursuivre avec détermination et presque à tout prix, tout ce qui semble promettre un plaisir et, corrélativement, une sorte de mouvement existentiel continu, avec lequel on passe facilement d'une histoire affective à une autre, d'une expérience à une autre. Les Sept se définissent, et ils sont vraiment, en tant qu'amoureux de la vie, joyeux, insouciants, optimistes et convaincus qu'il y a toujours un moyen de sortir de chaque problème, mais ils savent que cette couche de peinture dorée couvre à peine les sentiments les plus profonds de perplexité et d'insécurité existentielle qui sont toujours présents. Comme un enfant qui est mis sur un manège et qui craint de se retrouver complètement seul à la fin du trajet sans savoir quoi faire, un Seven consiste à trouver d'autres moyens de continuer la durée de ce jeu ou de passer à d'autres jeux infinis possibles. Le plus grand danger pour un Sept est celui de l'ennui, car l'excitation cède facilement la place à une forme de déception similaire à celle vécue par les Quatre. Pour cette raison, on peut comprendre pourquoi le Sept s'intéresse davantage au jeu de la conquête qu'aux résultats de la conquête. Le champ d'attention d'un Sept est très large mais, typiquement, superficiel et donc le Glouton peut s'intéresser à tout, mais ce n'est qu'avec une extrême difficulté qu'il deviendra un véritable expert, contrairement au Cinq auquel il est relié par la flèche intérieure. D'autre part, il développe une intuition très forte qui le conduit à toujours trouver la meilleure façon de gérer les relations interpersonnelles et à être, parfois, un menteur fascinant. Cette habitude d'être toujours agréable peut facilement être confondue avec l'attitude similaire du Trois envers les personnes qu'il veut satisfaire, mais chez le Sept, il y a une plus grande spontanéité et, surtout, une émotivité plus immédiate. L'accusation d'être un peu trop léger (ou pire) souvent faite à l'encontre de ce type, se confirme souvent plus dans la vision de soi qu'a un Sept, que dans la réalité objective des faits. La curiosité est le carburant supplémentaire qui fait fonctionner la machine émotionnelle du Sept, lui faisant croire que derrière chaque nouveauté, il peut y avoir une opportunité de vivre une expérience agréable. Comme on dit en Angleterre, cependant, la curiosité a tué le chat et, souvent, à la fin du jeu, au lieu du plaisir espéré, les Sept ne trouveront que désillusion (même si, bien sûr, cela ne durera que très peu car il y a toujours une autre occasion à saisir) ou pire.

Quelques exemples de personnes ou de personnalités célèbres.

La flexibilité et la polyvalence typiques des Sept font que les personnes de ce type peuvent accomplir presque toutes les tâches. Poussés par un désir implacable d'apprendre de nouvelles situations, de nouveaux lieux et de nouvelles personnes, les Sept peuvent être passionnés par une grande variété de disciplines, même si ce n'est que pour une courte période. Il n'est donc pas surprenant de trouver des gourmets connus dans presque tous les domaines de l'activité humaine. Le plus connu et le plus illustratif des caractéristiques profondes des Sept est sûrement Ulysse, tant dans l'Odyssée que dans la Divine Comédie. Maître de la ruse, conteur enchanteur et stratège hautement qualifié, Ulysse est en permanence à la recherche de nouvelles aventures, même si en bon glouton il essaie d'éviter ces devoirs qui semblent ne promettre que des expériences négatives. Il essaie donc d'éviter de tenir la promesse de combattre qu'il avait faite quand, en vain, il avait essayé de conquérir la main d'Hélène, en prétendant être fou. Tout au long de l'Odyssée, Ulysse semble toujours plus intéressé par les merveilles du grand monde, plutôt que par le retour effectif chez lui. Ithaque semble fonctionner dans l'esprit d'Ulysse comme une sorte de ligne de vie, comme l'idée agréable qu'il existe une sorte de port libre, que chaque Sept juge nécessaire pour combattre le sentiment désagréable de ne pas avoir d'endroit auquel appartenir. L'existence de ce centre de gravité est nécessaire pour un Glouton qui, autrement, courrait le risque de n'être soumis qu'à des poussées centrifuges qui le perdraient. Comparé à celui d'Homère, l'Ulysse de Dante est encore plus utopique et désireux d'expérimenter de nouvelles expériences et connaissances, et il n'a pas peur d'affronter un quelconque danger pour les vivre. Les phrases qu'il adresse à ses compagnons avec lesquels il s'embarque dans ce que Dante appelle la fuite folle, sont un chef-d'œuvre d'éloquence rhétorique (vous n'êtes pas fait pour vivre comme des brutes, mais pour suivre la vertu et la connaissance), toutes destinées à diminuer le sentiment de danger aux yeux de ses rameurs. Dans un sens plus général, la tendance à sous-estimer les risques possibles inhérents à une situation est une caractéristique dangereuse des Gloutons. Tout aussi brillante, et dans un certain sens tout aussi dispersive, est la figure de Léonard de Vinci, dont l'intérêt pour tout type de science n'était pas accompagné d'un sens correspondant de la systématique et de l'exhaustivité. Comme on le sait, les oeuvres achevées de Léonard sont très peu nombreuses par rapport aux projets qu'il a entrepris et n'a pas terminés, alors que sa production pour l'"éphémère" (la scénographie représente les nombreuses fêtes de la famille Sforza, la mise en place pour la fameuse Fête du Zodiaque, etc) est assez vaste et a longtemps engagé l'auteur, probablement avec plaisir. Les nombreux écrits de Léonard ont tous en commun le fait d'être plus un enchevêtrement hétérogène de notes, notes de frais, proverbes et plus, qu'une exposition systématique d'un sujet. Le secret avec lequel Léonard gardait le sens de ses écrits semble (aux yeux modernes de l'histoire des sciences qui évalue l'état des découvertes de Léonard), ne pas avoir été à la hauteur de la valeur du contenu lui-même, cependant, autour de ces codices énigmatiques, Léonard a construit, avec son œuvre mystérieuse, une aura presque magique qui a ingénieusement augmenté leur importance pour ses contemporains. Ce trait est également typique des Sept, qui parviennent normalement à être un excellent vendeur de lui-même, et parmi tous les types, il est le plus capable de dissimuler ses actions avec un voile de mystère pour les rendre plus attrayantes. La tendance des Sept à être plus "plaisants" et charnels est cependant bien exprimée dans les œuvres du grand Federico Fellini et encore plus clairement dans celles du Tinto Brass (les deux types de Sept dans la vie réelle). Dans une scène mémorable du film Amarcord, le grand-père du protagoniste parvient à transmettre de façon quintessencielle l'idée qu'un Sept a de la mort. Quittant sa maison par une journée très brumeuse, le vieux grand-père erre dans les rues rendues totalement vides d'objets et d'hommes par l'épais brouillard. Seules quelques voix indistinctes et lointaines semblent lui rappeler qu'une autre forme de vie existe. Le vieil homme, désorienté par le vide, confie alors à la caméra la phrase emblématique suivante : "Mais si c'est la mort, ce n'est pas une bonne chose ! Les femmes aux énormes seins de l'imagerie de Fellini sont, comme les femmes représentées par les peintres Rubens et Botero, une transposition évidente de l'irrésistible attraction des Sept vers une opulence qui privilégie la quantité au détriment de la qualité. D'une manière plus générale, on retrouve dans les œuvres de nombreux réalisateurs des Sept (outre ceux déjà mentionnés, on peut citer Robert Altman, Bob Reiner, Bob Fosse, Kenneth Branagh, Roberto Benigni et

Steven Spielberg), la tendance typique à privilégier dans le souvenir d'une expérience les aspects positifs, par rapport aux aspects négatifs. Ainsi, dans le film Stand by Medi Reiner, le récit souligne davantage l'excitation et le frisson des jeunes adolescents protagonistes, en quête de leur maturité définitive, que les sentiments liés aux deux décès qui constituent le thème principal du film. Le récent La Vita è Bella (La vie est belle) de Roberto Benigni illustre clairement la grande capacité de Seven à transformer toute situation, même la plus tragique, en un jeu. Dans l'enfer du camp de concentration, le protagoniste réussit à préserver son propre fils des horreurs et des destructions de la guerre, en transformant les situations angoissées et la peur du présent en un objet d'amusement. Un sentiment similaire peut être ressenti dans les pages les plus brillantes de Wolfgang Amadeus Mozart. Plus les situations réelles de sa vie étaient difficiles et économiquement pesantes, plus sa musique devenait joyeuse et insouciante. Corrélativement, dans les moments de plus grande tranquillité, sa musique prenait des tonalités plus sérieuses et plus profondes.

Chez Mozart, la tendance à rester, sur le plan psychologique, essentiellement un adolescent, était bien présente. Ce syndrome est connu dans la littérature psychanalytique, sous le nom de "syndrome de Peter Pan", du nom du personnage central du conte de fées de J.M. Barrie qui expose ainsi sa philosophie de la vie :

Peter (passionnément) "Je ne veux pas aller à l'école et apprendre des choses importantes. Personne ne pourra me piéger, madame, et faire de moi un homme. Je veux toujours être un jeune garçon et m'amuser".

Les paroles de Peter Pan, font écho avec le même sens et la même subtile rébellion, dans la chanson Girls they want to have fun de la chanteuse Seven Cindy Lauper. L'aspect rebelle du Seven qui, contrairement à son voisin Six, ne porte pas beaucoup le poids d'une hiérarchie obsessionnelle et lourde, est cependant beaucoup plus évident dans le personnage de McMurphy, un petit punk qui a simulé la folie pour éviter la prison, joué par Jack Nicholson (également un Seven dans la vie réelle), dans le film Someone Flew Over the Cuckoo's Nest. Le contraste entre le personnage de l'infirmière en chef, qui représente typiquement le style du Type Un, et la désobéissance et la rébellion anarchique des Sept (McMurphy non seulement enfreint à plusieurs reprises les ordres des médecins et des infirmières, mais il pousse également les autres patients à se rebeller contre ce qu'il décrit comme un ordre maléfique et implacable capable de créer des esclaves et des dictateurs). Le film se termine inévitablement par une conclusion dramatique. Le penchant de Seven pour la permissivité, le libertinage et la transgression fait de ce type le plus facilement accessible aux drogues, à l'alcool et à tout ce qui semble promettre le plaisir. Dans une clause de son testament, Bob Fosse a laissé 25 000 $ à des amis pour qu'ils organisent une orgie sur sa tombe en son honneur. Compte tenu de cette prémisse, il n'est donc pas étrange de comprendre comment les Gloutons sont très présents dans les domaines de la pornographie et, plus généralement, dans les domaines du plaisir interdit. Hugh Hefner, un Seven typique, a prétendu avoir fondé le célèbre magazine Playboy pour s'échapper d'un monde réel de devoir vers une zone de plaisir libre où tous les fantasmes étaient possibles. Le Seven léger et libertin peut cependant, en illustrant le message existentiel du Tantra, transformer son énergie sexuelle en énergie spirituelle et devenir, ainsi, une personne de transcendance et de haute moralité. Beaucoup de grands maîtres soufis de l'histoire (Omar Khayyam, Jalaluddin Rumi, etc.), ont suivi ce chemin en atteignant les plus hauts sommets de la spiritualité humaine. Au même titre que les maîtres soufis mentionnés ci-dessus, et à leur époque, nous pouvons considérer les chemins de Ramon Llull et du plus grand saint réformateur de l'Église catholique : François d'Assise. L'histoire de François nous fournit le meilleur exemple de l'évolution possible d'un Sept, de l'inclinaison normale vers les plaisirs terrestres à une dimension différente de l'existence. Surmontant la peur qui est présente dans chaque Sept, François en est venu à voir une essence intérieure plus importante que toute manifestation superficielle, dans tous les aspects de l'existence. Son célèbre Cantique des Créatures est l'hymne à la joie d'une âme qui a trouvé le vrai sens de l'existence et qui, en surmontant la barrière formée par l'apparente multiplicité des choses, rend grâce pour la possibilité qui lui a été accordée de percevoir l'absolu même dans les aspects les plus communs de la banalité.

Ennéatype 8 : l'excès

Cette passion était considérée par les écrivains chrétiens, selon la tripartition classique de l'âme faite par les philosophes grecs, comme un vice de la partie concupiscente, capable de soumettre le côté spirituel de l'homme aux valeurs de la sphère matérielle brute. De cette façon, elle était concrètement liée aux relations charnelles et a pris le nom classique de Luxe, du mot latin luxus (luxe), indiquant, comme la gourmandise toute proche, une inclination à trouver satisfaction dans les choses du monde, perdant ainsi le sens ultime de l'existence. En dehors de la vision religieuse, cependant, le sens le plus profond de cette passion n'est pas tant dans la recherche continue de la satisfaction sexuelle (même si, comme pour les autres passions, il y a quelques Lustful qui sont tels dans le sens commun du terme), mais il consiste, plutôt, dans une soumission envahissante des parties émotionnelles et cognitives à la force de tout type de désir. Dans le type Otto, toute impulsion instinctive est dotée d'une très forte charge qui, métaphoriquement parlant, ne ressent et ne veut ressentir aucune considération qui pourrait l'inhiber. Cette connotation d'aller jusqu'au bout et de ne se soumettre à aucune règle est donc bien exprimée par le mot Excès, qui dans un sens plus général de la luxure, indique une position existentielle dans laquelle toute expérience doit être, pour ainsi dire, extrême. Un premier corollaire descendant de cette façon de voir, est celui qui considère le monde comme une arène dans laquelle seuls les forts ont la possibilité et le droit de se satisfaire. Pour cette raison, le Huit est le type qui donne plus de valeur à la force et à la puissance et, corrélativement, tient peu compte des expressions sentimentales douces, ce qui pourrait affaiblir sa réactivité. Bien que le penchant fondamental pour le plaisir fasse certainement de ce type un narcissique, le Huit n'est pas trop intéressé à vendre une image agréable de lui-même, préférant plutôt laisser sa ferme détermination transparaître dans chaque expression. La tendance à la fraude et à la manipulation que nous avons constatée chez les Sept, est également présente chez les Huit, qui ne peuvent cependant pas, contrairement aux premiers, masquer très bien la profondeur de ses réactions. Très à l'aise avec son propre corps et doté d'une grande énergie, le Huit n'hésite pas à utiliser sa colère à la fois comme un outil de contrôle et comme un moyen de juger instinctivement la capacité de réaction des autres. Lié à sa vision "extrémiste" du monde, le Huit est très direct dans ses expressions verbales et physiques, et ne passe guère inaperçu. Souvent, la dureté de comportement et l'agressivité manifeste sont consciemment recherchées par un Huit comme une autre forme de démonstration de son invulnérabilité à la douleur, indépendamment des dommages ou du mal qu'il peut causer aux autres. En général, ce type préfère traiter avec un adversaire fort, avec lequel il finira par avoir une confrontation sans merci, plutôt que de traiter avec des ennemis agissant par derrière, en évitant la confrontation directe. La proximité avec le Neuf, exprimée par la position du Huit dans l'Enneagramme, nous rappelle qu'il existe également dans ce type une forme profonde d'inertie psycho-spirituelle, qui conduit généralement un Huit à être peu intéressé par son monde intérieur. D'autre part, le Huit a une vision qui saisit immédiatement l'hypocrisie d'une situation, l'incongruité qui recouvre de moralisme ce qui n'est trop souvent qu'une forme de prévarication du fort sur le faible. De ce point de vue, le Huit est le plus révolutionnaire de tous les types et comme le Quatre, aux antipodes de l'Ennéagramme, il prend facilement le parti du plus faible contre l'autorité. La différence entre les deux types est que le Quatre agit ainsi parce qu'il ne veut pas qu'il y ait un inférieur et un supérieur, tandis que le Huit, s'identifiant au faible, se rebelle contre l'autorité limitante et répressive, perçue comme illégitime. Paradoxalement, cependant, un Huit peut facilement se comporter comme un dictateur s'il devient le détenteur du pouvoir. Dans tous les cas, un Luxueux est un leader capable et charismatique, qui exige un dévouement absolu de la part des membres de son groupe, mais qui en retour sait se battre jusqu'au bout pour leur défense. Mais au fond de lui, chaque Huit cache en lui l'enfant faible qu'il était, et craint d'être à nouveau maltraité s'il perd ses forces. Cela génère une anxiété omniprésente qui est le véritable carburant qui alimente, au fond, cette passion.

Quelques exemples de personnes et de personnalités célèbres.

Les caractéristiques de la combativité et le désir de prouver qu'il est le plus fort, font du Huit le prototype idéal du gladiateur, du combattant, du combattante. Il n'est donc pas surprenant que certains des plus grands boxeurs de tous les temps soient de ce type et que certains d'entre eux aient été ceux qui ont le plus révolutionné le noble art. Parmi les nombreux, nous citons Cassius Clay (Muhammed Ali après sa conversion à l'Islam), Carlos Monzon, Jack La Motta, dont le personnage a été joué par Robert de Niro dans le film Raging Bull Roberto Duran et le récent et controversé ancien champion du monde poids lourd, Mike Tyson. Dans les sports d'équipe, la capacité des Huit à être un leader et une formidable force motrice, a été magnifiée notamment par Diego Armando Maradona. Probablement considéré comme le plus grand joueur de tous les temps, Maradona, né et élevé dans une banlieue très pauvre de Buenos Aires, illustre mieux que quiconque les grandes compétences du Huit en tant que combattant et, en même temps, la difficulté de ce type à se donner une discipline morale et à contenir dans des limites acceptables le désir. L'abus de drogues, le désir sexuel excessif (rappelez-vous les nombreuses histoires qui ont rempli les pages des journaux et l'ont vu impliqué), et la tendance à se satisfaire par un usage immodéré de la nourriture et de divers stimulants, ont miné le corps de cet extraordinaire champion, capable, comme beaucoup d'autres Ottos, de susciter les sentiments les plus contrastés d'admiration sans limite et de blâme féroce. La tendance à subvertir les règles constituées est bien illustrée dans le monde de l'art par la vie et l'oeuvre du peintre Michelangelo Merisi, appelé Caravage. Ce génie novateur, qui est mort à l'âge de trente-sept ans après une vie dissolue et orageuse qui l'a conduit dans divers pays pour échapper à l'arrestation pour meurtre, reste dans l'histoire de la peinture pour la vérité dramatique de ses représentations et l'importance et l'utilisation du corps humain dans la composition. Comme un bon Otto (qui se souvient qu'il appartient à la triade du Centre d'action dominé par le ventre), Caravage a pris comme modèles pour ses œuvres et représenté en peinture, avec un réalisme et une violence absolument étonnante, des personnes réelles avec toutes leurs difformités et leur laideur. Bousculant le goût maniériste de l'époque, Caravage a introduit dans son travail le principe de la centralité du corps réel et, grâce à l'utilisation d'un puissant jeu d'ombre et de lumière, a réussi à transmettre dans ses œuvres un sens du drame et de la force qui reflète la conception profonde de la vie d'un Otto. En général, les artistes qui appartiennent à l'Otto laissent toujours une trace de la centralité du corps dans leur travail. Cela se voit facilement dans les formes à la fois puissantes et splendides des dessins d'autres Ottos illustres tels que Benvenuto Cellini et Picasso. Un autre domaine d'expression privilégié des Huit est la politique. Les personnes de ce type peuvent être des leaders, évidemment très charismatiques, mais surtout capables de créer un climat du type : celui qui n'est pas avec moi, est mon ennemi. Au sein des Huit, s'incarne la figure du dictateur, qui exerce, en fin de compte, un pouvoir personnel plus important que celui qui découle du fait d'être la plus haute expression d'une idéologie ou d'un mouvement. On trouve des exemples bien connus de personnes ayant cette attitude parmi les membres des formes politiques les plus variées. Si, en fait, nous pouvons citer comme exemples de dictateurs "de gauche", Staline, Mao ou Fidel Castro, nous pouvons également citer parmi ceux de "droite", Benito Mussolini ou, même si à l'époque les concepts de droite et de gauche étaient très différents de ceux des Romains d'aujourd'hui, Lucius Sulla et, à l'opposé, Caius Marius. Le leader en qui les caractéristiques de l'Excès se manifestent le plus clairement, est à mon avis, certainement le plus formidable ennemi de Rome, Hannibal Barca. L'histoire de la vie d'Hannibal (un Huit avec une forte proximité avec le Sept), est celle d'un homme qui n'a pas peur d'affronter quoi que ce soit ou qui que ce soit, animé non pas tant par l'amour pour sa patrie, mais par le désir de combattre et de gagner un ennemi envers lequel il avait nourri, conformément au diktat familial, une profonde haine depuis l'enfance. Capable de supporter un effort physique presque incroyable, rusé et déterminé à réaliser ses idées, tant idolâtré par les soldats sous son commandement et par le peuple de Carthage, détesté tant par l'aristocratie romaine que par les Carthaginois, Hannibal reste dans l'histoire comme un exemple classique de personne à laquelle on ne peut rester indifférent. L'extrême polarisation de son comportement par Otto, qui ne se trompe pas dans sa définition du gladiateur, transparaît, parmi beaucoup, dans l'épisode de la mort du consul romain Marcus Claudius Marcellus. Selon Livy, après que la mort de Marcellus se soit produite dans une embuscade, Hannibal s'est rendu spécifiquement sur place et, sans un éclair de joie dans les yeux, a donné au corps de son ennemi un enterrement honorable. L'explication de son comportement si chevaleresque peut être trouvée dans une tendance typique des Huit. Selon les paroles d'Hannibal lui-même, en fait, Marcellus, était le seul à ne pas accorder de trêve ni à l'exiger, ni en cas de victoire, ni dans celle de la défaite. L'attitude normale d'Hannibal, selon la croyance d'un Otto, était bien différente et plus cruelle envers les ennemis vaincus qui n'avaient pas combattu avec courage. Parmi les personnages littéraires Otto doit être mentionné, nécessairement, l'Innominato manzonien, pour la précision de la description psychologique. Profondément touché par le discours de Lucia, l'Innominato, après une nuit de tourments intérieurs et une très profonde conversation avec le cardinal Federico, est touché par la grâce divine et change soudainement son mode de vie. Voici comment Manzoni décrit les réactions des braves à la conversion de l'Innominato : outre la peur, ils avaient pour lui une affection comme des hommes honnêtes ; ils avaient alors tous une bienveillance d'admiration ; et en sa présence ils ont ressenti une sorte de cela, je dirai, verecondia, que même les âmes les plus rustiques et les plus pétulantes ressentent devant une supériorité, qu'elles ont déjà reconnue. Ajoutez à cela que ceux d'entre eux qui avaient appris la première la grande nouvelle, avaient en même temps vu et rapporté la joie, l'audace de la population, l'amour et la vénération pour les innommables, qui avaient pris la place de la vieille haine et de la terreur. De sorte que, dans l'homme qu'ils avaient toujours considéré, pour ainsi dire, de bas en haut, même lorsqu'ils étaient eux-mêmes en grande partie sa force, ils voyaient maintenant la merveille, l'idole d'une multitude ; ils le voyaient au-dessus des autres, tout à fait différemment qu'auparavant, mais pas moins ; toujours en dehors de la ligne commune, toujours le chef.

C'est une description très précise du sentiment d'appartenance et de hiérarchie qu'un Otto parvient habituellement à créer autour de lui, qui correspond à la splendide représentation suivante de la vertu que l'Inconnu a réalisée : il est allé dans sa chambre, s'est approché de ce lit dans lequel la veille il avait trouvé tant d'épines, et s'est agenouillé à côté, avec l'intention de prier. Il trouva, en effet, dans un coin profond et caché de son esprit, les prières qu'on lui avait appris à réciter quand il était enfant ; il commença à les réciter ; et ces paroles, qui étaient restées là si longtemps enroulées ensemble, vinrent l'une après l'autre comme si elles se débattaient. Il ressentait en cela un mélange de sentiments indéfinissables ; une certaine douceur dans ce retour matériel aux habitudes de l'innocence ; une exacerbation de la douleur à la pensée du fossé qu'il avait mis entre ce temps et celui-ci ; une ardeur à arriver, par des oeuvres d'expiation, à une nouvelle conscience, à un état aussi proche que possible de l'innocence, auquel il ne pouvait revenir ; une gratitude, une confiance en cette miséricorde qui pouvait le conduire à cet état, et qui lui avait déjà donné tant de signes de vouloir le faire.

Contrairement à l'Anonyme, qui trouve à travers l'expérience de la grâce la possibilité de donner un nouveau sens à sa vie, le Don Juan de Tirso da Molina ne peut échapper à la force de la passion et est soumis aux conséquences extrêmes (il est traîné vivant en enfer), à sa tendance à se moquer outrageusement de tout et de tous. Dans Don Giovanni, le trait du séducteur, tout orienté vers la recherche du plaisir sexuel, n'est pas séparé d'un manque de scrupules caractéristique qui rend Otto moins évolué facile à offenser, de l'intimidation et de l'agression armée afin de satisfaire son désir. Contrairement à Hamlet, qui, en tant que bon Six, est à la recherche de la raison ultime de la réalité, Don Giovanni est profondément lié à l'expérience matérielle et concrète de sa vie. Dans l'opéra mis en musique par Mozart sur un livret de Da Ponte (qui était aussi un glouton), Don Giovanni ajoute un peu de l'agréable légèreté des Sept à ses caractéristiques de base, comme dans le séduisant duo Là ci darem la mano, mais dans l'étranglement final, sa volonté de ne pas être intimidé et de subir des limitations, montre sans équivoque sa dureté d'Otto. De ce point de vue, il ressemble beaucoup aux poètes célèbres d'Otto comme Cecco Angiolieri et Françoise Villon. Je termine ce bref aperçu en rappelant, enfin, Martin Luther King, dont le célèbre "J'ai un rêve" est certes le cri d'un révolutionnaire, mais d'un révolutionnaire guidé par l'esprit de fraternité et non d'oppression.

Ennéatype Neuf : Paresseux

L'existence en italien du mot Accidia, du grec Achedia

non curarsi, nous permet d'exprimer l'essence de cette passion bien mieux que nous ne pouvons le faire avec les mots Ozio ou Pigrizia, également utilisés. Dans le type Neuf il y a certainement une forme de paresse, mais celle-ci plus qu'une non-action prend souvent la forme d'une inertie psycho-existentielle, d'une ruée sur mille choses sans importance, faisant toujours ce qui est demandé par les autres, ne voulant pas faire de distinctions entre ce qui est essentiel et ce qui est de peu d'importance. Les écrivains chrétiens classiques connaissaient bien cette passion, qu'ils appelaient souvent le Démon de midi ou de la sixième heure, en référence au temps canonique que les moines devaient observer. Voici comment Evagrius Ponticus, un moine anachorète du quatrième siècle qui fut le premier à fournir une description précise des passions qu'il considérait comme de véritables démons tentateurs, la décrit avec un grand sens psychologique dans son livre Les différents esprits de la méchanceté. "L'oeil de l'homme paresseux est continuellement fixé sur les fenêtres, et dans son esprit il fantasme sur les visiteurs possibles : la porte grince et celle qui saute dehors ; il entend une voix et espionne par la fenêtre, et ne la quitte pas, jusqu'à ce qu'il soit obligé de s'asseoir, tout engourdi. Lorsqu'il lit, le paresseux baille souvent, et est facilement dépassé par le sommeil, il plisse les yeux, se frotte les mains, et, retirant ses yeux du livre, fixe le mur ; puis, les tournant à nouveau vers le livre, il lit un peu plus, puis, dépliant les pages, il les tourne, compte les feuilles, calcule les fichiers, blâme l'écriture et la décoration ; enfin, baissant la tête, il met le livre en dessous, s'endort d'un sommeil léger, jusqu'à ce que la faim le réveille et le pousse à s'occuper de ses besoins". Quelles caractéristiques d'Acedia obtenons-nous du passage d'Evagrius ? Tout d'abord, une tendance à se laisser facilement distraire, puis la recherche d'un contact quelque peu superficiel avec les autres, le rejet des choses trop élaborées qui sont considérées comme "artificielles", une incapacité à rester physiquement immobile (souvenez-vous que le Neuf appartient, en fait, au centre de l'action), une torpeur existentielle qui trouve son divertissement dans une forme de curiosité et enfin une "accommodation" facile aux situations visant à ne pas créer trop de problèmes. Les aspects centraux de cette passion semblent donc être ceux qui consistent à essayer de s'échapper d'eux-mêmes et à ne pas vouloir vraiment affronter les problèmes. La stratégie mise en œuvre au niveau inconscient pour atteindre ces objectifs peut inclure alternativement le sommeil et une structuration exaspérée de son propre temps, par une occupation de beaucoup de choses de peu ou pas d'importance. Le paresseux est donc généralement accommodant et toujours prêt à assumer la plus lourde charge de travail (même si cela lui coûte, en tout cas, pas un peu en termes de fatigue), afin de ne pas avoir à s'arrêter et à réfléchir aux choses qu'il fait. En fin de compte, nous sommes confrontés à une position psychique qui ne laisse aucune place aux besoins profonds de la personne, qui accepte de se subordonner aux besoins du partenaire, de la famille ou, plus généralement, du groupe auquel elle appartient. De ce point de vue, le Neuf peut facilement être confondu avec le Deux, qui met en œuvre une attitude similaire, également parce que les deux types croient qu'ils "peuvent se passer". Le Neuf, cependant, n'a pas l'aspect de donner pour avoir et présente, au contraire, une forme de passivité psychologique qui exprime la négation inconsciente de leur colère. Les formes les plus typiques avec lesquelles les Neuf expriment leur colère refoulée sont, en fait, l'entêtement et l'oubli des personnes et des situations problématiques. Un autre aspect typique est de se justifier, si la relation ou la situation ne va pas bien, en disant : ce n'est pas ma faute, je n'ai rien fait. Dans toute la littérature de l'Ennéagramme, le Neuf est considéré comme le type qui exprime le mieux, sur le plan spirituel, la condition humaine réelle ; la passion dans laquelle la différence subtile qui existe entre une conscience qui oublie les choses du monde va vers le transcendant, et un ego qui s'oublie et se perd dans le monde matériel, trouve son expression la plus évidente. La paresse est donc techniquement considérée comme la passion centrale. Il n'y a pas de jugement de valeur dans cette expression (bien que le proverbe populaire affirme que l'oisiveté est le père des vices), puisque toutes les passions sont considérées comme équivalentes, mais seulement l'affirmation que chez Sloth l'aspect "caricatural" des passions est plus évident que les vertus correspondantes.

Quelques exemples de personnes ou de personnages célèbres.

Le sens pratique et la facilité d'adaptation aux choses du monde du type Neuf, apparaissent évidents dans la figure de Sancho Panza, l'écuyer immortel de l'ingénieux Don Quichotte de la Manche (un type Six avec une aile Sept très forte), qui contrairement à son maître plus qu'idéaliste, expose avec ces mots à sa femme, qui lui demande de rendre compte de son comportement, ce qui pour lui est le vrai sens de la poursuite de Don Quichotte : Il est vrai que la plupart des aventures ne réussissent pas comme on le voudrait, à cause de cent quatre-vingt-dix-neuf qu'elles finissent à l'envers ; néanmoins, il est bon de traverser des montagnes, de pénétrer dans des forêts, de piétiner des précipices, de visiter des châteaux, et surtout, de rester dans des tavernes sans payer un seul centime. Sancho, nommé à la blague comme gouverneur de l'île dite Barattaria, fait preuve de bon sens et de discernement dans ses jugements, mais face à une invasion d'ennemis imaginaires, il n'hésite pas, lorsque le danger apparent est passé, à se dépouiller de toutes ses positions et à reprendre son rôle initial avec simplicité. Voici les mots que Cervantès met dans la bouche de notre héros avec une finesse psychologique, alors qu'il barde et embrasse son âne : depuis que je t'ai abandonné, mon compagnon, mon ami, pour gravir les tours de l'ambition et de l'orgueil, mille misères, mille douleurs et quatre mille ans ont pénétré mon coeur... Saint Pierre est bien à Rome ; et je veux dire que tout le monde est bien dans la fonction pour laquelle il est né ; une scie dans ma main vaut mieux qu'un sceptre de gouverneur. Il vaut mieux pour moi être rassasié de pain mou, d'huile, de vinaigre et de sel, que de subir la misère d'un médecin impertinent qui me fera mourir de faim ; je préfère rester l'été à l'ombre d'un hêtre et me couvrir de sacs en hiver, mais en toute liberté, que de dormir dans une détresse constante, enveloppé dans des draps de Hollande et vêtu de fourrures. Lorsqu'on lui demande de changer d'avis, Sancho répond, comme un Neuf typique, qu'une fois qu'il a dit non à une proposition, il n'y a rien au monde qui l'inciterait à changer d'avis. Enfin, lorsque ses farceurs lui demandent, déguisés, ce qu'il veut en échange de son travail de gouverneur, Sancho répond avec la simplicité et le manque de prétention des Neuf, qui ne veulent rien d'autre qu'un peu de fourrage pour son âne et la moitié d'un pain et du fromage pour lui-même. A la fin, conclut Cervantès, tout le monde l'embrasse, et il leur rend l'accolade, les laissant édifiés par ses paroles et ses phrases, pas moins que par sa détermination résolue et discrète. La même attitude minimaliste et presque renonciatrice de Sancho Panza se retrouve dans beaucoup d'autres Neuf littéraires, parmi lesquels méritent d'être mentionnés Bartleby le scribe, le protagoniste de l'histoire du même nom de Hermann Melville et George Babbitt le personnage principal du roman de Sinclair Lewis, prototype par excellence de l'Américain provincial borné et traditionnel mais pas mauvais, qui tente d'échapper à l'ennui profond qui opprime son existence en se perdant dans mille occupations et considérations de peu ou pas de compte. Babbitt exprime en particulier une autre caractéristique des Neuf que l'on peut facilement confondre avec la cupidité : celle de s'entourer de nombreux objets et souvent de les collectionner. Ce qui pousse le Neuf dans ce comportement est, en réalité, le besoin de ne pas avoir à créer un problème si quelque chose, par exemple, se casse. J'ai bien compris cette attitude le jour où j'ai demandé à une de mes connaissances, le Neuf, de me prêter une ampoule pour la pile. Il n'a pas fait de problème mais me l'a donnée seulement après une longue recherche parmi les nombreux tiroirs du placard (il avait, bien sûr, oublié dans lequel il avait mis les ampoules), cependant, après une brève réflexion, il m'a demandé si j'en voulais une colorée. En bref, des différents tiroirs sont sortis pas moins de quarante ampoules. Quand je lui ai demandé ce qu'il faisait avec autant d'ampoules, il m'a répondu qu'il ne pouvait jamais se souvenir s'il avait un certain type d'ampoule ou non, et que pour ne pas avoir de problèmes en cas de besoin, il en achetait au moins dix à la fois. La passivité, la facilité à céder aux exigences des proches et l'obstination du Neuf à maintenir sa propre position ferme, apparaissent évidentes dans le caractère manzonien de Lucia Mondella, dont l'innocence réussit à frapper au plus profond de l'âme l'Innominato lugubre mais pas insensible. La scène dans laquelle Lucia, bien que dissidente, est persuadée par sa mère et Renzo de se marier en prononçant devant un Don Abbondio surpris, la formule de mariage, n'est vraie que si un type Neuf subit cette décision. Des personnages plus déterminés et apparemment vaniteux apparaissent, à la place, comme le Falstaff shakespearien ou Winston Churcill. Ce dernier, qui avec son grand volume corporel, représente même physiquement l'image stéréotypée du Neuf, a cru, en réalité, être très vaniteux (dans le sens commun du terme, bien sûr), en raison de son souci relatif de l'image de soi. Le noyau profond de sa personnalité, tel qu'il l'a lui-même exposé dans son autobiographie, était au contraire typiquement Neuf. Parmi les diverses notes intéressantes sur le fait que Churchill était Neuf, il y a aussi l'invention du char d'assaut britannique appelé le Tank. Ce véhicule trapu et massif, qui n'avait aucune prétention stylistique, était en quelque sorte une forme de projection inconsciente de son auteur. Le sens de l'égalité du Neuf est pleinement exprimé dans la Constitution des États-Unis, dont les pères fondateurs appartenaient largement à ce type (et on peut citer entre autres Benjamin Franklin et George Washington). Le concept fondamental de la Déclaration d'indépendance des États-Unis qui, il faut le rappeler, a été promulguée lorsque dans le reste du monde occidental, des souverains presque absolus régnaient partout, affirme clairement que nous sommes tous créés égaux et que, par conséquent, il n'y a personne qui ait plus de droits qu'un autre. La réticence naturelle de Nine à crâner et sa passivité, parfois poussée jusqu'à la catatonie, expliquent pourquoi le jeune Albert Einstein, seize ans, calme et discret, était considéré comme un simple attardé par ses professeurs du lycée d'Aarau, qui lui ont conseillé de s'inscrire dans une école professionnelle et d'abandonner le lycée. Heureusement, Einstein avait l'obstination typique, en l'occurrence positive, des Neuf et a tenu bon jusqu'à ce qu'il écrive les livres qui ont changé à jamais l'histoire de la physique.

Dans le film primé Dances with Wolves, Kevin Costner nous montre un autre aspect du type des Neuf. Costner, un héros malgré lui, demande comme prix une destination en contact étroit avec les Indiens Sioux, ce que personne ne voulait accepter, car il veut connaître la frontière avant qu'elle ne disparaisse (un trait qui le lie aux motivations de Tartarin de Tarascona, un autre personnage célèbre du Neuf). La vie au contact des "peaux rouges sauvages", fait découvrir à l'accidentel Costner que les Indiens ne sont pas du tout comme ça et qu'ils ont, au contraire, un respect pour toutes les formes de vie et pour la nature que les blancs devraient apprendre. La capacité du Neuf à se mettre à l'écart et à aimer ardemment toute l'humanité et la paix transparaît dans les figures gigantesques de deux hommes qui ont illuminé le siècle dernier de leur présence spirituelle, le Mahatma Gandhi et Angelo Roncalli, plus connu sous le nom de Pape Jean XXIII. Si le premier est à juste titre entré dans l'histoire comme l'apôtre de la non-violence, le second, considéré uniquement comme un pape de transition, a profondément changé les coutumes et les sensibilités de l'Église catholique, la poussant à se confronter au Concile Vatican II, à l'expérience de foi de toutes les religions, même celles qui ne se réfèrent pas à la parole et à l'enseignement du Christ. Toutes deux étaient totalement dépourvues d'ambition et se sont trouvées être, presque à contrecœur, le guide spirituel des grandes masses, qui voyaient en elles des hommes qui enseignaient toujours et surtout à aimer. Un jour, au milieu des guerres sanglantes qui ont divisé l'Inde et le Pakistan après la Seconde Guerre mondiale, un hindou est venu voir Gandhi et lui a avoué en pleurant qu'il avait tué un musulman, après que sa famille ait été exterminée par d'autres musulmans. Gandhi l'a embrassé et lui a simplement dit qu'ayant perdu une famille, il devait en fonder une autre. Il l'a ensuite invité à adopter un enfant orphelin et, le tenant bien serré, a ajouté : "Mais musulman". Le pape Jean avait déclaré à plusieurs reprises que sa plus grande ambition était d'être un prêtre de paroisse de campagne et était connu dans les cercles ecclésiastiques comme le monseigneur dont la devise est "Ayons de la compréhension les uns pour les autres". Le titre célèbre et bien mérité de Bon Pape, avec lequel l'histoire se souvient de lui, était certainement dû au fait qu'en lui le bon cœur instinctif des Neuf, était couplé à une grande capacité à agir pour le bien qui ne faisait aucune distinction et dépassait tout fatalisme passif.

J'ai entendu parler pour la première fois de l'Ennéagramme dans le livre "Fragments d'un enseignement inconnu" de P.D. Ouspensky, (étudiant, interprète et vulgarisateur de l'enseignement de la Quatrième Voie de Gurdjieff), où le symbole est présenté comme un modèle dynamique des processus naturels qui se renouvellent (voir - la vie).

Intrigué alors par l'application "psychologique" et "psychométrique" de l'Enneagramme, une ligne explorée par Oscar Ichazo (1950), Claudio Naranjo (1970), Richard Riso, Palmer etc..., j'ai assisté il y a quelques années à un séminaire sur l'Enneagramme tenu par un bon prêtre "hérétique" de Turin.

Cela m'a fait une certaine impression de découvrir que les traits particuliers de ma personnalité, avec ses zones d'ombre (points de souffrance) et ses forces, avaient déjà été catalogués et "encadrés", peut-être depuis des millénaires, dans le contexte plus large de l'Ennéagramme.

J'ai été encore plus impressionné lorsque j'ai vérifié la véracité du modèle sur certains amis, collègues ou parents qui, plus que d'autres, incarnaient l'un des neuf ennéatypes. Beaucoup de leurs comportements et de leurs réactions habituelles sont devenus plus clairs, plus compréhensibles et parfois même prévisibles à la lumière de l'ennéagramme.

7 CHAPITRE
LES NEUF TYPES PSYCHOLOGIQUES : ENNEATYPES

Ennéatype 1 : la colère

Conformément au principe selon lequel là où il y a une passion, il y a aussi un tabou, dans le sens où la personne soumise à une passion spécifique ne semble pas manifester les caractéristiques les plus évidentes de cette passion, le mot Colère est peu évocateur des caractéristiques de ce type. Les personnes courroucées, en effet, ne perdent guère leur sang-froid et il leur répugne en effet le spectacle de personnes qui ne savent pas se contrôler ou s'exprimer correctement. Nous sommes en présence de personnes qui ont été le "bon garçon" classique et qui sont comme des adultes ordonnés, scrupuleux, polis, très travailleurs et avec un code moral à toute épreuve. Des gens qui n'élèvent guère la voix pour s'imposer, mais qui sont très attentifs à la façon dont les choses sont faites et ressentent facilement un sentiment intérieur d'agacement pour ceux qui, à leur avis, ne s'acquittent pas de leurs tâches avec l'attention requise. On peut dire que la colère naît en eux précisément parce que les autres ne se comportent pas comme ils croient devoir le faire et comme ils le font eux-mêmes. La colère est le seul des vices du capital traditionnel qui est considéré socialement comme ayant un double aspect. En effet, à côté de ce qu'Homère définissait déjà comme la "colère courroucée", avec sa connotation de destruction et d'abus, il y a toujours eu une "colère juste", justifiée par des considérations morales ou idéologiques. Les personnes de ce type ne veulent pas voir en elles-mêmes l'existence du premier aspect et ne s'identifient pleinement qu'avec le second. Ainsi, elles voient le monde selon des critères de bien ou de mal, de noir ou de blanc, de sale ou de propre, et croient aveuglément qu'elles ont entièrement raison lorsqu'elles portent leurs jugements. Cette tendance à éviter tout comportement inapproprié ou ambigu les conduit à dissimuler leurs actions sous un voile éthique de "bonnes manières". Cela les incite à utiliser une phraséologie riche en conditionnalités par laquelle l'iroso peut se présenter comme une personne animée uniquement de bonnes intentions. Des phrases telles que "Vous devriez faire ceci", "Il vaudrait mieux que vous vous comportiez ainsi", ou "Vous devriez éviter ce genre de comportement" abondent dans leur vocabulaire. L'autre personne à qui cette exhortation est adressée se rend compte, cependant, d'après le ton de sa voix et son regard, que derrière l'apparente bienveillance il y a une dureté et une colère qui n'admet aucune réponse. La tendance à poursuivre une sorte de "puritanisme", à la fois comportemental et social, pousse l'irosis à être, souvent, les pires ennemis d'eux-mêmes, nécessitant une attention continue (qui va jusqu'à l'extrême agitation), visant à éviter toute inattention ou imperfection possible. La manière la plus typique dont ces personnes expriment leur colère est en fait la critique, qui fonctionne comme une sorte de soupape de sécurité dans une cocotte-minute. La critique, qui prend souvent le caractère d'un grognement bourru, est alimentée, comme nous le verrons, par une sensibilité prononcée qui amène les personnes de ce type à sentir ce qui ne va pas (de leur point de vue égoïste, bien sûr) et à devenir parfois très rigides. Il est donc inutile de demander à un type Un de faire, par exemple, une autocritique explicite sur ce que les autres considèrent comme une erreur, car un Un ne pourrait pas, même s'il le voulait, admettre au monde qu'il a agi mal ou de manière inappropriée. D'un autre côté, le "procureur", que la littérature psychanalytique appelle le super-ego, initiera en lui-même un processus impitoyable de réexamen de ses propres actions. Ce ressassement ou "ressentiment", qui est une conséquence logique de la Colère, a été décrit avec un grand sens psychologique par Saint Jean de la Croix comme une sorte de zèle agité, visant à empêcher, par une attitude censuratrice, toute chute dans le "vice". Comme la Colère se situe dans la partie supérieure de l'Ennéagramme, c'est-à-dire dans la partie qui est à l'aise avec l'action pratique, une très bonne capacité manuelle et une forte autonomie seront caractéristiques de ces personnes. Tout en valorisant leur propre vie privée et en respectant par principe la vie privée des autres, les types Uno surveillent avec un soin excessif le comportement des autres et en font souvent trop en donnant des conseils même si les autres ne les ont pas sollicités du tout. Un exemple littéraire classique de cette forme de manifestation est Jiminy Cricket de la fable de Pinocchio.

Quelques exemples de personnes ou de personnages célèbres.

Un bon système pour permettre la compréhension d'un type de l'Ennéagramme est de donner des exemples de personnes ou de personnages célèbres qui incarnent, pour ainsi dire, les discours théoriques qui sont faits. Dans le type 1, les réformateurs religieux, les politiciens et, d'une manière générale, tous ceux qui sont animés par la conviction intime que le monde doit être "sauvé" et fermement guidé sur la voie de l'amélioration éthique et morale abondent. La galerie d'exemples réels comprend des hommes de foi comme Saint Paul, Martin Luther, Calvin, Saint Ignace de Loyola, l'actuel pontife Jean-Paul II, mais aussi des hommes politiques et des hommes de gouvernement de différentes orientations comme la

Reine Victoria, George Washington, Margaret Thacher, Lénine et le président du parti italien DS Massimo D'Alema. La mentalité quelque peu policière de l'Unique signifie que beaucoup d'hommes de justice ou d'enquêteurs sont des types de l'Unique. Parmi les nombreux, nous citons, par exemple, le député de Mani Pulite Antonio Di Pietro. Parmi les artistes qui appartiennent à ce type se distinguent des auteurs ayant une vision "morale" du monde. L'exemple le plus célèbre est, évidemment, Dante Alighieri. Toute la Divine Comédie, lue de ce point de vue, est le reflet des convictions profondes d'un Type 1 qui voit l'univers entier en termes de bien et de mal et n'hésite pas à juger sans aucun doute. Dante est rejoint en termes de pénétration psychologique et de sens moral de l'histoire par le plus grand romancier italien, Alessandro Manzoni. Les Sposi Promessi (Les fiancés) sont une authentique mine de personnages peints avec cette scrupuleuse, cette exactitude caractériologique et cette précision jusqu'au moindre détail qui est propre à ce genre. Un exemple est celui du cardinal Federigo Borromeo qui est décrit dans le roman comme un modèle éclairé de la caractéristique de la Colère de vivre avec un zèle inépuisable visant à changer le monde. Malgré quelques défauts du vrai Federico, également typique du type Un, Manzoni le montre toujours riche d'une capacité d'action qui ne se décourage pas même lorsque le fléau aurait conduit le plus à une fuite précipitée. Dans le célèbre dialogue avec Don Abbondio (comme nous le verrons, il est un type Six), le cardinal Federigo prononce les mots suivants qui sont un peu un résumé du style de vie d'un type Un : "Telle est notre misérable et terrible condition. Nous devons exiger des autres ce que Dieu sait que nous serions prêts à donner : nous devons juger, corriger, reprendre... Mais malheur si je prenais ma faiblesse comme une mesure du devoir des autres, comme la norme de mon enseignement ! Pourtant, il est certain qu'avec les doctrines, je dois donner aux autres un exemple".

Une autre quintessence du Type 1 est Harry Higgins, le protagoniste masculin de la pièce Pygmalion de George Bernard Shaw (également un Type 1), mieux connu sous le titre de sa version cinématographique My Fair Lady. Le monde de la bande dessinée nous fournit un autre excellent représentant de ce type dans le personnage de Lucy Van Pelt, soeur de Linus qui donne son nom aux célèbres bandes de Schultz. Le monde du cinéma et de la littérature offre de nombreux bons exemples qui peuvent faciliter la compréhension de la dynamique interne de ce type. Dans Mary Poppins, nous pouvons observer l'attitude éducative et corrective combinée à son expression pleine de bonnes manières. Le jeu de Julie Andrews, également de type 1, ajoute aux traits littéraires du personnage une vigueur et une détermination à donner le bon exemple aux enfants qui lui sont confiés, ce qui rend parfaitement le style propre à Ira. Derrière les mots célèbres, "il suffit d'un peu de sucre", il est clair qu'il n'y a pas de véritable douceur à imposer l'adhésion à ce qui est socialement considéré comme une "bonne conduite". En revanche, l'attitude d'Alister Stuart, le mari de la protagoniste muette de Leçons de piano, est extrême. Il est prisonnier de son incapacité à montrer ses vrais sentiments et en même temps il est tellement contrôlé qu'il assiste à la trahison de sa femme, plein de colère mais inerte. Le ressentiment et la jalousie tourmentés qui le torturent, ne peuvent trouver leur exutoire que lorsqu'il intercepte le message que sa femme envoie à son amant et apprend que sa femme veut le quitter. Sa réaction est typiquement celle de celui qui ne veut pas s'avouer à lui-même qu'il est en proie à une rage furieuse. En fait, il coupe le doigt de sa femme, l'empêchant ainsi de pouvoir jouer et donc de pouvoir communiquer ses sentiments d'une manière ou d'une autre, mais il le fait avec une action qui ne semble pas vindicative à sa conscience, mais qui est pleinement justifiée car elle ne fait que corriger un comportement erroné. Le désir de faire taire la voix critique intérieure en "sauvant" à tout prix les êtres, qu'ils soient humains ou animaux, chers à un type Un, est au contraire la source profonde qui anime le comportement de Clarice Sterling, l'héroïne du Silence des agneaux de l'écrivain Thomas Harris. Dans l'intrigue du film et du livre dont il s'inspire, la motivation du personnage joué par Jodie Foster n'est pas le simple accomplissement de son devoir professionnel, mais un besoin plus profond de trouver la paix intérieure par une action (le sauvetage d'une fille kidnappée par un tueur en série qui fait revivre à Clarice les souvenirs de son expérience d'enfance après la mort de son père), qui peut faire taire, au moins momentanément, les exigences inflexibles de son super ego. Dans la dernière partie du livre, après que la jeune fille ait été sauvée, Clarice reçoit une lettre d'Hannibal Lecter, le psychiatre cannibale fou joué par Anthony Hopkins à qui elle s'est adressée pour obtenir de l'aide dans l'enquête, ce qui montre bien quelles étaient les véritables motivations qui la poussaient. Avec un grand sens psychologique, Lecter écrit à Clarice : "Eh bien, Clarice, les agneaux ont-ils cessé de crier ?...Je ne serais pas surpris si la réponse était oui et non. Les cris des agneaux vont cesser pour le moment. Mais, Clarice, le problème est que tu te juges sans aucune pitié ; tu devras le mériter encore et encore, le silence béni. Car c'est l'engagement qui vous émeut, et en comprenant ce qu'est votre engagement, l'engagement pour vous ne finira jamais, jamais". La tentative obsessionnelle et absurde de s'améliorer, en se débarrassant des parties de l'être humain qui sont considérées comme "sales" ou "animales", est au contraire la racine ultime des actions du protagoniste de l'histoire de Stevenson Le cas étrange du docteur Jekill et de Monsieur Cache. Le dédoublement de la personnalité dont souffre le protagoniste est bien plus qu'une simple allégorie de la condition humaine ; il nous montre comment le raisonnement par bons/mauvais schémas de type Un, peut conduire dans des cas extrêmes au rejet d'une partie de soi-même et à la pathologie mentale qui en découle. Un exemple, cependant, des meilleures qualités d'un Iroso est offert par le personnage de Guillaume de Baskerville, retracé à mon avis en grande partie sur le modèle de Sherlock Holmes, dans le roman Le Nom de la Rose d'Umberto Eco. En plus de son hyperactivité, de sa loyauté et de son esprit déductif mais pratique, ce personnage fait preuve d'un sens de l'humour subtil et d'une capacité de compréhension qui sont communs aux personnages plus intégrés. La motivation profonde qui le pousse dans son enquête policière n'est pas de trouver de manière obtuse un coupable à punir, comme le fait l'inspecteur Javert dans Les Misérables de Victor Hugo, par exemple, mais elle est très proche des motivations de Clarice Sterling : il est juste que les innocents soient sauvés et les coupables punis, peu importe qu'ils soient riches, puissants ou en haut de l'échelle sociale. Cette tension héroïque du type "Un prêt à se battre, indépendamment de tout avantage personnel, pour une valeur jugée intérieurement juste" peut conduire, selon les cas, soit à des formes de fanatisme justifiées par la morale, comme dans le cas des Croisades, soit à une idéalité qui se transforme en un altruisme exquis, comme dans les cas des grands médecins Pasteur et Sabin. Je termine ce bref aperçu en invitant le lecteur à voir le merveilleux film La vie est merveilleuse de Frank Capra dont le protagoniste, George Bailey, illustre de manière parfaite cette "probité" riche en capacité de sacrifice de type Un.

Ennéatype deux : la fierté

L'Oxford English Dictionary définit la fierté comme "une grande opinion sans limite de ses propres qualités, réalisations ou conditions". Cette définition a certainement le mérite de nous orienter vers l'une des caractéristiques les plus évidentes de l'orgueil, le grand sens de soi, mais elle a aussi le défaut de nous faire voir cette passion davantage comme une idée, une opinion, que la personne a d'elle-même. En réalité, le monde intérieur d'un orgueilleux n'a pas grand-chose à voir avec l'aspect cognitif et est totalement dominé par la perception instinctive et émotionnelle. La position du type 2 dans l'Ennéagramme nous indique clairement qu'il est le plus éloigné du Centre de la Pensée et souligne la prédominance décisive de la partie émotionnelle. Les discours logiques et les subtilités de la pensée portent une personne fière, qui est à la recherche d'émotions intenses et d'amour. La phrase la plus classique des personnes de ce type est : "Je suis important pour toi et tu ne peux pas te passer de mon amour". Conformément à cette hypothèse, les deux types se perçoivent comme de très bonnes personnes, prêtes à tout pour aider l'autre (pas, bien sûr, l'autre au sens universel, mais au sens plus réduit des personnes qui les intéressent), attentionnées, de bonne compagnie et serviables. La passion trouve ainsi un point d'appui décisif pour se déguiser, comme nous l'avons également vu dans le Type Un, derrière une attitude de bienveillance. Les personnes de ce type, tout en nourrissant souvent une forte ambition sociale, ont tendance à montrer une image de soi très attrayante et jolie, car il est important pour elles de sentir l'intérêt des autres. C'est pourquoi elles s'entourent de personnes qui amplifient leur estime de soi en leur demandant leur avis et leurs conseils. Les Fiers aiment la gaieté, la spontanéité, un langage fleuri et délicat, des environnements riches en chaleur émotionnelle et, corrélativement, ils se sentent mal à l'aise dans des situations tristes, conventionnelles et impersonnelles. Le paramètre qu'ils utilisent pour évaluer le monde et les gens est celui de l'appréciation ou de l'aversion et une fois qu'ils ont porté un jugement dans ce sens, il est extrêmement difficile de changer leur opinion. Il faut noter, dans ce sens, qu'il ne s'agit pas seulement d'entêtement mais d'une forme plus profonde de rébellion contre quiconque veut limiter sa liberté émotionnelle. Ce besoin psychique de ne pas se sentir limité par un conditionnement social à la recherche d'émotions agréables, est la prémisse d'un autre trait de caractère typique des Deux, la séduction. Cette séduction est souvent inconsciente et la personne n'est même pas consciente d'envoyer des messages dans ce sens. Cela crée parfois des situations frisant l'embarras et le ridicule, car l'autre personne, à qui ces messages implicites sont adressés, se sent autorisée à faire des avances qui semblent pourtant absolument infondées aux yeux des Deux. En termes plus généraux, nous pouvons dire que, dans l'Orgueil, cette grande liberté de ressentir et d'exprimer des émotions est obtenue au détriment de la perception cognitive de celles-ci. De tous les types, le Deux est celui qui exerce le moins de contrôle sur les pulsions et fait de sa "spontanéité" émotionnelle son drapeau de vie. Tout ce qu'un Deux perçoit comme irritant est fréquemment exprimé en termes explicites de désapprobation, mais le plus souvent il est transmis de manière à stimuler la culpabilité. L'autre, bien sûr, en plus de percevoir que derrière les recommandations et les attentions "douces" il y a un besoin spécifique du Deux et non le sien propre, ressent la nature manipulatrice de ces manœuvres. Souvent, ce type est accusé à juste titre d'être possessif et intrusif parce qu'il croit qu'il n'y a rien de mal à exprimer ces sentiments. Un autre élément spécifique du type Deux est qu'il aime les enfants d'une manière viscérale. Ce trait de caractère est le résultat d'une projection du Type Deux qui voit l'enfant comme un être qui n'est pas encore conditionné, qui a un grand besoin d'aide et qui ne peut en aucun cas être une menace pour sa liberté. Un problème que les enfants de type Deux ont fréquemment, est celui de se libérer d'un parent certes affectueux mais qui continue à considérer leur fils de quarante ans comme un "petit". Les caractéristiques que nous avons vues être présentes dans le type Deux (chaleur émotionnelle, séduction, éducation, demande extrême de proximité, être important pour les proches, etc.), sont dans le monde occidental celles qui sont le plus typiquement attribuées à la féminité. Il n'est donc pas surprenant que ce type soit celui qui a, en pourcentage, la plus forte présence de femmes parmi ses représentants.

Quelques exemples de personnes ou de personnalités célèbres

Nous commençons cette liste par l'exemple de Napoléon Bonaparte, car sa figure illustre à la fois un grand égocentrisme et la certitude d'être le sauveur de toute une nation. Une anecdote savoureuse nous raconte qu'un jour, Napoléon essayait de prendre, avec difficulté, un livre placé sur une haute étagère. Un grenadier, le voyant en difficulté, a dit : "Votre Majesté, attendez que je vous aide, je suis plus âgé". Napoléon le dévisagea et lui répondit : "Imbécile ! Plus haut, pas plus grand". Il est bien connu qu'un grand nombre de ses promotions et de ses aumônes dépendaient de mouvements soudains de son âme, positivement frappée par un acte de courage ou de dévouement, plutôt que d'un plan bien motivé. Son étrange habitude de garder une main dans son gilet au niveau de la poitrine peut s'expliquer par l'attitude du type Deux de se sentir vivant à travers la perception de ce qui est le centre de son être : les battements de son coeur.

Dans la même ligne de conduite, on retrouve le caractère de la vraie Cléopâtre, une femme dont la fierté, la capacité à communiquer (elle parlait couramment cinq langues), la grande passion, la séduction et l'ambition débridée, ont contribué à rendre formidable la capacité de manipulation propre au type Deux. La manière même dont elle est morte rappelle l'appel continu du Deux à son propre coeur, puisque Cléopâtre s'est suicidée non pas directement, mais par la morsure d'un serpent dont le poison a bloqué le battement de son coeur. Le personnage littéraire de la tragédie de Shakespeare, Antoine et Cléopâtre, n'est pas moins passionné ni moins manipulateur que le vrai. Dans le premier acte de la tragédie, on peut voir les deux aspects en action lorsque Cléopâtre, craignant inconsciemment d'avoir perdu son influence sur Antoine, lui envoie un messager, car son orgueil ne lui permettrait jamais de montrer son besoin directement à son amant, qui ferait revenir à l'esprit son désir pour elle. Les mots que Shakespeare met dans la bouche de Cléopâtre sont si précis psychologiquement qu'ils méritent d'être rapportés ici :

Cléopâtre (s'adressant au messager) : "Va voir où elle est, avec qui elle est, ce qu'elle fait. Ne dites pas que c'est moi qui vous envoie. Si vous le trouvez mélancolique, dites-lui que je danse ; s'il est joyeux, dites-lui que je me suis soudainement sentie mal. Vite, et revenez ensuite".

L'interprétation cinématographique la plus célèbre de ce drame est certainement celle avec Liz Taylor et Richard Burton. Dans ce film, Taylor, qui est également un type 2, ajoute aux traits de caractère une certaine fragilité enfantine et un besoin d'encouragement explicite qui sont également typiques de Pride. La chanteuse Madonna peut être considérée comme une transposition moderne du personnage de Cléopâtre. Elle aussi, profondément ambitieuse, a toujours su vendre une séduction qui ne se soucie pas beaucoup du jugement des autres, une image d'indépendance et un désir de liberté émotionnelle qui ne veut subir aucun type de conditionnement et ne se soucie pas beaucoup du jugement social. Parmi les actrices, on ne peut que se souvenir de notre Sofia Loren, célèbre dans le monde entier pour ses rôles riches en impulsivité et en chaleur émotionnelle. On retrouve plutôt l'aspect plus maternel et nourricier de Due, pleinement exprimé dans Mia Farrow, une supermaman qui, non satisfaite de ses enfants naturels, n'a pas hésité à adopter généreusement une colonie d'enfants de différentes nationalités. Cet aspect certainement évolué du Deux se retrouve encore plus marqué dans les motivations de Mère Teresa de Calcutta dont le désir d'aider les pauvres et les nécessiteux s'est étendu, au-delà des limites de l'Orgueil, à toutes les souffrances du monde. Selon Mère Teresa, la pire chose au monde était le sentiment d'être non désiré, une affirmation qui semblerait étrange sur les lèvres d'un Deux, mais qui révèle au contraire l'un des traits de motivation les plus profonds et les plus niés de ce type. Son amour pour les enfants était vraiment sans limite et c'est pourquoi elle s'est toujours battue, à tort ou à raison, contre l'avortement volontaire. La phrase qui résume pleinement son credo est également la devise de l'ordre des Missionnaires de la Charité, qu'elle a fondé : "La seule chose qui convertit vraiment, c'est l'amour". Des motivations similaires à celles de Mère Teresa se retrouvent dans l'œuvre d'autres couples éclairés comme Florence Nightingale et Henri Dunant, à qui le monde doit cette merveilleuse institution qu'est la Croix-Rouge. Parmi les exemples littéraires, outre Cléopâtre déjà mentionnée, trois personnages se distinguent : Donna Prassede de la Sposi Promessi (Le Fiancé), la malheureuse Francesca da Rimini dans L'Enfer de Dante et l'indomptable Carmen de la nouvelle du même nom de Prospero Merimée, rendue immortelle par la musique de Bizet. Le portrait que Manzoni nous donne de Donna Prassede est aussi exact psychologiquement qu'il a du goût dans l'ironie qui l'anime et mérite d'être rapporté dans son intégralité. Afin de ne pas rendre le texte de cette page trop lourd, je me limiterai à rapporter uniquement les lignes suivantes, qui montrent l'intrusion sans équivoque et bien intentionnée du type Deux, qui semble évidente pour tout le monde sauf pour la personne elle-même : "Tant mieux pour Lucia, qui n'était pas la seule à qui Donna Prassede devait faire du bien.... Outre le reste des serviteurs, tous les cerveaux qui avaient plus ou moins besoin d'être redressés et guidés ; outre toutes les autres occasions de prêter le même office, par bon cœur, à beaucoup, avec lesquels elle n'était obligée à rien : occasions qu'elle recherchait si elles ne s'offraient pas ; elle avait aussi cinq filles ; aucune à la maison, mais qui lui donnaient plus à penser, que si elles avaient été là. Trois d'entre elles étaient des religieuses, dont deux étaient mariées ; et Donna Prassede s'est naturellement retrouvée avec trois monastères et deux maisons dont elle devait s'occuper : une entreprise vaste et compliquée, et d'autant plus fatigante que deux maris, soutenus par des pères, des mères et des frères, et trois abbesses, flanquées d'autres dignités et d'autres religieuses, ne voulaient pas accepter sa supervision. C'était une guerre, ou plutôt cinq guerres, couverte, douce, jusqu'à un certain point, mais vivante et sans répit : c'était dans tous ces lieux une attention continue pour éviter sa sollicitude, pour fermer l'accès à ses opinions, pour se soustraire à ses demandes, pour la mettre dans le noir, autant que possible de toutes les affaires. Francesca, placée par Dante dans le cercle de la luxure, illustre plutôt la tendance à la séduction inconsciente et aux triangles amoureux du type Deux. Je rapporte les mots célèbres qu'elle prononce en réponse à Dante, (veuillez noter que c'est elle qui parle, toujours fière de son péché d'amour et non son compagnon), qui lui demande comment est née la relation entre elle et Paolo Malatesta : " Un jour, nous lisions pour le plaisir.

Un jour, nous lisions pour le plaisir
De Lancialotto, comment l'amour l'a serré dans ses bras ;
Nous étions seuls et sans aucun soupçon.
A plusieurs reprises, les yeux nous ont suspendus
Que la lecture et la décoloration de nos visages ;
Mais un seul point était ce qui nous a fait gagner.
Quand nous lisons les rires tristes
Être embrassé par un tel amant,
Celui-ci, qui n'a jamais été de moi, a été divisé,
Ma bouche a embrassé tout tremblant.
Galeotto était le livre et celui qui l'a écrit !
Ce jour-là, nous ne l'avons plus lu.

La pauvre Francesca, pour justifier sa chute dans la

tentation, blâme le livre, comme il est typique d'un Due, et proclame l'innocence totale de ses intentions. Nous, observateurs extérieurs, bien que touchés comme Dante par la profonde tristesse de son destin, ne pouvons pas ne pas nous demander si elle était vraiment "sans soupçon", le fait de se retrouver seule à lire aux côtés de son jeune beau-frère, un livre dont le thème principal était celui d'une relation adultère, ou pourquoi elle a répondu au premier baiser avec ce transport merveilleusement décrit dans le dernier verset cité. Dernier exemple de ce bref aperçu, Carmen, la cigarière de Séville, montre enfin la coquetterie et le désir explicite de conquérir les personnes qui l'attirent, mais de les abandonner ensuite sans trop de précautions lorsque le jeu de la conquête est terminé, ce qui fait de ce type le prototype de l'amant latin charmant et flirteur (Giacomo Casanova appartenait, en fait, au type Deux).

Ennéatype Trois : Déception

Evagrius Ponticus, le brillant anachorète qui a été le premier à décrire en détail les caractéristiques des passions, a écrit sur la Déception ou la Vainqueur avec un grand sens psychologique : "Il est difficile d'échapper à la vaine gloire ; en fait, ce que vous avez fait pour vous purifier deviendra pour vous un début de nouvelle vaine gloire". C'est dans les mots d'Evagrius que nous pouvons trouver le sens le plus profond de la Déception. Cette passion ne consiste pas, en fait, en un plaisir à raconter des mensonges aux autres (même si le vaniteux y parvient parfaitement), mais plutôt à se mentir à soi-même, en essayant d'augmenter le sens de sa propre existence et de sa propre valeur par une augmentation correspondante de sa propre image. La capacité de faire beaucoup et bien, d'obtenir des résultats à tout prix, de correspondre exactement à toute image de rôle ou de genre sexuel requise par la société, est ce qui distingue cette passion de celle de l'Orgueil que nous avons déjà examinée. L'incapacité à avoir une idée claire de soi et à comprendre les sentiments en profondeur, est cependant la motivation profonde qui est à la base de cette passion. Un célèbre proverbe persan dit qu'un paon sans plumes n'est rien d'autre qu'une grosse dinde, et le Vain est quelqu'un qui a appris cette leçon très tôt dans sa vie, quelqu'un qui sent au fond de lui qu'il n'a aucune valeur s'il ne brille pas et n'est pas un gagnant. Par respect pour cette croyance, le type Trois travaille très dur (en anglais, le mot workaholic est utilisé pour cette caractéristique, indiquant une sorte de dépendance psychologique au travail), il a toujours tendance à vendre une image de lui-même soignée dans les moindres détails, à soigner son apparence presque au point de devenir un accro aux cosmétiques, à être un fanatique du fitness et un amoureux du bon "timing". Le trio voit le monde comme un lieu où il est non seulement nécessaire de rivaliser mais aussi essentiel de gagner ; c'est pourquoi il est capable de s'identifier au rôle qu'il occupe et de changer, comme un caméléon, son image. Contrairement au type 1, qui est animé par un désir de bien faire, le type 3 est animé par un impérieux besoin de faire ce qui lui sera bénéfique (ou à ses proches), et est totalement convaincu que sa voie est la seule bonne. L'envie de réaliser ses projets est si forte que le Type Trois se caractérise comme un formidable organisateur, motivateur et vendeur de lui-même. Les objections et les réticences ne sont jamais acceptées de plein gré et Trois ne les considère que comme une forme d'envie de la part des perdants. Cela conduit souvent Vanitosi à avoir des difficultés relationnelles avec d'autres personnes qui se sentent peu impliquées, sinon utilisées comme de simples outils, dans les projets que les Trois poursuivent avec ténacité. Si cette situation implique des personnes qui leur sont profondément chères, les Trois réagissent avec colère et un sentiment d'étonnement douloureux, semblable à ce que peut ressentir un Deux, ce qui peut également les conduire à un détachement émotionnel le plus total afin d'éviter que des troubles sentimentaux n'interfèrent avec leur capacité à faire. De manière plus générale, les relations intimes peuvent être un véritable problème pour les personnes de ce type. Parce qu'elles sont souvent incapables de comprendre l'émotion profonde de leur partenaire, ni la leur, elles ont tendance à jouer l'image du partenaire parfait, sachant toutefois qu'elles ne font que jouer un rôle. Cette difficulté d'être en contact réel avec l'émotion profonde, qui est ontologiquement la source la plus sûre du sens de l'être, peut avoir des conséquences dévastatrices sur la vie d'un Trois. Aux États-Unis, où ce type constitue la personnalité modale dans la phase historique actuelle, les psychiatres ont souvent eu à traiter des cas dramatiques de personnes qui, après avoir lutté avec acharnement pour s'affirmer et avoir atteint un niveau social élevé, sont tombées en proie à une violente dépression qui a souvent abouti au suicide. Les victimes de cette pathologie, appelée significativement syndrome du yuppie, ont accepté de vivre un effrayant sentiment d'aliénation et de vide existentiel, qui a transformé, soudainement, le monde en un lieu étranger dépourvu de tout sens, où tout était inutile.

Quelques exemples de personnes ou de personnages célèbres

La grande capacité caméléonique fait du Vain le type le plus approprié pour jouer des rôles. Il n'est donc pas surprenant que parmi les personnes célèbres, nous trouvions une longue liste d'acteurs à succès comme

Lawrence Olivier, Sharon Stone, Tom Cruise, Richard Gere, ou des chanteurs qui étaient à l'aise pour jouer des rôles au cinéma comme Frank Sinatra. La capacité de Tre à être un communicateur très habile et à utiliser son corps comme un instrument pour obtenir des succès qui dépassent le domaine artistique est, au contraire, évidente à la fois dans des personnages comme Arnold Schwarzenegger et Silvester Stallone qui ont réussi à devenir des capitaines d'industrie en vendant une image précise d'eux-mêmes, et dans Ronald Reagan dont l'ascension d'acteur de second plan au poste de président des États-Unis est la parabole la plus formidable de la motivation de Vanity. La grande capacité caméléonique de ce type est cependant admirablement exprimée par l'actrice Jane Fonda. Née dans un milieu d'acteurs à tendance politique résolument radicale (elle est en effet la fille de Henry Fonda et la soeur de Peter Fonda, tous deux acteurs très engagés dans le domaine social), elle s'est pleinement adaptée aux valeurs de sa famille, vendant dans sa jeunesse l'image d'une pacifiste, farouchement hostile au système capitaliste américain et à l'intervention militaire au Vietnam, au point de nommer son premier enfant Ho Chi Min et de prononcer un anathème public contre le départ des soldats pour la guerre. Mais lorsqu'à la fin des années 60, elle épouse le réalisateur Roger Vadim, Fonda change complètement d'image et, s'adaptant complètement au rôle que son mari lui avait dessiné, elle endosse le rôle, dans la vie comme sur le plateau, de la parfaite poupée sexy, belle en apparence aussi vide de substance qu'une bulle de savon, jouant le rôle de Barbarella dans le film du même nom basé sur une célèbre bande dessinée française. Les changements dans sa vie, dont l'échec de son mariage, l'ont bientôt poussée à chercher une autre façon d'affirmer sa valeur. Elle est devenue l'un des gourous du fitness et a contribué de manière décisive à l'affirmation mondiale de l'aérobic comme outil pour obtenir et maintenir une image extérieure de beauté (pas simplement pour être en forme, mais comme moyen d'affirmer sa visibilité). La Fonda a ainsi ajouté une autre pièce au tableau du succès qu'elle était en train de construire et s'est préparée à la prochaine métamorphose, qui s'est produite lorsqu'elle est devenue la compagne de Ted Turner, le fondateur de CNN, la première station de télévision commerciale à distribution mondiale. Maintenant dans le rôle d'une véritable première dame qui faisait partie intégrante de l'establishment social, Fonda a commencé à demander pardon, sans jamais l'obtenir pleinement, aux vétérans de la guerre du Vietnam, pour les jugements exprimés à l'époque de sa jeunesse. Les plus malicieux parmi les commentateurs de la télévision américaine ont déclaré que derrière cette conversion, il y avait, malgré les nombreuses larmes versées publiquement, le désir de ne pas nuire aux ambitions politiques de son mari. Cette union de la politique, du divertissement et des affaires n'est pas du tout rare dans le type Trois. Cependant, d'autres personnalités célèbres sont plus typiquement politiques, comme l'ancien président américain Bill Clinton, le plénipotentiaire français Talleyrand et certains des plus grands empereurs romains, comme Octave Auguste et Hadrien (le vrai et celui des splendides Mémoires d'Hadrien de Marguerite Yourcenar). La capacité sans scrupule à changer d'alliance, à faire passer le succès personnel avant les sentiments et à savoir tirer le meilleur parti de ses propres compétences en matière de propagande, est encore plus évidente dans le cas de Jules César, dont la célèbre phrase veni, vidi, vici, avec laquelle il commentait son succès pas du tout facile en Gaule, résume admirablement la confiance des Trois en ses capacités. L'orientation vers un succès mesurable et tangible, fait qu'il est difficile de trouver parmi les Vanitosi des personnages intéressés par la sophistication artistique dans un sens universel. Il n'est donc pas surprenant que parmi les artistes du type Trois, on trouve des personnes qui voient l'art comme un moyen d'apparaître, de se démarquer dans la société, d'offrir ce que la culture dominante de leur environnement exige, plutôt que quelqu'un qui s'intéresse à l'absolu. Des exemples dans ce sens sont des écrivains tels que Giambattista Marino et Oscar Wilde (qui, cependant, avait une forte deuxième partie), dont les histoires personnelles sont étonnamment similaires et qui partagent une vision narcissique débridée de l'art. Le premier, considéré dans son siècle comme un auteur plus important qu'Homère lui-même, n'est essentiellement connu que pour une seule oeuvre, l'Adonis, dans laquelle il exalte le culte de la beauté esthétique avec des métaphores élaborées dont le plus grand mérite est de satisfaire le goût des cours du XVIIe siècle pour le paradoxe. Le second, qui a également une très forte proximité avec le type Deux, incarne le prototype du dandy superficiel et raffiné qui voit dans la beauté de l'image extérieure le but ultime de l'existence. Le très célèbre Portrait de Dorian Gray est l'oeuvre dans laquelle la vision de l'art de Wilde est la plus complètement déployée. La phrase de la préface qui ouvre le roman, très semblable à la phrase la plus célèbre de Marino (l'artiste est l'aileron, la merveille), est aussi celle qui illustre parfaitement la conception de l'auteur : l'artiste est le créateur de belles choses. Le lecteur, dès qu'il entre en contact avec ses sentiments, ne peut s'empêcher de se demander : est-ce la profondeur ? Dorian Gray est peut-être le personnage artistique dans lequel le sens de la Déception dans la perception des sentiments est le plus évident. Dans un passage crucial du roman, Dorian, au cours d'une conversation qu'il a eue avec sa fiancée Sybil après le fiasco retentissant de la pièce qu'elle jouait, est confronté à sa propre incapacité à percevoir comment des sentiments profonds peuvent faire paraître tout le reste totalement inintéressant. La révélation est si dévastatrice que Dorian perd immédiatement tout intérêt pour cette femme. Je transcris ci-dessous les passages en question pour laisser les mots aux protagonistes eux-mêmes.

"Elle le regarda en entrant, et une joie infinie se dessina sur son visage. - Comme j'ai mal agi ce soir, Dorian ! - cria-t-il.

- Horriblement ! - répondit-il en la regardant avec étonnement. - Horriblement ! C'était une chose terrible. Vous vous sentez malade ? Vous n'avez aucune idée de ce que c'était ; vous n'avez aucune idée de ce que j'ai souffert.

La jeune fille sourit. - Dorian - elle a répondu, ...vous auriez dû comprendre. Mais maintenant, vous comprenez, n'est-ce pas ?

- Comprendre quoi ? demanda-t-il furieusement.

- Pourquoi j'ai été si mauvais ce soir ; pourquoi je serai toujours mauvais ; pourquoi je ne pourrai plus jamais agir correctement.

Il haussa les épaules. - Je pense que vous ne vous sentez pas bien. Quand vous n'êtes pas bien, vous ne devez pas agir ; vous vous ridiculisez. Mes amis étaient ennuyés ; j'étais ennuyé.

Elle n'avait pas l'air de l'entendre. La joie l'a transfigurée ; elle était en proie à une extase de bonheur.

- Dorian, Dorian - elle a pleuré, - avant que je vous rencontre, le théâtre était la seule réalité de ma vie. Je ne vivais qu'au théâtre ; je pensais que tout était vrai. (...) Je ne connaissais que des ombres et je les croyais réelles. Tu es venu, mon cher amour, et tu as libéré mon âme de la prison. Tu m'as appris ce qu'est la réalité. Ce soir, pour la première fois de ma vie, j'ai découvert toute la superficialité, la fausseté et la stupidité du spectacle vide auquel j'avais toujours pris part. (...) Tu m'avais apporté quelque chose de plus élevé, quelque chose dont tout art n'est qu'un reflet ; tu m'avais fait comprendre ce qu'est vraiment l'amour. (...) Je pouvais simuler une passion que je ne ressentais pas, mais je ne peux pas simuler une passion qui me brûle comme un feu. Oh, Dorian, comprenez-vous ce que cela signifie ?

Il s'est laissé tomber sur le canapé, en détournant le visage. - Tu as tué mon amour", dit-il d'une voix sourde.

Une crise de sanglots passionnés l'a étouffé. Elle s'est recroquevillée sur le sol comme une créature blessée et Dorian Gray l'a regardée de ses beaux yeux et ses lèvres finement dessinées se sont élevées dans un suprême mépris. Les émotions de ceux que nous n'aimons plus ont toujours quelque chose de ridicule. Sybil Vane lui semblait follement mélodramatique ; ses larmes et ses observations lui rongeaient les nerfs.

Greta Scacchi dans Présumé innocent offre un autre exemple magistral de la façon dont les Trois moins évolués utilisent les autres comme outils pour la réalisation de leurs propres objectifs, tandis que Scarlett O'Hara, la protagoniste d'Autant en emporte le vent, nous montre l'esprit indomptable qui permet aux personnes de ce type de toujours croire qu'il existe une issue, même dans les situations les plus dramatiques et désespérées.

Ennéatype quatre : Envie

Même pour cette passion, nous devons nous habituer à un sens du mot différent de celui de l'usage courant. Cette passion ne consiste pas tant en une haine du bonheur des autres, comme le décrivait Saint Augustin, mais plutôt en la perception consciente d'un sentiment de carence, et d'imperfection intérieure (bien qu'il ne manque pas de personnes et de personnages réels de ce type qui soient ouvertement envieux et destructeurs envers les autres). Le désir de combler cette lacune entraîne une recherche incessante d'amour qui ne peut cependant jamais être satisfaite, car le surmoi raffiné de ces personnes leur dicte de ne jamais se contenter de moins que la perfection. Quatre se sent donc comme une sorte d'ange déchu du Paradis, et souffre beaucoup de cette "mauvaise" image de soi. La douleur et la culpabilité sont perçues consciemment et conduisent souvent à une tendance à se lamenter et à une dépression ouverte ou rampante. L'envieux évalue toujours comme plus important (peu importe si les gens, les choses ou les situations), ce qu'il n'a pas et n'est pas là, plutôt que ce qui lui appartient. Tout est ardemment désiré et perçu comme indispensable, cependant, lorsqu'il est finalement obtenu, il perd l'attrait qu'il semblait avoir auparavant. L'idéalité joue un rôle majeur dans ce processus, puisque le type quatre est celui qui compare le plus systématiquement la situation réelle avec un modèle de perfection irréalisable, en notant ses défauts. Cela crée un "tiraillement" caractéristique et douloureux, par lequel, par exemple, on ne voit que les meilleures caractéristiques de son partenaire lorsqu'il est loin, mais on ne manque pas les plus petites imperfections lorsqu'il est proche. Cette attitude conduit également à revivre émotionnellement toutes les situations du passé, en les couvrant d'un voile de douce tristesse et de mélancolie et, corrélativement, à avoir toujours le sentiment d'avoir fait de mauvais choix, rabaissant ainsi les situations de la vie présente. Cette attitude existentielle trouve un exutoire naturel dans la créativité artistique, qui est aussi un moyen de soulager le tourment produit par la perception de ses propres défauts. Il n'est donc pas étonnant que ce type soit celui dans lequel les artistes abondent le plus, notamment ceux liés à une vision qui considère la vie comme une forme de pathos universel. L'empathie pour les pauvres, les maltraités et la souffrance est très présente dans ce type, puisque les Quatre s'identifient facilement à leur condition. Étant donné le modèle culturel de notre société, dans lequel le genre masculin est dominant, de nombreux Quatre féminins ont, en se fondant sur cette sensibilité, participé au premier plan des mouvements d'émancipation des femmes. Profondément enraciné dans ses sentiments, l'Envoyé a l'impression de percevoir les choses avec une sensibilité et une profondeur telles qu'il ne peut être compris par les autres, ce qui le fait souffrir profondément. Mais en même temps, il préfère renoncer à tout sauf à cette sensibilité douloureuse qui lui permet de se sentir pleinement vivant. Pour cette raison, le Quatre est le type qui accorde la plus grande importance à la capacité des autres à décoder les messages souvent insaisissables qui se cachent derrière les nuances de son comportement et croit que ceux qui l'aiment doivent nécessairement comprendre ses désirs profonds. La forte émotivité se reflète également dans l'humeur, provoquant des hauts et des bas continus et démotivés qui reflètent la transition soudaine entre des moments d'exaltation et une dépression cachée. Malgré tout cela, l'Invidioso est aussi fondamentalement optimiste et, comme le dit la chanson Il Manichinodi Renato Zero, "espère toujours que sa chance va tourner". Et il est convaincu, comme Luigi Tenco (les deux chanteurs appartiennent au type Quatre), que "je ne peux pas vous dire comment ou quand, mais un beau jour, cela va changer". Le raffinement, même esthétique, est une valeur très importante pour les Invidiosi, qui ont un "goût" intérieur marqué et décisif qui transparaît dans toutes leurs manifestations. Ainsi, par exemple, un type quatre parlera et s'habillera de manière à montrer à l'extérieur au moins un signe de sa "noblesse" de sentiment. Plus généralement, on peut dire que les Quatre ne se satisfont jamais de la normalité, qui leur apparaît souvent comme une simple banalité, et qu'ils personnalisent tout ce qu'ils font avec une note de couleur, un accent, qui exprime subtilement leur perception de la beauté idéale.

Exemples de personnes ou de personnalités célèbres

Les capacités artistiques des Quatre font que les poètes, romanciers, chanteurs, peintres et acteurs abondent parmi les représentants de ce type. Parmi ces derniers, nous signalons immédiatement Marilyn Monroe qui, bien qu'étant dans l'imaginaire collectif le symbole même de la beauté féminine, était totalement insatisfaite de son apparence. Il est bien connu que Marilyn détruisait des albums entiers de photographies avec des ciseaux, trouvant toujours quelque chose qui la rendait insatisfaite de l'image qu'elle véhiculait. En réalité et à la manière d'un Quatre, ce qui a rendu la pauvre Marilyn désespérée, c'est qu'aucune photo ne pouvait exprimer la douleur profonde de son coeur ; le besoin désespéré d'amour qui était resté insatisfait tout au long de sa vie. Très similaire à celle de Marilyn Monroe est aussi la parabole humaine de James Dean, un autre acteur célèbre qui appartenait à ce type. En général, les acteurs de ce type parviennent toujours à transmettre aux personnages qu'ils incarnent une aura romantique et une profonde sensibilité, qui sont souvent absentes dans les scénarios. C'est le cas, par exemple, de Viviane Leigh dans sa célèbre interprétation de Scarlett O'Hara, qui est plutôt un type Trois par excellence, de Robert De Niro dans le film The Deer Hunter (dont le personnage selon l'intrigue est plutôt un type Un) ou dans Raging Bull (où il joue le rôle du boxeur Jack La Motta un type Huit), de Judy Garland. Dans l'interminable liste des personnages littéraires qui appartiennent au type Quatre, je ne mentionnerai, parce que chacun d'eux illustre une tendance distincte de cette passion, Edmont Dantes protagoniste du Comte de Monte-Cristo d'Alexandre Dumas père, Jago dans la tragédie de Shakespeare Othello (à qui sont étroitement liés Cousine Bette protagoniste du roman du même nom d'Honorè de Balzac, Uria Heep dans le David Copperfield de Charles Dickens et Shylock dans Le Marchand de Venise), Anna Karenine protagoniste du roman du même nom de Tolstoï et Jean Valjean protagoniste des Misérables. Jago est l'illustration de l'Envie destructrice, de la haine qui se nourrit en silence en détruisant d'abord sa propre âme et ensuite, pour une forme de vengeance et de justice déformée, celle des autres qui ont la chance d'avoir une âme intacte. Au début de la tragédie, il semble que Jago ne soit animé que par une forme de jalousie folle envers Othello, mais il n'en est rien. Dans le monologue intérieur du premier acte, il se dit "Je déteste le Maure... On a aussi murmuré, ici et là, qu'il m'a remplacé dans le devoir conjugal entre mes draps. Je ne sais pas si c'est vrai, mais pour un simple soupçon de ce genre, j'agirai comme si j'en avais la certitude. Il compte sur moi ; et mieux mes machinations agiront sur lui. Cassio est un bel homme...Voyons voir...Pour prendre sa place et faire culminer mon plan dans un double coup..." C'est en ces deux mots que s'explique la motivation profonde de Jago. Othello et Cassio sont tous deux détestés parce qu'ils ont quelque chose qu'il a l'impression de ne pas avoir (la gloire et l'amour pour le premier, la beauté et la pureté pour le second) ; toute excuse est valable pour nourrir ce sentiment. Dans la scène où Jago planifie la mort de Cassio, ces sentiments deviennent conscients et Jago déclare : "Cela ne doit pas être ; si Cassio reste, il a une beauté quotidienne dans sa vie, qui me rend laid". La puissance de ce sentiment est telle qu'il efface toute forme d'espoir, de respect de soi et de considération, suscitant dans l'âme de l'Envoyé un profond désespoir qui ne peut trouver de soulagement que dans la destruction de l'objet envié et, par conséquent, dans l'élimination de la douloureuse comparaison avec lui. Shakespeare, qui était aussi un type quatre, connaissait parfaitement la puissance dévastatrice de ce sentiment, qui enlève tout espoir à la vue d'yeux embués par la haine. En fait, les derniers mots surprenants de la pièce ne peuvent être pleinement compris que si l'on est conscient de l'incapacité à se satisfaire, qui nourrit secrètement la haine envieuse. dit Lodovico à Jago : Et toi, chien spartiate, plus insatiable que la douleur, la faim ou la mer ! Regarde la charge tragique qui pèse sur ce lit ! C'est votre travail. Un spectacle qui empoisonne la vue ! Cachez-le !" Chez Anna Karénine, cependant, l'espoir de pouvoir avoir le véritable amour n'est pas perdu, et nous pouvons voir dans l'action Quatre la tendance à se jeter tête baissée dans toute situation qui pourrait faire apparaître la possibilité d'obtenir la satisfaction de ce désir. En fait, Anna n'hésite pas à demander le divorce et à suivre son nouvel amour à l'étranger, même si elle sait qu'en faisant cela, elle aurait perdu son enfant, la personne qu'elle aimait le plus au monde, pour toujours. Le crescendo angoissé de culpabilité, de jalousie, de tristesse et de honte qui accompagne Anna, ronge lentement son monde intérieur et la conduit vers la fin autodestructrice, mais ne peut pas encore la détruire tant qu'elle nourrit l'espoir de pouvoir être encore aimée comme au début de leur relation. Le tournant dramatique survient lorsque, au cours d'une conversation orageuse avec Vronsky, Anna devient convaincue que l'espoir est perdu à jamais et que le suicide est le seul moyen d'obtenir l'amour éternel de son amant. Nous voyons les mots que Tolstoï met dans la bouche et l'esprit d'Anna : "Que puis-je vouloir ? Je ne peux que vouloir que tu ne me quittes pas, comme tu penses le faire", dit-elle, comprenant ce qu'il avait gardé le silence. "Mais c'est secondaire. Ce que je veux, c'est de l'amour, et il n'y en a plus. Alors tout est fini". ... Oui, meurs ! pensa-t-elle. La honte de Karénine (le mari qu'elle avait quitté) et son déshonneur, ainsi que ceux de Séryon et ma propre honte, tout sera effacé par ma mort. Mourir, c'est donc dire que lui (Vronsky) va ressentir de la douleur, m'aimer et souffrir pour moi. Avec un sourire fixe de pitié envers elle-même, elle était assise dans le fauteuil, enlevant et mettant les anneaux de sa main gauche, et se représentant de façon vivante sous tous les angles ses sentiments après sa mort. Il est important de noter que dans ces rêveries suicidaires, qui souvent tourmentent les Quatre, il y a toujours un élément de vengeance contre l'autre qui a trahi les attentes de l'amour qu'ils ont nourri. Chez Edmond Dantès aussi, on peut voir à l'œuvre le désir de vengeance et de vengeance caractéristique du type quatre, mais ici il prend ces formes de raffinement et de durabilité qui différencient la vengeance de ce type de la vengeance beaucoup plus immédiate et directe que nous verrons en action dans le type huit. Dantes étudie avec l'acuité psychologique de ce type, les principaux défauts de ses ennemis qui ont conspiré pour sa ruine, et les frappe en leur faisant ressentir la même douleur qu'il avait ressentie, mais, contrairement à Jago et Anna Karénine, il est toujours soutenu par l'espoir qui soutient ceux qui sont sortis indemnes des moments les plus sombres du désespoir. Sa profonde sensibilité est évidente dans de nombreux épisodes du livre, et elle transparaît dans le passage suivant qui clôt le roman : Dites à l'ange qui veillera sur votre vie, Morell, de prier parfois pour un homme qui, comme Satan, a cru un instant être comme Dieu, et a reconnu avec toute l'humilité d'un chrétien, que dans les mains de Dieu seul se trouve le pouvoir suprême et la sagesse infinie. Ces prières atténueront peut-être les remords qu'il porte au fond de son cœur. Quant à vous, Morell, voici tout le secret de la conduite que j'ai gardée à votre égard : il n'y a ni bonheur ni malheur en ce monde, ce n'est que la comparaison d'un état à un autre, c'est tout. Seul celui qui a connu une douleur extrême est apte à goûter au bonheur suprême. Vous devez avoir désiré ardemment la mort,

Maximilien, pour savoir à quoi bon vivre. Alors, vivez et soyez heureux, enfants bien-aimés de mon cœur, et n'oubliez jamais que, jusqu'au jour où Dieu daignera révéler l'avenir à l'homme, toute la sagesse humaine sera placée dans ces deux mots : attente et espoir. Encore plus intense et capable de compréhension et d'empathie efficace pour l'autre, c'est la lumière qui illumine Jean Valjean, après que Monseigneur Benvenuto ait lavé son âme de la haine qui l'avait empoisonnée, par un acte d'amour profond et de respect pour sa fragilité humaine. Voici les mots avec lesquels Hugo décrit l'effet produit sur l'âme de Valjean par les paroles et les actions de l'évêque : Il ne pouvait pas réaliser ce qui se passait en lui, il s'est raidi contre l'action angélique et contre les douces paroles du vieil homme : "Tu m'as promis de devenir un homme honnête. J'achète ton âme, je l'enlève à l'esprit de méchanceté et je la donne au bon Dieu". Cela lui revenait sans cesse. Il a opposé cette indulgence céleste à l'orgueil, qui est en nous comme la forteresse du mal. Il comprenait vaguement que le pardon de ce prêtre était le plus grand assaut et la plus formidable attaque par laquelle il avait été ébranlé ; que son endurcissement deviendrait définitif s'il résistait à cette clémence ; que s'il cédait il devrait abandonner cette haine dont les actions des hommes avaient rempli son âme pendant tant d'années, et dont il jouissait ; que cette fois c'était gagné ou à gagner, et que la lutte, une lutte colossale et décisive, était menée entre sa méchanceté et la bonté de cet homme. Devant tout cet éclat, il tâtonnait comme un ivrogne. (...) Jean Valjean a longtemps pleuré. Il a pleuré à chaudes larmes, il a pleuré en sanglots, avec plus de faiblesse qu'une femme, avec plus de peur qu'un enfant. Alors qu'il pleurait, de plus en plus de lumière pénétrait dans son cerveau, une lumière extraordinaire, une lumière à la fois prodigieuse et terrible. Sa vie passée, la première culpabilité, la longue expiation, la brutalisation extérieure, l'endurcissement intérieur, la reconquête de la liberté acclamée par de nombreux plans de vengeance, ce qui lui était arrivé chez l'évêque, la dernière chose qu'il avait faite, ce vol de quarante dollars à un garçon, un crime d'autant plus vil et monstrueux qu'il venait après le pardon de l'évêque, tout cela lui revint à l'esprit et lui apparut clairement, mais dans une clarté qu'il n'avait jamais vue jusqu'alors. Il a regardé sa propre vie, et elle lui a paru horrible : sa propre âme, et elle lui a paru effrayante. Pourtant, une douce lumière se trouvait sur cette vie et cette âme. Il lui semblait voir Satan dans la lumière du ciel. Dans le reste du roman, Valjean montre les meilleurs côtés d'un Quatre en paix avec lui-même, qui a orienté sa très forte sensibilité non plus vers ses propres défauts, mais vers l'aide aux autres de manière pratique.

Ennéatype Cinq : Avarice

Le vide dans la partie inférieure de l'Ennéagramme indique un fort changement d'attitude existentielle entre les positions marquées aux points Quatre et Cinq. Si, en fait, Quatre est, comme nous l'avons vu, marqué par un désir ardent et par l'espoir de pouvoir changer son état, Cinq s'est séparé de ses sentiments et est profondément convaincu que rien ne peut changer pour le mieux. Dans l'Envie, le désespoir, qui est toujours un mouvement émotionnel, est un enfer de désir en ébullition ; nous voilà dans un enfer gelé qui se situe au-delà des limites du désespoir lui-même. L'Avarice est donc plus qu'un amour passionné de l'argent et des biens matériels (bien que, bien sûr, il ne manque pas de personnes avares qui le sont à juste titre dans le langage courant), un sentiment profond d'avoir peu, combiné à la peur (le type Cinq est, en fait, un satellite de Six, qui, comme nous le verrons, est dominé par la Peur) de perdre ce qu'on a peu. Il y a, oui, de l'avidité dans ce type, mais elle est tellement contenue par la peur de s'exposer à un certain risque qu'il est difficile pour un avare de se convaincre qu'une action est nécessaire pour obtenir ce qu'il veut. La métaphore que j'utilise toujours pour expliquer cette position existentielle est celle du naufragé qui, ayant atteint la côte dans son petit bateau avec peu de provisions, a peur de se jeter à l'eau et de parcourir la portion de mer qui le sépare du rivage, de peur de perdre le peu qui lui reste. Ici, poursuivant la métaphore, la nourriture est l'énergie vitale dont l'avare estime ne pas avoir assez pour affronter les situations de front. Ce sentiment de faiblesse pousse l'avare à craindre particulièrement les complications sentimentales et à défendre son monde intérieur en gelant toute impulsion, mettant ainsi une barrière défensive entre lui et le monde extérieur. Un sanctum sanctorum presque inviolable dans lequel se réfugier pour traiter calmement les événements de la vie et un long temps pour répondre aux stimuli, sont des besoins vitaux pour un Cinq. Cependant, en se séparant de ses émotions et en transformant sa vie en un désert aride, l'avare se sépare de la source première de la perception de soi et a le sentiment, inconsciemment, de vivre comme un robot et de trahir la tâche que la vie a assignée à chacun d'entre nous. Cela donne lieu, en plus d'une vision pessimiste et parfois cynique du monde, à un douloureux sentiment de culpabilité omniprésent et lucide que ce type ressent souvent comme une malédiction qui pèse sur lui. Un Cinq se sent comme un petit enfant faible entouré de loups, alors il utilise toute son énergie pour fuir ou mieux se cacher. Il ne supporte pas d'avoir les yeux des autres sur lui, de s'exposer, d'être sous les feux de la rampe, de se faire demander quelque chose, et il trouve particulièrement difficile de partager son espace avec quelqu'un d'autre. En général, un Miser utilise principalement ses propres pensées comme facteur de défense contre un éventuel danger. De tous les types, Cinq est celui qui est le plus à l'aise avec le monde des idées, de la logique et de la controverse intellectuelle et le moins à l'aise avec le domaine de l'action pratique et matérielle. Même l'image que les autres ont de lui n'intéresse guère un Cinq, qui est typiquement détaché du désir de plaisir et de tout ce qui n'est qu'apparence. L'énorme désir de savoir fait de lui le prototype du philosophe dans sa tour d'ivoire, de l'observateur détaché et impartial, de l'astronome, de l'anatomopathologiste, du scientifique qui, isolé dans son laboratoire, se sent parfaitement à l'aise. La solitude qui effraie les autres types est, au contraire, recherchée et souvent désirée par le Cinq qui peut, de cette façon, utiliser son temps pour mettre mentalement en ordre l'énorme quantité d'informations et de connaissances qu'il accumule. Cette énorme "tête", qui est constamment à l'œuvre, aspire en quelque sorte toute l'énergie vitale et pousse le Cinq à essayer de sauver le plus possible de lui-même. La quête de connaissances, cependant, peut aussi étonnamment pousser un Cinq à explorer les domaines du mystérieux, du paranormal et de l'occulte (d'une manière similaire à celle d'un Six), avec une crédulité et une persistance que l'on n'attendrait pas d'un penseur aussi rigoureux.

Quelques exemples de personnes et de personnalités célèbres

La prédominance de l'aspect cognitif explique pourquoi ce type compte le plus grand nombre de philosophes et de scientifiques. Parmi les premiers, on peut citer des hommes comme Pythagore, Parménide, la plupart des cyniques, les sceptiques, Epicure (qui n'était pas du tout hédoniste), Sénèque, Marc Aurèle et Saint Thomas d'Aquin. Ce dernier, en particulier, était appelé par ses frères le bœuf muet, car il ne participait jamais aux disputes philosophiques ou théologiques et restait seul sur la touche la plupart du temps. Mais lorsqu'un jour, on lui a demandé son avis sur un passage difficile de la philosophie d'Aristote, il l'a interprété avec une telle acuité et une telle précision que tout le monde a été frappé par son génie. Parmi les philosophes modernes, on peut citer Hobbes, qui soutenait entre autres que la vie n'est rien d'autre qu'un mouvement des membres et donc qu'un automate est doté d'une vie propre, Bergson, Leibnitz, Heiddeger, Popper et surtout Descartes. Certains choix de sa vie qui pourraient paraître surprenants, sont parfaitement expliqués par la connaissance de l'Ennéagramme. Ainsi, il n'est pas difficile de comprendre pourquoi il a disposé de la ferme que son père lui avait laissée en héritage (il fallait trop d'efforts pour la poursuivre), préférant, en échange, un modeste revenu annuel fixe. À Paris, il trouvait la vie sociale ennuyeuse et trop énergisante, préférant s'isoler dans un quartier monastique pour se consacrer à l'étude de la géométrie. Mais comme, même là, quelqu'un lui rendait visite, interrompant ses études, il décida de s'engager dans l'armée néerlandaise. Cela peut sembler très étrange, si l'on ne tient pas compte du fait que la Hollande était dans une période de paix durable et que ses soldats avaient très peu de tâches à accomplir. En fait, dès que le risque de guerre se profilait à l'horizon,

Descartes a démissionné et s'est engagé dans l'armée bavaroise, dont la principale occupation à l'époque était de maintenir les casernes en ordre, choisissant comme destination un endroit froid et isolé. Sa difficulté à avoir des relations avec les gens devint plus intense dans sa deuxième période parisienne et, afin d'éviter les visites de ses connaissances, il décida de s'engager à nouveau. Descartes était un catholique timide et pratiquant, mais il soutenait les hérésies de Galileo Galilei. Tout en essayant par tous les moyens de capter la sympathie de l'Église et en particulier celle des jésuites, il écrivit ce qu'il pensait, mais avec une extrême prudence pour ne pas courir le danger d'être considéré comme un hérétique, et à cause de cela, il subit diverses persécutions. Il a peu travaillé et peu lu ; son œuvre a été presque entièrement achevée en peu de temps, après de longues années de réflexion et de remaniement. De toutes ses œuvres, celle qui est considérée comme la moins profonde est celle sur l'Amour (le thème, bien sûr, ne correspondait pas très bien aux attitudes d'un Cinq). La phrase qui résume le sens de sa philosophie est la suivante : "Cogito, ergo sum" (je pense, donc je suis). Parmi les scientifiques, une place de choix devrait être accordée à Archimède, si absorbé dans ses réflexions mentales qu'il n'a pas remarqué que la ville de Syracuse était tombée et qu'un soldat romain l'avait menacé, et à Isaac Newton, qui après avoir transformé en très peu de temps les fondements mêmes de la science et de la philosophie, a consacré le reste de sa vie à une étude de l'astrologie aussi stérile que tenace et solitaire (j'ai déjà souligné que souvent le Cinq se livre à des études approfondies sur des aspects ésotériques et mystérieux). Newton a été fait baronnet par la reine et a donc participé aux réunions de la Chambre des Lords, l'une des deux branches du Parlement. Au cours des trente années de sa participation aux réunions, il s'est distingué par trois choses : sa demande de toujours siéger dans le dernier banc, l'absence totale d'intervention dans les discussions (sa seule requête au président de la chambre était de fermer une fenêtre de porte d'où venait le vent), et le fait qu'il répondait invariablement "Il faut du temps pour décider", à ceux qui lui demandaient son avis. à ceux qui lui demandaient un avis sur une question. Dans le même ordre d'idées, nous pouvons également inclure l'Italien Girolamo Cardano, inventeur d'un ingénieux joint mécanique qui a conservé son nom. Cardano était tellement sûr de sa capacité à prédire l'avenir par l'astrologie qu'après une très longue période passée en isolement à étudier les mouvements des planètes, il a communiqué au monde scientifique tout entier ce qui devrait être la date exacte de sa mort. Lorsque la date indiquée est passée sans qu'aucune maladie n'ait touché sa santé, Cardano a déclaré que l'erreur avait été produite par un mauvais calcul. Il s'est donc plongé dans une nouvelle période d'étude dans un isolement total, à l'issue de laquelle il a proclamé que l'erreur était bien due à une erreur de calcul du mouvement de Saturne ; il a donc indiqué une nouvelle date à laquelle il mourrait sûrement. Alors que la date fixée approchait sans qu'aucune maladie ne l'affecte, Cardano commença à s'arrêter de manger, consterné de perdre la seule confiance qui le soutenait dans sa vie, jusqu'à se laisser mourir de faim le jour même qu'il avait indiqué. La grande capacité à faire des analyses précises jusque dans les moindres détails, rend le Cinq particulièrement adapté au jeu d'échecs. Il n'est donc pas surprenant que certains des plus grands joueurs de toutes les époques (Bobby Fisher, Karpov, Alekhine) appartiennent à ce type de jeu. Le désespoir lucide et irréversible qui affecte souvent le Cinq est cependant très évident dans les œuvres de deux des plus grands écrivains appartenant à ce type : Franz Kafka et Emily Dickinson. Tous deux profondément convaincus de l'impossibilité de changer leur état pour le mieux et de pouvoir participer pleinement à l'assemblée des autres humains, ils ont exprimé par des mots d'angoisse lucide cette douleur, si profonde qu'ils ne pouvaient même pas se permettre de pleurer ou d'espérer. Le poème suivant de Dickinson sert d'exemple :

Il y a un chagrin si total...
Qui avale toute la substance...
Puis s'étend sur l'abîme un voile de transe-
Pour que la mémoire puisse passer
Environ - au-delà - au-dessus -

Comme celui qui, dans un sommeil profond...
Continue en toute sécurité, là où les yeux sont ouverts
Briserait os par os.

En plus des protagonistes de la plupart des œuvres de Kafka, nous mentionnons parmi les autres personnages littéraires célèbres qui sont Avari, Smilla Jasperson du roman Smilla's Sense for for Snow, Sherlock Holmes le super observateur pointu d'Arthur Conan Doyle, Le vieux Ebenezer Scrooge, le protagoniste de l'émouvant et délicieux conte de Noël de Dickens (sur le moule duquel le Type Trois Walt Disney a dessiné la figure de l'oncle Scrooge), Don Ferrante des Fiancés, Papa Goriot de Balzac et Harpagon de la pièce de Molière L'Avare. Il ne s'agit pas d'un type Cinq Shylock, un autre célèbre avare de la littérature, qui appartient au type Quatre. Parmi les personnages du film, on peut citer Marion, protagoniste d'Another Woman de Woody Allen, le luthier joué par Daniel Auteuil dans le merveilleux A Heart in Winter et le collectionneur de cassettes vidéo joué par James Spader dans le film Sex, Lies and Videotape. Ces trois personnages montrent bien à la fois la tendance voyeuriste de Five, qui préfère être un observateur plutôt qu'un protagoniste des événements, et l'incapacité de Five à éprouver directement des sentiments et à être capable de comprendre une partie de lui-même en retravaillant la vie des autres. La proximité de Quatre explique pourquoi, malgré le fait que ce type est de loin le plus réticent à se montrer en public, on peut trouver plusieurs grands acteurs parmi les Cinq. Greta Garbo et Alberto Sordi sont parmi eux. Garbo vivait dans un grand appartement complètement vide, à l'exception de deux pièces surchargées d'objets, elle se cachait le visage derrière de grandes lunettes et de larges chapeaux et n'a jamais accepté de se marier parce qu'elle ne pouvait pas accepter de vivre avec quelqu'un. Parmi les quelques hommes de pouvoir appartenant aux Cinq, il faut mentionner les empereurs romains Marc-Aurèle et Tibère. Le premier a empêché qu'à Rome se tiennent des jeux de gladiateurs jusqu'à sa mort et s'est éloigné le plus possible de la ville éternelle, préférant la solitude de sa tente impériale, car l'idée des bains de foule et la nécessité de participer à des fonctions publiques, lui semblait intolérable. Le second, suivant une tendance que nous avons déjà décrite dans Greta Garbo, préférait quitter Rome et se retirer sur l'île de Capri dans une somptueuse villa, presque complètement vide, isolée et inaccessible. Le dernier personnage de cette revue est aussi celui qui montre pleinement les grands dons d'un Cinq touché par la grâce, Oscar Romero, archevêque de San Salvador, dont la vie réelle a servi de base au film avec Raul Julia. Le prêtre timide, introverti, solitaire et conservateur, jamais engagé dans une activité pastorale, qui avait passé sa vie toujours au dernier rang, aussi obséquieux envers la hiérarchie et le pouvoir qu'intellectuellement controversé envers les mouvements de réforme sociale de l'église, s'est transformé, jusqu'à ce que son meurtre se produise sacrilègement dans la même cathédrale, en un défenseur plus que courageux et actif des faibles et des opprimés. Ses homélies hebdomadaires, diffusées par la radio et suivies par tout un pays, dénonçaient avec la précision aiguë des Cinq l'état misérable des pauvres et l'exploitation des paysans. Les Salvadoriens croient qu'une telle transformation est due à un véritable miracle, dû à l'intercession d'un de ses amis franciscains, tué par des propriétaires terriens opposés à la réforme agraire, mais l'Enneagramme nous apprend que, comme dans le cas de Marc Aurèle, lorsqu'un Cinq est convaincu de la vérité et de la nécessité de quelque chose, rien (pas même le souci de lui-même), ne peut le manipuler ou le faire changer d'avis.

Ennéatype Six : La peur

La peur était, comme je l'ai noté dans l'introduction, l'une des deux passions qui ne figurent pas dans la liste traditionnelle des péchés ou des vices capitaux. Cela était probablement dû à deux raisons différentes. D'une part, d'un point de vue chrétien médiéval, la peur, ou la crainte de Dieu, n'était pas considérée comme un élément négatif, car elle conduisait l'homme, par le souvenir du jugement et du châtiment éternels, à se soumettre à la loi et à l'ordre social. D'autre part, il faut dire que la dynamique même de cette passion n'était pas bien comprise. La variété des comportements induits par la passion de la Peur est en effet telle que, à première vue, il semble y avoir peu de points communs entre de nombreuses personnes appartenant à ce type. Si, en fait, il est assez facile de comprendre que les personnes qui sont aussi appelées phobiques dans le langage courant sont certainement dominées par la Peur, c'est-à-dire celles qui ont un style de vie dominé par l'insécurité ou des phobies partiellement explicites, il n'est pas aussi facile de voir la Peur à l'œuvre au niveau de la motivation chez les personnes dites contre-phobiques, qui agissent avec un fort type d'agression stratégique. L'exemple du comportement de la souris qui fuit un chat, permet cependant de comprendre comment les deux attitudes sont, en réalité, des réponses différentes à un même besoin. La souris fuit normalement devant un chat, tant qu'elle a l'espace et la force de le faire, mais, si elle se trouve dans une situation sans issue, elle se retourne et attaque la source même de sa peur. Cette réaction n'est bien sûr pas due à une forme de courage, mais à une défense instinctive mise en œuvre par la Peur. Dans le jeu d'échecs, pour bien exprimer ce concept, nous utilisons le dicton suivant qui concentre efficacement le monde intérieur d'un Peureux, "la menace est beaucoup plus forte que son exécution". Avec cette expression, nous entendons montrer comment l'idée d'un risque qui nous submerge peut être beaucoup plus insupportable pour notre psyché que le fait d'affronter réellement le danger lui-même. La plupart des Six, même s'ils sont principalement phobiques ou contre-phobiques, montrent dans leurs comportements des traits de ces deux réactions. Cette alternance typique s'étend à presque tous les comportements possibles et est souvent décrite par le terme d'ambivalence. Il existe cependant une autre possibilité d'expression de la Peur qui peut également être déduite du comportement adopté par de nombreux animaux au sein de leur groupe. Chez de nombreuses espèces, il existe en effet une forme particulière de reconnaissance de la supériorité de l'autre, qui se manifeste par une série d'actes par lesquels elle reconnaît l'autorité du spécimen dominant et, en même temps, définit sa place dans l'échelle sociale du groupe. Ainsi, chaque membre du groupe sait, sur la base de cet ordre précis, quel est exactement son rôle. Les personnes craintives sont généralement très cérébrales, dans le sens où elles réfléchissent trop aux conséquences possibles de chacun de leurs actes, et elles combattent leur insécurité en demandant du soutien et en ayant tendance à prévoir tous les scénarios possibles. Pour ce type de personnes, il est crucial de savoir quel est le comportement requis par l'autorité et, avec leur ambivalence typique, de savoir comment se comporter face aux exigences qui en découlent. Nous aurons donc trois comportements distincts qui ont cependant en commun le fait qu'ils proviennent tous du besoin de réprimer la peur. Contrairement à un Cinq, un Six n'est pas séparé de ses sentiments et de ses désirs, mais il ne sait pas s'il peut leur faire confiance (en ce sens qu'il n'est jamais sûr des réactions que les autres auront), ou s'il peut se permettre de les exprimer librement. Un thème central de ce type est celui de l'accusation, et c'est précisément pour éviter d'éventuels reproches que Six ressent le besoin de connaître chaque détail d'une situation donnée. Sixes ne donne pas facilement sa confiance et est très attentif à détecter les signes d'ambiguïté ou de déloyauté. Il met souvent les autres (en particulier les proches) à l'épreuve parce que son ambivalence intérieure le conduit à douter de lui-même et de sa loyauté. La personne craintive ressent toute petite fissure comme un piège qui pourrait mener à un effondrement complet et a donc tendance à être un pessimiste lucide, qui préfère prévoir le pire afin d'être prêt à toute éventualité. Pour cette raison, ce type est souvent décrit comme l'avocat du diable, en référence au rôle assumé dans les processus de béatification par un membre du clergé, qui doit trouver des motifs négatifs contre le futur saint éventuel.

Quelques exemples de personnes ou de personnages célèbres.

Le personnage cinématographique du comptable Ugo Fantozzi interprété par Paolo Villaggio (également un Six dans la vie réelle), incarne, à l'extrême dans sa comédie grotesque, toutes les tendances de la Peur. Fantozzi, normalement phobique et totalement soumis à la hiérarchie, a parfois des réactions contre-phobiques qui, en plus d'être caractéristiquement précises, atteignent les sommets du paradoxe le plus exaltant. L'épisode du Cuirassé Potemkine, dans lequel Fantozzi est contraint de renoncer à regarder le match de football de l'équipe nationale italienne, pour assister à la énième réplique du film d'Ejzenstejn, nous montre la crainte totale qu'éprouve un six envers l'ordre et l'autorité. Cependant, lorsqu'on demande au public son opinion habituelle sur le film et que personne ne trouve la volonté de faire le moindre commentaire, Fantozzi compare instinctivement sa réactivité intérieure à celle des autres et, se sentant à ce moment plus fort (ou peut-être, plus justement, moins faible), il explose dans sa fameuse invective qui libère cathartiquement les pulsions des autres qui avaient été réprimées jusqu'à ce moment. Dans le même ordre d'idées que Fantozzi, Manzoni incarne le personnage de Don Abbondio. Pris dans la peur oppressante des menaces reçues par les bons hommes de don Rodrigo et des réactions de Renzo, le bon prêtre ne voit pas d'autre solution que de se faire porter malade et d'essayer de gagner du temps, en attendant que quelque chose ou quelqu'un résolve le problème sans qu'il ne s'expose trop. Face aux accusations du cardinal Borromée, Don Abbondio tente d'abord de s'opposer aux raisons que tous les Six trouvent toujours pour justifier sa peur. Le dialogue entre les deux personnages très différents (le Cardinal Borromée est, en fait, un type Un aux antipodes dans l'Ennéagramme par rapport aux Six précisément à cause de sa grande capacité d'action), mérite d'être rapporté dans son intégralité.

"Je demande, reprend le cardinal, s'il est vrai que vous avez refusé de célébrer le mariage, alors que vous étiez tenu de le faire, au jour fixé ; et pourquoi".

"En vérité... si votre très illustre seigneurie savait... quelles indications... quels terribles ordres je n'avais pas à donner... Cependant, quand vous me l'ordonnerez, je le dirai, je le dirai à tous...."

"Dites ; je ne voudrais rien de plus que de vous trouver irréprochable."

Alors Don Abbondio commença à raconter la triste histoire ; mais il fit taire le nom principal, et lui substitua

: un grand seigneur ; donnant ainsi à la prudence tout le peu qu'on pouvait donner, dans un endroit aussi étroit.

"Et n'aviez-vous pas d'autre raison ? demanda le cardinal, quand Don Abbondio eut terminé.

"Mais peut-être ne me suis-je pas suffisamment expliqué", répondit-il : "Sous peine de mort, ils m'ont conseillé de ne pas faire ce mariage."

"Et cela vous semble-t-il être une raison suffisante pour ne pas remplir un devoir précis ?"

La conclusion du cardinal laisse Don Abbondio presque sans voix, car il se sent attaqué par la règle souveraine de sa vie, mais pas du tout convaincu des motivations de l'autre. Ses pensées ne vont en fait qu'à la perspective du danger qui le menace, et Manzoni, avec sa grande perspicacité psychologique, le représente très bien. "Les opinions de Perpétue", pensait Don Abbondio, avec difficulté, à qui, au milieu de tout ce discours, l'image de ces hommes de bien était la plus frappante, et la pensée que Don Rodrigo était vivant et en bonne santé, et qu'un jour ou l'autre, il reviendrait glorieux et triomphant, et en colère. Et bien que cette dignité présente, cet aspect et ce langage, l'aient rendu confus et lui aient inculqué une certaine peur, c'était une peur qui ne le soumettait pas du tout, ni n'empêchait la pensée d'être récalcitrante : car il y avait dans cette pensée, qu'en fin de compte, le cardinal n'utilisait ni un fusil, ni une épée, ni des braves".

Cette rétro-pensée de Don Abbondio, qui mesure le poids des deux dangers (les reproches moraux qui lui sont adressés par le cardinal et les menaces physiques, infiniment plus sincères pour lui, des braves), fournit le support motivationnel pour l'explosion contre-phobique finale, dans laquelle le doute et l'ambivalence du pauvre vicaire émergent pleinement :

"C'est parce que j'ai vu ces visages", a dit l'évadé à Don Abbondio ; "J'ai entendu ces mots. Vossignoria illustrissima parle bien ; mais il faudrait être à la place d'un pauvre curé, et avoir été à la pointe". Dès qu'il a prononcé ces mots, il s'est mordu la langue ; il s'est rendu compte qu'il s'était trop laissé envahir par sa colère, et s'est dit : - maintenant vient le grand qui lève les yeux avec doute.

Ce passage rapide de l'accusé à l'accusateur témoigne de la capacité des Six à devenir presque l'avocat de sa propre peur et à la transformer en un puissant instrument d'attaque des autres. Ainsi, dans le sous-type contre-phobe, une vue domine selon laquelle soit on attaque, soit on est attaqué. Lorsque ce concept devient extrême, les comportements peuvent viser à la destruction de l'ennemi, qu'il soit réel ou imaginaire, et à l'élimination de toute déviance. L'Allemagne du Troisième Reich est un exemple de cette inclination portée à la suppression aveugle de toute forme d'individualité personnelle et qui conduit, inévitablement, à un sombre et sinistre cupio dissolvi. La tendance du nazisme à exiger une forme de loyauté aberrante et à ne discuter aucun type d'ordre venant des supérieurs hiérarchiques, peut être facilement comprise comme l'extrême des tendances présentes, de toutes les manières, dans les Six. Le père de la psychanalyse moderne, Sigmund Freud, qui appartenait à la variante contrephobique, disait, en expliquant certaines attitudes très agressives envers ceux qui s'opposaient à ses idées, qu'il ne baisserait jamais la tête devant un ennemi qui l'attaquerait. Cependant, malgré cette attitude guerrière typique de la contre-phobie, Freud souffrait d'étranges phobies qui lui rendaient impossible, par exemple, de voyager si à ses côtés il n'y avait pas son médecin personnel, une personne, en d'autres termes, avec autorité, qui le rassurerait contre les risques éventuels. Le monde intérieur d'un Six pessimiste souvent enfermé dans son labyrinthe de pensées et incapable de se décider à agir avant d'être épuisé par une longue analyse, a été magnifiquement décrit par presque tous les écrivains les plus importants. Des exemples célèbres sont les personnages de Hamlet, protagoniste de la tragédie homonyme de Shakespeare, et Raskolnikov, figure centrale du roman Crime et Châtiment de Dostoïevski. L'ambivalence et le pessimisme d'Hamlet sont les moteurs qui animent chacune de ses actions. Dans la lettre qu'il écrit à Ophélie, Hamlet explique sa vision de la réalité comme suit : doute que les étoiles soient du feu, doute que le soleil bouge, doute que la vérité soit un menteur, mais ne doute pas de mon amour.

Presque un manifeste programmatique de la mentalité des Six qui considère le monde comme un lieu d'incertitudes, que seule la loyauté absolue des proches peut rendre plus supportable. Dans le dialogue suivant avec Polonius, le prince malheureux exprime en quelques mots lucides l'inclination des Six à chercher derrière l'apparence évidente, la face cachée des choses, jusqu'à confondre l'ombre avec la réalité. Ce sont ces mots :

Polonius : Honnêtement, monseigneur... Hamlet : Oui, car rester honnête comme le monde est fait, est donné à un homme au-dessus de dix mille. Polonius : Grande vérité, monseigneur. Hamlet : Et puisque le soleil peut faire des vers avec la charogne d'un chien - avez-vous une fille ? Polonius : Oui, Monseigneur. Hamlet : Qu'elle ne marche pas au soleil. Concevoir est une bénédiction, mais attention, mon ami, à la façon dont votre fille peut concevoir.

Le très célèbre monologue du troisième acte est un crescendo qui, partant du douloureux doute initial (Être ou ne pas être, voilà le problème), procède à un examen détaché de la condition humaine, aboutissant à une reconnaissance désespérée des effets les plus délétères de la Peur : C'est la conscience qui nous rend vils, autant que nous le sommes. Ainsi, la teinte native de la résolution se dilue sur la faible palette de la pensée, les entreprises de grande envergure et de grand moment enterrent leur cours et perdent le nom de l'action". Les paroles d'Hamlet reflètent une vérité profonde qui est le résultat des nécessités de la vie : toute impulsion à agir doit être dotée d'une force spécifique propre, afin de surmonter les barrières de la pensée et de pouvoir ainsi s'exprimer dans le monde extérieur. Le personnage de Raskolnikov, fruit de la plume de Dostoïevski qui était aussi un Six, montre dans la succession des événements du roman à la fois la force implacable que l'accusation a dans l'esprit d'une personne craintive, et le chemin titubant qui peut conduire les personnes de ce type à la libération. Le même chemin de Raskolnikov, mais à un niveau beaucoup plus élevé, est celui parcouru par le pêcheur Simon de Jean, qui de la culpabilité d'avoir trahi, dans une nuit plongée dans l'angoisse et la confusion, trois fois son messie par peur, s'est élevé, par l'expérimentation de la grâce, au niveau de premier parmi les fidèles de la nouvelle religion du Christ. L'épisode de Quo Vadis, qui nous a été transmis par la tradition chrétienne, nous montre cependant comment la peur est peut-être le sentiment humain le plus tenace et le plus envahissant et, corrélativement, comment l'exemple et le réconfort d'une figure autoritaire est toujours une bénédiction pour un Six qui peut apaiser toute peur et mener aux plus hauts degrés de transcendance.

Ennéatype Sept : Gloutonnerie

La passion de la gloutonnerie est quelque chose de beaucoup plus envahissant et subtil que l'usage courant du terme glouton ne le laisse supposer. Étant donné la position de ce type sur l'Ennéagramme, on comprend immédiatement que l'aspect cognitif est celui qui prévaut et que, par conséquent, la gourmandise est plus un goût pour les promesses intellectuelles d'une situation, qu'un simple goût pour la nourriture ou la fine cuisine (même si, comme pour les autres passions, il y a des gloutons qui le sont au sens commun du terme). Cette passion est donc, certes, un désir de se remplir de bonnes choses, mais ces "choses" relèvent plus du domaine des attentes idéales que de celui de la matière. Les mots hédoniste et épicurien, qui sont souvent utilisés en relation avec ce type, ne réussissent qu'à transmettre la tendance des Sept à tirer du plaisir de leurs actions et de leur vie, indépendamment d'autres intérêts ou objectifs moraux, mais ne montrent pas que derrière cette apparente espièglerie, il y a une très forte composante de peur qui est en quelque sorte exorcisée. La passion de la gourmandise est, en réalité, celle qui, pour limiter les effets de la peur, utilise tant de trucs qu'elle peut être considérée comme la plus stratégique de toutes. L'attitude de condescendance agréable et d'inclination facile aux plaisirs, cache, en fait, un sentiment plus profond de fragilité existentielle qui est masqué, pour ainsi dire, derrière un rire joyeux. Le Six, pour se défendre, attaque sa propre peur ; le Sept, en parallèle, essaie de se défendre en jouant à cache-cache avec la peur. Le premier se souvient toujours du côté négatif d'une situation, le second, en revanche, essaie toujours de se souvenir et de revivre uniquement l'émotion positive qu'il a ressentie. Un poète médiéval a exprimé cette façon de concevoir la vie des Sept dans les mots suivants : Nous dansons tous, toujours, au bord de la mort. Mais, peut-être, à cause de cela, ne devrions-nous pas danser ou rendre la danse que nous dansons moins attrayante ? De cette tendance naît l'attitude des Sept d'être très curieux, de poursuivre avec détermination et presque à tout prix, tout ce qui semble promettre un plaisir et, corrélativement, une sorte de mouvement existentiel continu, avec lequel on passe facilement d'une histoire affective à une autre, d'une expérience à une autre. Les Sept se définissent, et ils sont vraiment, en tant qu'amoureux de la vie, joyeux, insouciants, optimistes et convaincus qu'il y a toujours un moyen de sortir de chaque problème, mais ils savent que cette couche de peinture dorée couvre à peine les sentiments les plus profonds de perplexité et d'insécurité existentielle qui sont toujours présents. Comme un enfant qui est mis sur un manège et qui craint de se retrouver complètement seul à la fin du trajet sans savoir quoi faire, un Seven consiste à trouver d'autres moyens de continuer la durée de ce jeu ou de passer à d'autres jeux infinis possibles. Le plus grand danger pour un Sept est celui de l'ennui, car l'excitation cède facilement la place à une forme de déception similaire à celle vécue par les Quatre. Pour cette raison, on peut comprendre pourquoi le Sept s'intéresse davantage au jeu de la conquête qu'aux résultats de la conquête. Le champ d'attention d'un Sept est très large mais, typiquement, superficiel et donc le Glouton peut s'intéresser à tout, mais ce n'est qu'avec une extrême difficulté qu'il deviendra un véritable expert, contrairement au Cinq auquel il est relié par la flèche intérieure. D'autre part, il développe une intuition très forte qui le conduit à toujours trouver la meilleure façon de gérer les relations interpersonnelles et à être, parfois, un menteur fascinant. Cette habitude d'être toujours agréable peut facilement être confondue avec l'attitude similaire du Trois envers les personnes qu'il veut satisfaire, mais chez le Sept, il y a une plus grande spontanéité et, surtout, une émotivité plus immédiate. L'accusation d'être un peu trop léger (ou pire) souvent faite à l'encontre de ce type, se confirme souvent plus dans la vision de soi qu'a un Sept, que dans la réalité objective des faits. La curiosité est le carburant supplémentaire qui fait fonctionner la machine émotionnelle du Sept, lui faisant croire que derrière chaque nouveauté, il peut y avoir une opportunité de vivre une expérience agréable. Comme on dit en Angleterre, cependant, la curiosité a tué le chat et, souvent, à la fin du jeu, au lieu du plaisir espéré, les Sept ne trouveront que désillusion (même si, bien sûr, cela ne durera que très peu car il y a toujours une autre occasion à saisir) ou pire.

Quelques exemples de personnes ou de personnalités célèbres.

La flexibilité et la polyvalence typiques des Sept font que les personnes de ce type peuvent accomplir presque toutes les tâches. Poussés par un désir implacable d'apprendre de nouvelles situations, de nouveaux lieux et de nouvelles personnes, les Sept peuvent être passionnés par une grande variété de disciplines, même si ce n'est que pour une courte période. Il n'est donc pas surprenant de trouver des gourmets connus dans presque tous les domaines de l'activité humaine. Le plus connu et le plus illustratif des caractéristiques profondes des Sept est sûrement Ulysse, tant dans l'Odyssée que dans la Divine Comédie. Maître de la ruse, conteur enchanteur et stratège hautement qualifié, Ulysse est en permanence à la recherche de nouvelles aventures, même si en bon glouton il essaie d'éviter ces devoirs qui semblent ne promettre que des expériences négatives. Il essaie donc d'éviter de tenir la promesse de combattre qu'il avait faite quand, en vain, il avait essayé de conquérir la main d'Hélène, en prétendant être fou. Tout au long de l'Odyssée, Ulysse semble toujours plus intéressé par les merveilles du grand monde, plutôt que par le retour effectif chez lui. Ithaque semble fonctionner dans l'esprit d'Ulysse comme une sorte de ligne de vie, comme l'idée agréable qu'il existe une sorte de port libre, que chaque Sept juge nécessaire pour combattre le sentiment désagréable de ne pas avoir d'endroit auquel appartenir. L'existence de ce centre de gravité est nécessaire pour un

Glouton qui, autrement, courrait le risque de n'être soumis qu'à des poussées centrifuges qui le perdraient. Comparé à celui d'Homère, l'Ulysse de Dante est encore plus utopique et désireux d'expérimenter de nouvelles expériences et connaissances, et il n'a pas peur d'affronter un quelconque danger pour les vivre. Les phrases qu'il adresse à ses compagnons avec lesquels il s'embarque dans ce que Dante appelle la fuite folle, sont un chef-d'œuvre d'éloquence rhétorique (vous n'êtes pas fait pour vivre comme des brutes, mais pour suivre la vertu et la connaissance), toutes destinées à diminuer le sentiment de danger aux yeux de ses rameurs. Dans un sens plus général, la tendance à sous-estimer les risques possibles inhérents à une situation est une caractéristique dangereuse des Gloutons. Tout aussi brillante, et dans un certain sens tout aussi dispersive, est la figure de Léonard de Vinci, dont l'intérêt pour tout type de science n'était pas accompagné d'un sens correspondant de la systématique et de l'exhaustivité. Comme on le sait, les oeuvres achevées de Léonard sont très peu nombreuses par rapport aux projets qu'il a entrepris et n'a pas terminés, alors que sa production pour l'"éphémère" (la scénographie représente les nombreuses fêtes de la famille Sforza, la mise en place pour la fameuse Fête du Zodiaque, etc) est assez vaste et a longtemps engagé l'auteur, probablement avec plaisir. Les nombreux écrits de Léonard ont tous en commun le fait d'être plus un enchevêtrement hétérogène de notes, notes de frais, proverbes et plus, qu'une exposition systématique d'un sujet. Le secret avec lequel Léonard gardait le sens de ses écrits semble (aux yeux modernes de l'histoire des sciences qui évalue l'état des découvertes de Léonard), ne pas avoir été à la hauteur de la valeur du contenu lui-même, cependant, autour de ces codices énigmatiques, Léonard a construit, avec son œuvre mystérieuse, une aura presque magique qui a ingénieusement augmenté leur importance pour ses contemporains. Ce trait est également typique des Sept, qui parviennent normalement à être un excellent vendeur de lui-même, et parmi tous les types, il est le plus capable de dissimuler ses actions avec un voile de mystère pour les rendre plus attrayantes. La tendance des Sept à être plus "plaisants" et charnels est cependant bien exprimée dans les œuvres du grand Federico Fellini et encore plus clairement dans celles du Tinto Brass (les deux types de Sept dans la vie réelle). Dans une scène mémorable du film Amarcord, le grand-père du protagoniste parvient à transmettre de façon quintessencielle l'idée qu'un Sept a de la mort. Quittant sa maison par une journée très brumeuse, le vieux grand-père erre dans les rues rendues totalement vides d'objets et d'hommes par l'épais brouillard. Seules quelques voix indistinctes et lointaines semblent lui rappeler qu'une autre forme de vie existe. Le vieil homme, désorienté par le vide, confie alors à la caméra la phrase emblématique suivante : "Mais si c'est la mort, ce n'est pas une bonne chose ! Les femmes aux énormes seins de l'imagerie de Fellini sont, comme les femmes représentées par les peintres Rubens et Botero, une transposition évidente de l'irrésistible attraction des Sept vers une opulence qui privilégie la quantité au détriment de la qualité. D'une manière plus générale, on retrouve dans les œuvres de nombreux réalisateurs des Sept (outre ceux déjà mentionnés, on peut citer Robert Altman, Bob

Reiner, Bob Fosse, Kenneth Branagh, Roberto Benigni et Steven Spielberg), la tendance typique à privilégier dans le souvenir d'une expérience les aspects positifs, par rapport aux aspects négatifs. Ainsi, dans le film Stand by Medi Reiner, le récit souligne davantage l'excitation et le frisson des jeunes adolescents protagonistes, en quête de leur maturité définitive, que les sentiments liés aux deux décès qui constituent le thème principal du film. Le récent La Vita è Bella (La vie est belle) de Roberto Benigni illustre clairement la grande capacité de Seven à transformer toute situation, même la plus tragique, en un jeu. Dans l'enfer du camp de concentration, le protagoniste réussit à préserver son propre fils des horreurs et des destructions de la guerre, en transformant les situations angoissées et la peur du présent en un objet d'amusement. Un sentiment similaire peut être ressenti dans les pages les plus brillantes de Wolfgang Amadeus Mozart. Plus les situations réelles de sa vie étaient difficiles et économiquement pesantes, plus sa musique devenait joyeuse et insouciante. Corrélativement, dans les moments de plus grande tranquillité, sa musique prenait des tonalités plus sérieuses et plus profondes. Chez Mozart, la tendance à rester, sur le plan psychologique, essentiellement un adolescent, était bien présente. Ce syndrome est connu dans la littérature psychanalytique, sous le nom de "syndrome de Peter Pan", du nom du personnage central du conte de fées de J.M. Barrie qui expose ainsi sa philosophie de la vie :

Peter (passionnément) "Je ne veux pas aller à l'école et apprendre des choses importantes. Personne ne pourra me piéger, madame, et faire de moi un homme. Je veux toujours être un jeune garçon et m'amuser".

Les paroles de Peter Pan, font écho avec le même sens et la même subtile rébellion, dans la chanson Girls they want to have fun de la chanteuse Seven Cindy Lauper. L'aspect rebelle du Seven qui, contrairement à son voisin Six, ne porte pas beaucoup le poids d'une hiérarchie obsessionnelle et lourde, est cependant beaucoup plus évident dans le personnage de McMurphy, un petit punk qui a simulé la folie pour éviter la prison, joué par Jack Nicholson (également un Seven dans la vie réelle), dans le film Someone Flew Over the Cuckoo's Nest. Le contraste entre le personnage de l'infirmière en chef, qui représente typiquement le style du Type Un, et la désobéissance et la rébellion anarchique des Sept (McMurphy non seulement enfreint à plusieurs reprises les ordres des médecins et des infirmières, mais il pousse également les autres patients à se rebeller contre ce qu'il décrit comme un ordre maléfique et implacable capable de créer des esclaves et des dictateurs). Le film se termine inévitablement par une conclusion dramatique. Le penchant de Seven pour la permissivité, le libertinage et la transgression fait de ce type le plus facilement accessible aux drogues, à l'alcool et à tout ce qui semble promettre le plaisir. Dans une clause de son testament, Bob Fosse a laissé 25 000 $ à des amis pour qu'ils organisent une orgie sur sa tombe en son honneur. Compte tenu de cette prémisse, il n'est donc pas étrange de comprendre comment les Gloutons sont très présents dans les domaines de la pornographie et, plus généralement, dans les domaines du plaisir interdit. Hugh Hefner, un Seven typique, a prétendu avoir fondé le célèbre magazine Playboy pour s'échapper d'un monde réel de devoir vers une zone de plaisir libre où tous les fantasmes étaient possibles. Le Seven léger et libertin peut cependant, en illustrant le message existentiel du Tantra, transformer son énergie sexuelle en énergie spirituelle et devenir, ainsi, une personne de transcendance et de haute moralité. Beaucoup de grands maîtres soufis de l'histoire (Omar Khayyam, Jalaluddin Rumi, etc.), ont suivi ce chemin en atteignant les plus hauts sommets de la spiritualité humaine. Au même titre que les maîtres soufis mentionnés ci-dessus, et à leur époque, nous pouvons considérer les chemins de Ramon Llull et du plus grand saint réformateur de l'Église catholique : François d'Assise. L'histoire de François nous fournit le meilleur exemple de l'évolution possible d'un Sept, de l'inclinaison normale vers les plaisirs terrestres à une dimension différente de l'existence. Surmontant la peur qui est présente dans chaque Sept, François en est venu à voir une essence intérieure plus importante que toute manifestation superficielle, dans tous les aspects de l'existence. Son célèbre Cantique des Créatures est l'hymne à la joie d'une âme qui a trouvé le vrai sens de l'existence et qui, en surmontant la barrière formée par l'apparente multiplicité des choses, rend grâce pour la possibilité qui lui a été accordée de percevoir l'absolu même dans les aspects les plus communs de la banalité.

Ennéatype 8 : l'excès

Cette passion était considérée par les écrivains chrétiens, selon la tripartition classique de l'âme faite par les philosophes grecs, comme un vice de la partie concupiscente, capable de soumettre le côté spirituel de l'homme aux valeurs de la sphère matérielle brute. De cette façon, elle était concrètement liée aux relations charnelles et a pris le nom classique de Luxe, du mot latin luxus (luxe), indiquant, comme la gourmandise toute proche, une inclination à trouver satisfaction dans les choses du monde, perdant ainsi le sens ultime de l'existence. En dehors de la vision religieuse, cependant, le sens le plus profond de cette passion n'est pas tant dans la recherche continue de la satisfaction sexuelle (même si, comme pour les autres passions, il y a quelques

Lustful qui sont tels dans le sens commun du terme), mais il consiste, plutôt, dans une soumission envahissante des parties émotionnelles et cognitives à la force de tout type de désir. Dans le type Otto, toute impulsion instinctive est dotée d'une très forte charge qui, métaphoriquement parlant, ne ressent et ne veut ressentir aucune considération qui pourrait l'inhiber. Cette connotation d'aller jusqu'au bout et de ne se soumettre à aucune règle est donc bien exprimée par le mot Excès, qui dans un sens plus général de la luxure, indique une position existentielle dans laquelle toute expérience doit être, pour ainsi dire, extrême. Un premier corollaire descendant de cette façon de voir, est celui qui considère le monde comme une arène dans laquelle seuls les forts ont la possibilité et le droit de se satisfaire. Pour cette raison, le Huit est le type qui donne plus de valeur à la force et à la puissance et, corrélativement, tient peu compte des expressions sentimentales douces, ce qui pourrait affaiblir sa réactivité. Bien que le penchant fondamental pour le plaisir fasse certainement de ce type un narcissique, le Huit n'est pas trop intéressé à vendre une image agréable de lui-même, préférant plutôt laisser sa ferme détermination transparaître dans chaque expression. La tendance à la fraude et à la manipulation que nous avons constatée chez les Sept, est également présente chez les Huit, qui ne peuvent cependant pas, contrairement aux premiers, masquer très bien la profondeur de ses réactions. Très à l'aise avec son propre corps et doté d'une grande énergie, le Huit n'hésite pas à utiliser sa colère à la fois comme un outil de contrôle et comme un moyen de juger instinctivement la capacité de réaction des autres. Lié à sa vision "extrémiste" du monde, le Huit est très direct dans ses expressions verbales et physiques, et ne passe guère inaperçu. Souvent, la dureté de comportement et l'agressivité manifeste sont consciemment recherchées par un Huit comme une autre forme de démonstration de son invulnérabilité à la douleur, indépendamment des dommages ou du mal qu'il peut causer aux autres. En général, ce type préfère traiter avec un adversaire fort, avec lequel il finira par avoir une confrontation sans merci, plutôt que de traiter avec des ennemis agissant par derrière, en évitant la confrontation directe. La proximité avec le Neuf, exprimée par la position du Huit dans l'Enneagramme, nous rappelle qu'il existe également dans ce type une forme profonde d'inertie psycho-spirituelle, qui conduit généralement un Huit à être peu intéressé par son monde intérieur. D'autre part, le Huit a une vision qui saisit immédiatement l'hypocrisie d'une situation, l'incongruité qui recouvre de moralisme ce qui n'est trop souvent qu'une forme de prévarication du fort sur le faible. De ce point de vue, le Huit est le plus révolutionnaire de tous les types et comme le Quatre, aux antipodes de l'Enneagramme, il prend facilement le parti du plus faible contre l'autorité. La différence entre les deux types est que le Quatre agit ainsi parce qu'il ne veut pas qu'il y ait un inférieur et un supérieur, tandis que le Huit, s'identifiant au faible, se rebelle contre l'autorité limitante et répressive, perçue comme illégitime. Paradoxalement, cependant, un Huit peut facilement se comporter comme un dictateur s'il devient le détenteur du pouvoir. Dans tous les cas, un Luxueux est un leader capable et charismatique, qui exige un dévouement absolu de la part des membres de son groupe, mais qui en retour sait se battre jusqu'au bout pour leur défense. Mais au fond de lui, chaque Huit cache en lui l'enfant faible qu'il était, et craint d'être à nouveau maltraité s'il perd ses forces. Cela génère une anxiété omniprésente qui est le véritable carburant qui alimente, au fond, cette passion.

Quelques exemples de personnes et de personnalités célèbres.

Les caractéristiques de la combativité et le désir de prouver qu'il est le plus fort, font du Huit le prototype idéal du gladiateur, du combattant, du combattante. Il n'est donc pas surprenant que certains des plus grands boxeurs de tous les temps soient de ce type et que certains d'entre eux aient été ceux qui ont le plus révolutionné le noble art. Parmi les nombreux, nous citons Cassius Clay (Muhammed Ali après sa conversion à l'Islam), Carlos Monzon, Jack La Motta, dont le personnage a été joué par Robert de Niro dans le film Raging Bull Roberto Duran et le récent et controversé ancien champion du monde poids lourd, Mike Tyson.

Dans les sports d'équipe, la capacité des Huit à être un leader et une formidable force motrice, a été magnifiée notamment par Diego Armando Maradona. Probablement considéré comme le plus grand joueur de tous les temps, Maradona, né et élevé dans une banlieue très pauvre de Buenos Aires, illustre mieux que quiconque les grandes compétences du Huit en tant que combattant et, en même temps, la difficulté de ce type à se donner une discipline morale et à contenir dans des limites acceptables le désir. L'abus de drogues, le désir sexuel excessif (rappelez-vous les nombreuses histoires qui ont rempli les pages des journaux et l'ont vu impliqué), et la tendance à se satisfaire par un usage immodéré de la nourriture et de divers stimulants, ont miné le corps de cet extraordinaire champion, capable, comme beaucoup d'autres Ottos, de susciter les sentiments les plus contrastés d'admiration sans limite et de blâme féroce. La tendance à subvertir les règles constituées est bien illustrée dans le monde de l'art par la vie et l'oeuvre du peintre Michelangelo Merisi, appelé Caravage. Ce génie novateur, qui est mort à l'âge de trente-sept ans après une vie dissolue et orageuse qui l'a conduit dans divers pays pour échapper à l'arrestation pour meurtre, reste dans l'histoire de la peinture pour la vérité dramatique de ses représentations et l'importance et l'utilisation du corps humain dans la composition. Comme un bon Otto (qui se souvient qu'il appartient à la triade du Centre d'action dominé par le ventre), Caravage a pris comme modèles pour ses œuvres et représenté en peinture, avec un réalisme et une violence absolument étonnante, des personnes réelles avec toutes leurs difformités et leur laideur. Bousculant le goût maniériste de l'époque, Caravage a introduit dans son travail le principe de la centralité du corps réel et, grâce à l'utilisation d'un puissant jeu d'ombre et de lumière, a réussi à transmettre dans ses œuvres un sens du drame et de la force qui reflète la conception profonde de la vie d'un Otto. En général, les artistes qui appartiennent à l'Otto laissent toujours une trace de la centralité du corps dans leur travail. Cela se voit facilement dans les formes à la fois puissantes et splendides des dessins d'autres Ottos illustres tels que Benvenuto Cellini et Picasso. Un autre domaine d'expression privilégié des Huit est la politique. Les personnes de ce type peuvent être des leaders, évidemment très charismatiques, mais surtout capables de créer un climat du type : celui qui n'est pas avec moi, est mon ennemi. Au sein des Huit, s'incarne la figure du dictateur, qui exerce, en fin de compte, un pouvoir personnel plus important que celui qui découle du fait d'être la plus haute expression d'une idéologie ou d'un mouvement. On trouve des exemples bien connus de personnes ayant cette attitude parmi les membres des formes politiques les plus variées. Si, en fait, nous pouvons citer comme exemples de dictateurs "de gauche", Staline, Mao ou Fidel Castro, nous pouvons également citer parmi ceux de "droite", Benito Mussolini ou, même si à l'époque les concepts de droite et de gauche étaient très différents de ceux des Romains d'aujourd'hui, Lucius Sulla et, à l'opposé, Caius Marius. Le leader en qui les caractéristiques de l'Excès se manifestent le plus clairement, est à mon avis, certainement le plus formidable ennemi de Rome, Hannibal Barca. L'histoire de la vie d'Hannibal (un Huit avec une forte proximité avec le Sept), est celle d'un homme qui n'a pas peur d'affronter quoi que ce soit ou qui que ce soit, animé non pas tant par l'amour pour sa patrie, mais par le désir de combattre et de gagner un ennemi envers lequel il avait nourri, conformément au diktat familial, une profonde haine depuis l'enfance. Capable de supporter un effort physique presque incroyable, rusé et déterminé à réaliser ses idées, tant idolâtré par les soldats sous son commandement et par le peuple de Carthage, détesté tant par l'aristocratie romaine que par les Carthaginois, Hannibal reste dans l'histoire comme un exemple classique de personne à laquelle on ne peut rester indifférent. L'extrême polarisation de son comportement par Otto, qui ne se trompe pas dans sa définition du gladiateur, transparaît, parmi beaucoup, dans l'épisode de la mort du consul romain Marcus Claudius Marcellus. Selon Livy, après que la mort de Marcellus se soit produite dans une embuscade, Hannibal s'est rendu spécifiquement sur place et, sans un éclair de joie dans les yeux, a donné au corps de son ennemi un enterrement honorable. L'explication de son comportement si chevaleresque peut être trouvée dans une tendance typique des Huit. Selon les paroles d'Hannibal lui-même, en fait, Marcellus, était le seul à ne pas accorder de trêve ni à l'exiger, ni en cas de victoire, ni dans celle de la défaite. L'attitude normale d'Hannibal, selon la croyance d'un Otto, était bien différente et plus cruelle envers les ennemis vaincus qui n'avaient pas combattu avec courage. Parmi les personnages littéraires Otto doit être mentionné, nécessairement, l'Innominato manzonien, pour la précision de la description psychologique. Profondément touché par le discours de Lucia, l'Innominato, après une nuit de tourments intérieurs et une très profonde conversation avec le cardinal Federico, est touché par la grâce divine et change soudainement son mode de vie. Voici comment Manzoni décrit les réactions des braves à la conversion de l'Innominato : outre la peur, ils avaient pour lui une affection comme des hommes honnêtes ; ils avaient alors tous une bienveillance d'admiration ; et en sa présence ils ont ressenti une sorte de cela, je dirai, verecondia, que même les âmes les plus rustiques et les plus pétulantes ressentent devant une supériorité, qu'elles ont déjà reconnue. Ajoutez à cela que ceux d'entre eux qui avaient appris la première la grande nouvelle, avaient en même temps vu et rapporté la joie, l'audace de la population, l'amour et la vénération pour les innommables, qui avaient pris la place de la vieille haine et de la terreur. De sorte que, dans l'homme qu'ils avaient toujours considéré, pour ainsi dire, de bas en haut, même lorsqu'ils étaient eux-mêmes en grande partie sa force, ils voyaient maintenant la merveille, l'idole d'une multitude ; ils le voyaient au-dessus des autres, tout à fait différemment qu'auparavant, mais pas moins ; toujours en dehors de la ligne commune, toujours le chef.

C'est une description très précise du sentiment d'appartenance et de hiérarchie qu'un Otto parvient habituellement à créer autour de lui, qui correspond à la splendide représentation suivante de la vertu que l'Inconnu a réalisée : il est allé dans sa chambre, s'est approché de ce lit dans lequel la veille il avait trouvé tant d'épines, et s'est agenouillé à côté, avec l'intention de prier. Il trouva, en effet, dans un coin profond et caché de son esprit, les prières qu'on lui avait appris à réciter quand il était enfant ; il commença à les réciter ; et ces paroles, qui étaient restées là si longtemps enroulées ensemble, vinrent l'une après l'autre comme si elles se débattaient. Il ressentait en cela un mélange de sentiments indéfinissables ; une certaine douceur dans ce retour matériel aux habitudes de l'innocence ; une exacerbation de la douleur à la pensée du fossé qu'il avait mis entre ce temps et celui-ci ; une ardeur à arriver, par des oeuvres d'expiation, à une nouvelle conscience, à un état aussi proche que possible de l'innocence, auquel il ne pouvait revenir ; une gratitude, une confiance en cette miséricorde qui pouvait le conduire à cet état, et qui lui avait déjà donné tant de signes de vouloir le faire.

Contrairement à l'Anonyme, qui trouve à travers l'expérience de la grâce la possibilité de donner un nouveau sens à sa vie, le Don Juan de Tirso da Molina ne peut échapper à la force de la passion et est soumis aux conséquences extrêmes (il est traîné vivant en enfer), à sa tendance à se moquer outrageusement de tout et de tous. Dans Don Giovanni, le trait du séducteur, tout orienté vers la recherche du plaisir sexuel, n'est pas séparé d'un manque de scrupules caractéristique qui rend Otto moins évolué facile à offenser, de l'intimidation et de l'agression armée afin de satisfaire son désir. Contrairement à Hamlet, qui, en tant que bon Six, est à la recherche de la raison ultime de la réalité, Don Giovanni est profondément lié à l'expérience matérielle et concrète de sa vie. Dans l'opéra mis en musique par Mozart sur un livret de Da Ponte (qui était aussi un glouton), Don Giovanni ajoute un peu de l'agréable légèreté des Sept à ses caractéristiques de base, comme dans le séduisant duo Là ci darem la mano, mais dans l'étranglement final, sa volonté de ne pas être intimidé et de subir des limitations, montre sans équivoque sa dureté d'Otto. De ce point de vue, il ressemble beaucoup aux poètes célèbres d'Otto comme Cecco Angiolieri et Françoise Villon. Je termine ce bref aperçu en rappelant, enfin, Martin Luther King, dont le célèbre "J'ai un rêve" est certes le cri d'un révolutionnaire, mais d'un révolutionnaire guidé par l'esprit de fraternité et non d'oppression.

Ennéatype Neuf : Paresseux

L'existence en italien du mot Accidia, du grec Achedia non curarsi, nous permet d'exprimer l'essence de cette passion bien mieux que nous ne pouvons le faire avec les mots Ozio ou Pigrizia, également utilisés. Dans le type Neuf il y a certainement une forme de paresse, mais celle-ci plus qu'une non-action prend souvent la forme d'une inertie psycho-existentielle, d'une ruée sur mille choses sans importance, faisant toujours ce qui est demandé par les autres, ne voulant pas faire de distinctions entre ce qui est essentiel et ce qui est de peu d'importance. Les écrivains chrétiens classiques connaissaient bien cette passion, qu'ils appelaient souvent le Démon de midi ou de la sixième heure, en référence au temps canonique que les moines devaient observer. Voici comment Evagrius Ponticus, un moine anachorète du quatrième siècle qui fut le premier à fournir une description précise des passions qu'il considérait comme de véritables démons tentateurs, la décrit avec un grand sens psychologique dans son livre Les différents esprits de la méchanceté. "L'oeil de l'homme paresseux est continuellement fixé sur les fenêtres, et dans son esprit il fantasme sur les visiteurs possibles : la porte grince et celle qui saute dehors ; il entend une voix et espionne par la fenêtre, et ne la quitte pas, jusqu'à ce qu'il soit obligé de s'asseoir, tout engourdi. Lorsqu'il lit, le paresseux baille souvent, et est facilement dépassé par le sommeil, il plisse les yeux, se frotte les mains, et, retirant ses yeux du livre, fixe le mur ; puis, les tournant à nouveau vers le livre, il lit un peu plus, puis, dépliant les pages, il les tourne, compte les feuilles, calcule les fichiers, blâme l'écriture et la décoration ; enfin, baissant la tête, il met le livre en dessous, s'endort d'un sommeil léger, jusqu'à ce que la faim le réveille et le pousse à s'occuper de ses besoins". Quelles caractéristiques d'Acedia obtenons-nous du passage d'Evagrius ? Tout d'abord, une tendance à se laisser facilement distraire, puis la recherche d'un contact quelque peu superficiel avec les autres, le rejet des choses trop élaborées qui sont considérées comme "artificielles", une incapacité à rester physiquement immobile (souvenez-vous que le Neuf appartient, en fait, au centre de l'action), une torpeur existentielle qui trouve son divertissement dans une forme de curiosité et enfin une "accommodation" facile aux situations visant à ne pas créer trop de problèmes. Les aspects centraux de cette passion semblent donc être ceux qui consistent à essayer de s'échapper d'eux-mêmes et à ne pas vouloir vraiment affronter les problèmes. La stratégie mise en œuvre au niveau inconscient pour atteindre ces objectifs peut inclure alternativement le sommeil et une structuration exaspérée de son propre temps, par une occupation de beaucoup de choses de peu ou pas d'importance. Le paresseux est donc généralement accommodant et toujours prêt à assumer la plus lourde charge de travail (même si cela lui coûte, en tout cas, pas un peu en termes de fatigue), afin de ne pas avoir à s'arrêter et à réfléchir aux choses qu'il fait. En fin de compte, nous sommes confrontés à une position psychique qui ne laisse aucune place aux besoins profonds de la personne, qui accepte de se subordonner aux besoins du partenaire, de la famille ou, plus généralement, du groupe auquel elle appartient. De ce point de vue, le Neuf peut facilement être confondu avec le Deux, qui met en œuvre une attitude similaire, également parce que les deux types croient qu'ils "peuvent se passer". Le Neuf, cependant, n'a pas l'aspect de donner pour avoir et présente, au contraire, une forme de passivité psychologique qui exprime la négation inconsciente de leur colère. Les formes les plus typiques avec lesquelles les Neuf expriment leur colère refoulée sont, en fait, l'entêtement et l'oubli des personnes et des situations problématiques. Un autre aspect typique est de se justifier, si la relation ou la situation ne va pas bien, en disant : ce n'est pas ma faute, je n'ai rien fait. Dans toute la littérature de l'Ennéagramme, le Neuf est considéré comme le type qui exprime le mieux, sur le plan spirituel, la condition humaine réelle ; la passion dans laquelle la différence subtile qui existe entre une conscience qui oublie les choses du monde va vers le transcendant, et un ego qui s'oublie et se perd dans le monde matériel, trouve son expression la plus évidente. La paresse est donc techniquement considérée comme la passion centrale. Il n'y a pas de jugement de valeur dans cette expression (bien que le proverbe populaire affirme que l'oisiveté est le père des vices), puisque toutes les passions sont considérées comme équivalentes, mais seulement l'affirmation que chez Sloth l'aspect "caricatural" des passions est plus évident que les vertus correspondantes.

Quelques exemples de personnes ou de personnages célèbres.

Le sens pratique et la facilité d'adaptation aux choses du monde du type Neuf, apparaissent évidents dans la figure de Sancho Panza, l'écuyer immortel de l'ingénieux Don Quichotte de la Manche (un type Six avec une aile Sept très forte), qui contrairement à son maître plus qu'idéaliste, expose avec ces mots à sa femme, qui lui demande de rendre compte de son comportement, ce qui pour lui est le vrai sens de la poursuite de Don Quichotte : Il est vrai que la plupart des aventures ne réussissent pas comme on le voudrait, à cause de cent quatre-vingt-dix-neuf qu'elles finissent à l'envers ; néanmoins, il est bon de traverser des montagnes, de pénétrer dans des forêts, de piétiner des précipices, de visiter des châteaux, et surtout, de rester dans des tavernes sans payer un seul centime. Sancho, nommé à la blague comme gouverneur de l'île dite Barattaria, fait preuve de bon sens et de discernement dans ses jugements, mais face à une invasion d'ennemis imaginaires, il n'hésite pas, lorsque le danger apparent est passé, à se dépouiller de toutes ses positions et à reprendre son rôle initial avec simplicité. Voici les mots que Cervantès met dans la bouche de notre héros avec une finesse psychologique, alors qu'il barde et embrasse son âne : depuis que je t'ai abandonné, mon compagnon, mon ami, pour gravir les tours de l'ambition et de l'orgueil, mille misères, mille douleurs et quatre mille ans ont pénétré mon coeur... Saint Pierre est bien à Rome ; et je veux dire que tout le monde est bien dans la fonction pour laquelle il est né ; une scie dans ma main vaut mieux qu'un sceptre de gouverneur. Il vaut mieux pour moi être rassasié de pain mou, d'huile, de vinaigre et de sel, que de subir la misère d'un médecin impertinent qui me fera mourir de faim ; je préfère rester l'été à l'ombre d'un hêtre et me couvrir de sacs en hiver, mais en toute liberté, que de dormir dans une détresse constante, enveloppé dans des draps de Hollande et vêtu de fourrures. Lorsqu'on lui demande de changer d'avis,

Sancho répond, comme un Neuf typique, qu'une fois qu'il a dit non à une proposition, il n'y a rien au monde qui l'inciterait à changer d'avis. Enfin, lorsque ses farceurs lui demandent, déguisés, ce qu'il veut en échange de son travail de gouverneur, Sancho répond avec la simplicité et le manque de prétention des Neuf, qui ne veulent rien d'autre qu'un peu de fourrage pour son âne et la moitié d'un pain et du fromage pour lui-même. A la fin, conclut Cervantès, tout le monde l'embrasse, et il leur rend l'accolade, les laissant édifiés par ses paroles et ses phrases, pas moins que par sa détermination résolue et discrète. La même attitude minimaliste et presque renonciatrice de Sancho Panza se retrouve dans beaucoup d'autres Neuf littéraires, parmi lesquels méritent d'être mentionnés Bartleby le scribe, le protagoniste de l'histoire du même nom de Hermann Melville et George Babbitt le personnage principal du roman de Sinclair Lewis, prototype par excellence de l'Américain provincial borné et traditionnel mais pas mauvais, qui tente d'échapper à l'ennui profond qui opprime son existence en se perdant dans mille occupations et considérations de peu ou pas de compte. Babbitt exprime en particulier une autre caractéristique des Neuf que l'on peut facilement confondre avec la cupidité : celle de s'entourer de nombreux objets et souvent de les collectionner. Ce qui pousse le Neuf dans ce comportement est, en réalité, le besoin de ne pas avoir à créer un problème si quelque chose, par exemple, se casse. J'ai bien compris cette attitude le jour où j'ai demandé à une de mes connaissances, le Neuf, de me prêter une ampoule pour la pile. Il n'a pas fait de problème mais me l'a donnée seulement après une longue recherche parmi les nombreux tiroirs du placard (il avait, bien sûr, oublié dans lequel il avait mis les ampoules), cependant, après une brève réflexion, il m'a demandé si j'en voulais une colorée. En bref, des différents tiroirs sont sortis pas moins de quarante ampoules. Quand je lui ai demandé ce qu'il faisait avec autant d'ampoules, il m'a répondu qu'il ne pouvait jamais se souvenir s'il avait un certain type d'ampoule ou non, et que pour ne pas avoir de problèmes en cas de besoin, il en achetait au moins dix à la fois. La passivité, la facilité à céder aux exigences des proches et l'obstination du Neuf à maintenir sa propre position ferme, apparaissent évidentes dans le caractère manzonien de Lucia Mondella, dont l'innocence réussit à frapper au plus profond de l'âme l'Innominato lugubre mais pas insensible. La scène dans laquelle Lucia, bien que dissidente, est persuadée par sa mère et Renzo de se marier en prononçant devant un Don Abbondio surpris, la formule de mariage, n'est vraie que si un type Neuf subit cette décision. Des personnages plus déterminés et apparemment vaniteux apparaissent, à la place, comme le Falstaff shakespearien ou Winston Churcill. Ce dernier, qui avec son grand volume corporel, représente même physiquement l'image stéréotypée du Neuf, a cru, en réalité, être très vaniteux (dans le sens commun du terme, bien sûr), en raison de son souci relatif de l'image de soi. Le noyau profond de sa personnalité, tel qu'il l'a lui-même exposé dans son autobiographie, était au contraire typiquement Neuf. Parmi les diverses notes intéressantes sur le fait que Churchill était Neuf, il y a aussi l'invention du char d'assaut britannique appelé le Tank. Ce véhicule trapu et massif, qui n'avait aucune prétention stylistique, était en quelque sorte une forme de projection inconsciente de son auteur. Le sens de l'égalité du Neuf est pleinement exprimé dans la Constitution des États-Unis, dont les pères fondateurs appartenaient largement à ce type (et on peut citer entre autres Benjamin Franklin et George Washington). Le concept fondamental de la Déclaration d'indépendance des États-Unis qui, il faut le rappeler, a été promulguée lorsque dans le reste du monde occidental, des souverains presque absolus régnaient partout, affirme clairement que nous sommes tous créés égaux et que, par conséquent, il n'y a personne qui ait plus de droits qu'un autre. La réticence naturelle de Nine à crâner et sa passivité, parfois poussée jusqu'à la catatonie, expliquent pourquoi le jeune Albert Einstein, seize ans, calme et discret, était considéré comme un simple attardé par ses professeurs du lycée d'Aarau, qui lui ont conseillé de s'inscrire dans une école professionnelle et d'abandonner le lycée. Heureusement, Einstein avait l'obstination typique, en l'occurrence positive, des Neuf et a tenu bon jusqu'à ce qu'il écrive les livres qui ont changé à jamais l'histoire de la physique. Dans le film primé Dances with Wolves, Kevin Costner nous montre un autre aspect du type des Neuf. Costner, un héros malgré lui, demande comme prix une destination en contact étroit avec les Indiens Sioux, ce que personne ne voulait accepter, car il veut connaître la frontière avant qu'elle ne disparaisse (un trait qui le lie aux motivations de Tartarin de Tarascona, un autre personnage célèbre du Neuf). La vie au contact des "peaux rouges sauvages", fait découvrir à l'accidentel Costner que les Indiens ne sont pas du tout comme ça et qu'ils ont, au contraire, un respect pour toutes les formes de vie et pour la nature que les blancs devraient apprendre. La capacité du Neuf à se mettre à l'écart et à aimer ardemment toute l'humanité et la paix transparaît dans les figures gigantesques de deux hommes qui ont illuminé le siècle dernier de leur présence spirituelle, le Mahatma Gandhi et Angelo Roncalli, plus connu sous le nom de Pape Jean XXIII. Si le premier est à juste titre entré dans l'histoire comme l'apôtre de la non-violence, le second, considéré uniquement comme un pape de transition, a profondément changé les coutumes et les sensibilités de l'Église catholique, la poussant à se confronter au Concile Vatican II, à l'expérience de foi de toutes les religions, même celles qui ne se réfèrent pas à la parole et à l'enseignement du Christ. Toutes deux étaient totalement dépourvues d'ambition et se sont trouvées être, presque à contrecœur, le guide spirituel des grandes masses, qui voyaient en elles des hommes qui enseignaient toujours et surtout à aimer. Un jour, au milieu des guerres sanglantes qui ont divisé l'Inde et le Pakistan après la Seconde Guerre mondiale, un hindou est venu voir Gandhi et lui a avoué en pleurant qu'il avait tué un musulman, après que sa famille ait été exterminée par d'autres musulmans. Gandhi l'a embrassé et lui a simplement dit qu'ayant perdu une famille, il devait en fonder une autre. Il l'a ensuite invité à adopter un enfant orphelin et, le tenant bien serré, a ajouté : "Mais musulman". Le pape Jean avait déclaré à plusieurs reprises que sa plus grande ambition était d'être un prêtre de paroisse de campagne et était connu dans les cercles ecclésiastiques comme le monseigneur dont la devise est

"Ayons de la compréhension les uns pour les autres". Le titre célèbre et bien mérité de Bon Pape, avec lequel l'histoire se souvient de lui, était certainement dû au fait qu'en lui le bon cœur instinctif des Neuf, était couplé à une grande capacité à agir pour le bien qui ne faisait aucune distinction et dépassait tout fatalisme passif.

8 CHAPITRE

LES NEUF TYPES PSYCHOLOGIQUES : ENNEATYPES

1. Le perfectionniste (réformateur) :

Type idéaliste et fondé sur des principes. Il est éthique

et consciencieux, avec un fort sens du "bien" et du "mal". Enseignants, croisés, toujours en train de se battre pour améliorer les choses, mais ayant peur d'avoir tort. Bien organisés, ordonnés et ennuyeux, ils essaient de maintenir des normes élevées mais peuvent glisser vers la critique et le perfectionnisme. Ils luttent généralement avec une colère et une impatience refoulées. Au mieux, ils sont sages, pleins de discernement, réalistes, nobles et moralement héroïques.

Peur fondamentale : être mauvais, corrompu. "Il n'est pas bon de faire des erreurs."
Désir fondamental : intégrité

2. Le donneur :

Type de personne attentionnée et interpersonnelle. Empathique, sincère et chaleureux. Amical, généreux et prêt à l'abnégation, mais aussi sentimental, adulateur, désireux de plaire. Ils sont enclins à être proches des autres et font souvent des choses pour se rendre nécessaires. Ils ont généralement du mal à prendre soin d'eux-mêmes et à reconnaître leurs propres besoins. Au mieux, ils sont désintéressés et généreux et ont un amour inconditionnel pour eux-mêmes et pour les autres.

Peur fondamentale : être indigne d'amour. "Il n'est pas bon d'avoir ses propres désirs".
Désir fondamental : être aimé

3. L'exécuteur testamentaire (l'homme qui réussit) :

Type adaptable, orienté vers la réussite. Trois sont séduisants et charmants avec confiance. Ambitieux, compétent et énergique, il peut être conscient de son statut et être poussé à l'autopromotion. Très soucieux de leur propre image et de ce que les autres pensent d'eux. Ils ont des problèmes de surcharge de travail et de compétitivité. Au mieux, les Healthy Threes s'acceptent, sont authentiques et se croient des modèles et des sources d'inspiration pour les autres.

Peur fondamentale : être sans valeur à l'intérieur. "Il n'est pas bon d'avoir ses propres sentiments et sa propre identité".

Désir fondamental : avoir de la valeur

4. Le romantique-tragique (individualiste) :

Le type romantique, individualiste. Les quatre sont conscients d'eux-mêmes, sensibles, réservés et calmes, mais peuvent souvent devenir lunatiques et pleins d'eux-mêmes. Ils s'éloignent des autres en raison de leurs sentiments de vulnérabilité et de "défection" ; ils peuvent se sentir indignes et rejeter les modes de vie ordinaires. Ils ont des problèmes de mélancolie, de complaisance et d'auto-compassion. Dans le meilleur des cas, les Healthy Fours sont inspirées et très créatives, capables de se renouveler et de transformer leurs expériences.

Peur fondamentale : ne pas avoir d'identité personnelle ou de sens

Désir fondamental : être soi-même

5. Observateur :

Intense, de type cérébral. Les cinq sont observatrices, intuitives, curieuses. Ils sont capables de se concentrer et de se concentrer sur le développement d'idées complexes. Indépendants et novateurs, ils peuvent se préoccuper de leurs pensées et constructions imaginaires, se détacher mais rester tendus et intenses. Ils luttent généralement contre l'isolement, l'excentricité et le nihilisme. Au mieux de leur forme, les CInques en bonne santé sont des pionniers inspirés, souvent en avance sur leur temps et capables de voir le monde de manière innovante.

Peur fondamentale : être incapable, incompétent, inutile

Désir fondamental : être compétent

6. Sceptique loyal :

Engagé, type orienté vers la sécurité. Les six sont des

travailleurs fiables, forts et responsables, mais ils peuvent aussi être sur la défensive, évasifs et très anxieux, enclins à stresser et à se plaindre. Souvent prudents et indécis, ils peuvent aussi devenir réactifs, enclins à relever des défis et rebelles. Ils sont généralement confrontés au doute et à la suspicion. Au mieux de leur forme, les Healthy Sixes sont intérieurement stables, confiants et dignes de confiance, et soutiennent courageusement les faibles et les nécessiteux.

Peur fondamentale : être sans soutien, sans conseils
Désir fondamental : être en sécurité

7. L'épicurien (l'enthousiaste)

Un type d'entreprise très actif et productif. Les sept sont polyvalents, optimistes et spontanés. Joueurs, spirituels et pratiques, ils peuvent aussi être intrusifs, nerveux et indisciplinés. Constamment à l'affût d'expériences nouvelles et alléchantes, ils peuvent devenir distraits et asurieux à l'idée de se retrouver sur une barrière. Ils luttent généralement contre l'impulsivité et la superficialité. Au mieux de leur forme, les Sept en bonne santé concentrent leurs talents sur des objectifs valables et deviennent joyeux, très accomplis et pleins de gratitude.

Peur fondamentale : être prisonnier de la douleur
Désir fondamental : être heureux, avoir une vie pleine

8. Leader.

Type puissant et dominant. Les huit sont confiants, forts et assertifs. Protecteurs, débrouillards et assertifs, ils peuvent aussi être fiers et arrogants. Ils sentent qu'ils doivent protéger leur territoire, cherchant souvent la confrontation et l'intimidation. Ils ont généralement des problèmes de tempérament et se permettent d'être proches des autres. Au mieux de leur forme, les Huit en bonne santé sont auto-possédés, utilisent leur force pour améliorer la vie des autres et deviennent héroïques, magnanimes et historiquement grands.

Peur fondamentale : être blessé ou contrôlé par les autres

Désir fondamental : se protéger (être maître de sa vie et de son destin)

9. Le Médiateur

Un type tolérant qui se tient à l'écart. Plein d'acceptation, fiable et stable. Naturellement bon, aimable, tolérant et solidaire, il peut être enclin à suivre les autres pour la tranquillité d'esprit. Il veut que tout se passe bien sans conflit et a tendance à être complaisant et à minimiser les difficultés. Il a généralement des problèmes de passivité et d'indolence. Au mieux, il est capable de pacifier les gens et de guérir les conflits

ENNEATYPE UNE COLÈRE

L'Ennéatype Un n'accepte pas la colère et se défend en faisant le contraire de ce qu'il pense ou ressent, et en cherchant l'erreur en dehors de lui-même. Par respect pour le principe selon lequel là où il y a une passion, il y a aussi un tabou, c'est-à-dire que la personne soumise à une passion spécifique ne semble pas manifester les caractéristiques les plus évidentes de cette passion, le mot Courroux n'évoque guère les caractéristiques de ce type.

Les courroux, en effet, ne perdent guère leur sang-froid et il leur répugne en effet le spectacle de personnes qui ne peuvent se contrôler ou s'exprimer correctement.

Nous sommes en présence de personnes qui ont été le "bon garçon" classique et qui sont, de la part des adultes, ordonnées, scrupuleuses, polies, très travailleuses et avec un code moral de fer.

Des gens qui n'élèvent guère la voix pour s'imposer, mais qui sont très attentifs à la façon

les choses sont faites et ressentent facilement un sentiment intérieur de contrariété pour ceux qui, selon eux, ne s'acquittent pas de leurs tâches avec le soin voulu. On peut dire que la colère naît en eux précisément parce que les autres ne se comportent pas comme ils pensent devoir le faire et comme ils le font eux-mêmes. La colère est le seul des vices capitaux traditionnels qui est socialement considéré comme ayant un double aspect. En effet, à côté de ce qu'Homère définissait déjà comme "la colère des wrats", avec sa connotation destructrice et accablante, il y a toujours eu une "juste colère", justifiée par des considérations morales ou idéologiques. Les personnes de ce type ne veulent pas voir en elles-mêmes l'existence du premier aspect et ne s'identifient pleinement qu'avec le second. Ils voient le monde selon des critères de bien ou de mal, de noir ou de blanc, de sale ou de propre, et ils croient aveuglément qu'ils ont entièrement raison lorsqu'ils portent leurs jugements.

Cette tendance à éviter tout comportement incorrect ou ambigu les conduit à dissimuler leurs actions sous un voile éthique de "bonnes manières".

Cela les incite à utiliser une phraséologie conditionnelle avec laquelle le chagrin peut se présenter comme une personne animée uniquement par de bonnes intentions. Des phrases telles que "Vous devriez

Il vaudrait mieux que vous le fassiez de cette façon", "Il vaudrait mieux que vous le fassiez de cette façon", ou

"Vous devriez éviter ces comportements", abondent dans leur vocabulaire. L'autre

L'autre personne à qui cette exhortation est adressée se rend compte, cependant, au ton de sa voix et à son regard, que derrière l'apparente bienveillance il y a une dureté et une colère qui n'admettent pas de réponse.

La tendance à poursuivre une sorte de "puritanisme", à la fois comportemental et social, pousse la colère à être, souvent, les pires ennemis d'eux-mêmes, nécessitant une attention continue (qui va jusqu'au (qui va jusqu'à l'extrême agitation), visant à éviter toute inattention ou imperfection possible. La façon la plus typique dont ces personnes expriment leur colère, est en fait la critique, qui fonctionne comme une sorte de soupape de sécurité dans une cocotte-minute.

La critique, qui prend souvent le caractère d'un grognement bourru, est alimentée, comme nous le verrons, par une forte nous verrons, par une sensibilité marquée qui amène les personnes de ce type à percevoir ce qui ne va pas (de leur point de vue).

Il est donc inutile de demander à un Type 1 de faire, par exemple, une autocritique explicite de ce que les autres considèrent comme une erreur, car un Type 1 ne pourrait pas, même s'il le voulait, admettre au monde qu'il a agi mal ou de manière inappropriée. D'autre part, en lui-même, le "procureur", que la littérature psychanalytique appelle le surmoi, va initier un processus impitoyable de réexamen de ses actes. Cette répétition malveillante ou "ressentiment", qui est une

conséquence de la colère, a été décrite avec un grand sens psychologique par St.

de la Croix comme une sorte de zèle agité, visant à empêcher, par une attitude censurée, toute chute dans le "vice".

Comme la colère se situe dans la partie supérieure de l'Enneagramme, c'est-à-dire dans la partie qui est à l'aise avec l'action de l'Enneagramme.

Tout en accordant une grande valeur à leur propre vie privée et en respectant par principe la vie privée des autres, les types Uno sont excessivement attentifs au comportement des autres. Un exemple littéraire classique de cette forme de manifestation est Jiminy Cricket de la fable de Pinocchio.

Quelques exemples de personnes ou de personnages

célèbres.

Dans le Type Un, les réformateurs religieux, les politiciens et, en général, tous ceux qui sont animés d'une conviction intime abondent, animés par la conviction intime que le monde doit être "sauvé" et fermement guidé sur la voie de l'amélioration éthique. fermement sur la voie de l'amélioration éthique et morale.

La galerie d'exemples concrets comprend des hommes de foi tels que Saint Paul, Martin Luther, Calvin, Saint Ignace de Loyola, et l'actuel pontife Jean-Paul II, mais aussi des hommes politiques et des hommes de gouvernement de différentes orientations tels que la Reine Victoria, George Washington, Margaret Thacher, Margaret Lenin.

Washington, Margaret Thacher, Lénine, et le président italien de la DS, Massimo D'Alema.

La mentalité quelque peu policière de l'Unique fait que de nombreux hommes de loi ou enquêteurs

sont de type un. Parmi les nombreux que nous citons, par exemple, le P.M. de Mani Pulite Antonio Di Pietro. Parmi les artistes qui appartiennent à ce type, on trouve des auteurs ayant une vision "morale" du monde. vision "morale" du monde. L'exemple le plus célèbre de tous est, évidemment, Dante Alighieri. L'ensemble de la Divine Comédie, lu de ce point de vue, est le reflet des convictions profondes d'un type qui voit une vision "morale" du monde. Un type qui voit l'univers entier en termes de bien et de mal et qui n'hésite pas à juger sans aucun doute. Dante est flanqué de la capacité à pénétrer le sens psychologique et moral de l'histoire, à la pénétration psychologique et au sens moral de l'histoire, le plus grand romancier italien, Alessandro Manzoni.

Les Fiancés sont une authentique mine de personnages peints avec ce scrupule, cette exactitude caractérologique et cette précision jusqu'au moindre détail qui est propre à ce type. Un exemple est celui du cardinal Federigo Borromeo, qui est décrit dans le roman comme un modèle éclairé du caractère caractéristique d'un homme.

Dans le célèbre dialogue avec Don Abbondio (comme nous le verrons, un type Six), le cardinal Federigo prononce les mots suivants qui sont un peu un résumé du style de vie d'un type Un : "Telle est notre misérable et terrible condition. Nous devons exiger des autres ce que Dieu sait si nous serions prêts à donner : nous devons juger, corriger, reprendre...

Mais malheur à moi si je devais prendre ma faiblesse comme mesure du devoir des autres, comme norme de mon enseignement ! Pourtant, il est certain qu'avec les doctrines, je dois donner aux autres un exemple". Un autre type Uno par excellence est Harry Higgins, le protagoniste masculin de la pièce Pygmalion de George Bernard Shaw (également un Type One), plus connu sous le titre de sa version cinématographique My Fair Lady.

Le monde de la bande dessinée nous fournit un autre excellent représentant de ce type dans le personnage de Lucy Van Pelt, soeur du Linus qui donne son nom aux célèbres bandes de Schultz.

Le monde du cinéma et de la littérature offre de nombreux bons exemples qui peuvent faciliter la compréhension de la dynamique interne de ce type. Dans Mary Poppins, nous pouvons observer l'attitude éducative et corrective combinée à son expression pleine de bonnes manières. Le jeu de Julie Andrews, également un type. L'un, ajoute aux traits littéraires du personnage une vigueur et une décision en donnant le bon exemple aux enfants qui lui sont confiés, ce qui rend parfaitement le style propre à Wrath. Derrière les mots célèbres, "il suffit d'un peu de sucre", on sent qu'il n'y a pas de véritable douceur à imposer une adhésion à ce qui est socialement considéré comme un "bon exemple".

D'autre part, l'attitude d'Alister Stuart, le mari de la protagoniste muette de Leçons de piano, prisonnier de son incapacité à montrer les vrais sentiments qu'il a et en même temps si contrôlé. nourrit et en même temps si contrôlé qu'il assiste plein de colère mais inerte à la trahison de sa femme. Le ressentiment et la jalousie tourmentante qui le torturent, ne peuvent trouver leur exutoire que lorsqu'il intercepte le message que sa femme envoie à son amant et qu'il apprend que son amant et sa femme veulent le quitter. Sa réaction est typiquement celle de celui qui ne veut pas s'avouer à lui-même qu'il est en proie à une rage furieuse. Il coupe le doigt de sa femme, l'empêchant ainsi de pouvoir jouer de la musique et donc de pouvoir d'une certaine manière communiquer ses sentiments, mais il le fait avec une action qui semble à sa conscience non pas vindicative, mais pleinement justifiée car il ne s'agit que d'un correctif d'un mauvais comportement.

Le désir de faire taire la voix critique intérieure en "sauvant" à tout prix les êtres qui lui sont chers, qu'ils soient humains ou animaux.

Dans l'intrigue du film et du livre dont il est tiré, la motivation du personnage joué par Jodie Foster n'est pas le simple accomplissement de son devoir professionnel, mais un devoir professionnel plus profond, mais un besoin plus profond de trouver la paix intérieure par une action au moyen d'une action (le sauvetage d'une fille kidnappée par un tueur en série, qui fait. les souvenirs d'une expérience d'enfance de Clarice après la mort de son père), qui peut faire taire, au moins momentanément, les exigences inflexibles de son propre surmoi.

Dans la dernière partie du livre, après que la jeune fille ait été sauvée, Clarice reçoit une lettre d'Hannibal Lecter, le psychiatre cannibale fou joué par Anthony Hopkins vers qui elle s'est tournée pour l'aider dans son enquête, ce qui montre très bien quelles étaient les véritables motivations qui la poussaient. Avec une grande perspicacité psychologique, Lecter écrit à Clarice : "Eh bien, Clarice, les agneaux ont-ils cessé de crier ?... Je ne serais pas surpris si la réponse était oui et non. Les cris des agneaux vont s'arrêter pour le moment. Mais, Clarice, le problème est que tu te juges sans aucune pitié ; tu devras le mériter encore et encore, le silence béni. Car c'est l'engagement qui vous garde et en comprenant ce qu'est votre engagement, l'engagement pour vous ne finira jamais, jamais".

La tentative obsessionnelle et absurde de s'améliorer, en se débarrassant des parties de l'être humain qui sont considérées comme "sales".

L'être humain considéré comme "sale" ou "animal", est au contraire la racine ultime des actions du protagoniste de l'histoire de Stevenson Le cas étrange du Docteur Jekyll et de Mister Hide. Le dédoublement de la personnalité dont souffre le protagoniste est bien plus qu'une simple allégorie de la condition humaine. simple allégorie de la condition humaine ; il nous montre comment le raisonnement des bons/mauvais schémas de

les bons/mauvais schémas de type Un, peuvent conduire dans des cas extrêmes au rejet d'une partie de soi et d'une autre et à la pathologie mentale qui en découle.

Un exemple, au contraire, des meilleures qualités d'un Iroso est offert par le personnage de Guillaume de Baskerville, retracé à mon avis en grande partie sur le modèle de Sherlock Holmes, dans le roman Le Nom de la Terre.

Holmes, dans le roman Le Nom de la Rose d'Umberto Eco. En plus de son hyperactivité, de sa loyauté et de son esprit déductif mais pratique, ce personnage fait preuve d'un sens de l'humour subtil et d'une capacité de compréhension qui sont communs chez les plus intégrés. La motivation profonde qui le pousse dans son enquête policière n'est pas celle de trouver de manière obtuse un coupable à punir, comme le fait, par exemple, l'inspecteur

Javert le fait dans Les Misérables de Victor Hugo, mais c'est quelque chose qui ressemble beaucoup aux motivations de Clarice Sterling : il est juste que les innocents soient sauvés et les coupables punis, peu importe leur richesse, leur puissance ou leur rang dans l'échelle sociale. Cette tension héroïque du type "prêt à se battre", indépendamment de tout avantage personnel, pour une valeur considérée comme intérieurement juste, peut conduire, selon les cas, soit à des formes de fanatisme justifiées par la morale, comme dans le cas des Croisades, soit à une idéalité qui se transforme en un altruisme exquis, comme dans les cas des grands médecins Pasteur et Sabin. Je termine ce bref aperçu en invitant le lecteur à voir le merveilleux film La vie est merveilleuse de Frank Capra.

Frank Capra dont le protagoniste George Bailey, illustre de façon parfaite cette "probité" riche en capacité de sacrifice de type Un.

ENNÉATYPE DEUX FIERTÉ (SÉDUCTION)

L'Ennéatype 2 ne veut pas reconnaître son propre besoin et se défend par la répression,

l'hystérie et l'image d'amour.

Le dictionnaire anglais Oxford définit la fierté comme "une grande opinion, sans limite, de ses propres qualités, réalisations ou conditions". Cette définition a certainement le mérite de nous orienter vers l'une des caractéristiques les plus évidentes de l'orgueilleux, le grand sens de soi, mais elle a aussi le défaut de nous faire voir cette passion davantage comme une idée, une opinion que la personne a d'elle-même. En réalité, le monde intérieur d'un orgueilleux n'a pas grand-chose à voir avec l'aspect cognitif et est totalement dominé par la perception instinctive et émotionnelle.

La position du type 2 dans l'ennéagramme nous indique clairement qu'il est le plus éloigné du centre de la pensée.

Les discours logiques et les subtilités de la pensée portent une personne fière, qui ne s'intéresse qu'à l'aspect émotionnel.

Une personne fière, qui est au contraire toute centrée sur la recherche d'émotions intenses et d'amour. Le

La phrase la plus classique des personnes de ce type est "Je suis important pour toi et tu ne peux pas te passer de mon amour". Conformément à cette hypothèse, les types Deux se perçoivent comme de très bonnes personnes, prêtes à faire n'importe quoi pour aider l'autre (pas, bien sûr,

l'autre au sens universel, mais au sens plus réduit des personnes qui leur sont chères), nourrissantes, de bonne compagnie et utiles. Ainsi, la passion trouve un point d'ancrage décisif pour se déguiser, comme nous l'avons également vu dans la première catégorie, derrière une attitude de bienveillance.

Les personnes de ce type, tout en nourrissant souvent une forte ambition sociale, ont tendance à montrer une image d'elles-mêmes.

C'est pourquoi elles s'entourent de personnes qui amplifient leur estime de soi en leur demandant leur avis et leurs conseils. Les Fiers aiment la gaieté, la spontanéité, un langage fleuri et délicat, des environnements riches en chaleur émotionnelle. Le paramètre qu'ils utilisent pour évaluer le monde et les gens est celui de la sympathie ou de l'antipathie et une fois qu'ils ont porté un jugement dans ce sens, c'est extrêmement difficile de changer leur opinion.

Ce besoin psychique de ne pas se sentir limité par le conditionnement social dans la poursuite de la recherche d'émotions agréables, est la prémisse d'un autre trait de caractère typique des Deux, la séduction.

Cette séduction est souvent inconsciente et la personne n'est même pas consciente d'envoyer des messages dans ce sens. Cela crée parfois des situations frisant la gêne et le ridicule, parce que l'autre personne, à sa manière, n'est pas consciente de la séduction.ridicule, parce que l'autre, à qui sont adressés ces messages implicites, se sent autorisé à le faire.

L'autre, à qui sont adressés ces messages implicites, se sent autorisé à faire des avances qui semblent, au contraire, absolument injustifiées aux yeux des Deux. En termes plus généraux, nous pouvons affirmer que, dans l'Orgueil, cette grande liberté de ressentir et d'exprimer des émotions est obtenue au détriment de la perception cognitive de ces mêmes émotions. Entre tous les types, le Deux est celui qui exerce un plus petit contrôle sur les pulsions et sur sa "spontanéité" émotionnelle, son drapeau de vie.

Tout ce qu'un Deux perçoit comme irritant est fréquemment exprimé en termes explicites de désapprobation, mais le plus souvent il est transmis d'une manière qui va stimuler des sentiments de culpabilité L'Autre, bien sûr, en plus de percevoir que derrière le "doux"

recommandations et les soins il y a un besoin spécifique des deux et non le leur, se sent la nature manipulatrice de ces manœuvres. Souvent, ce type est, à juste titre,

souvent accusé d'être possessif et intrusif précisément parce qu'il croit qu'il n'y a rien de mal à exprimer ces sentiments.

Un autre élément spécifique du type 2 est qu'il aime viscéralement les enfants.

Ce trait de caractère est le résultat d'une projection du Deux qui voit l'enfant comme un être non encore conditionné.

Ce trait de caractère est le résultat d'une projection du Deux qui voit l'enfant comme un être qui n'est pas encore conditionné, qui a beaucoup besoin d'aide et qui ne peut en aucune façon constituer une menace pour sa liberté.

Un problème qui se pose fréquemment aux enfants de type Deux est précisément celui de se libérer d'un parent certes affectueux mais qui continue à considérer comme
un "petit", leur propre progéniture de quarante ans. Les caractéristiques que nous avons vues
être présent dans le type 2 (chaleur émotionnelle, séduction, soin, exigence extrême de proximité, être important pour les proches, etc.), sont dans le monde occidental ceux qui sont le plus typiquement attribués à la féminité. Il n'est donc pas surprenant que ce type soit celui qui présente, en pourcentage, la plus forte présence de femmes parmi ses représentants.

Quelques exemples de personnes ou de personnalités célèbres Nous commençons cette liste par l'exemple de Napoléon Bonaparte car sa figure illustre à la fois le grand égocentrisme, la certitude d'être le sauveur de toute une nation. Une anecdote savoureuse nous raconte qu'un jour, Napoléon tentait de prendre, avec difficulté, un livre placé sur une haute étagère. Un grenadier le voyant en difficulté lui dit : "Votre Majesté, attendez que je vous aide, je suis plus âgé". Napoléon, électrocuté par son regard, lui répondit : "Imbécile ! Plus haut, pas plus grand".

Il est bien connu qu'un grand nombre de ses promotions et de ses aumônes dépendaient de mouvements soudains de son âme, positivement frappée par un acte de courage ou de dévouement, plutôt que d'une conception bien motivée. Son étrange habitude de garder une main dans son gilet au niveau de la poitrine, peut s'expliquer par l'attitude du Type 2 de se sentir vivant à travers la perception de ce qui est le centre de son être : les battements de son coeur. Dans le même ordre d'idée, on retrouve le personnage de la royale Cléopâtre, une femme en

dont la fierté, la capacité à communiquer (elle parlait couramment cinq langues), la grande passion, la séduction et l'ambition débridée, ont contribué à rendre la manipulation formidable capacité de manipulation qui est typique du type Deux. Les modalités mêmes de sa mort rappellent l'appel continu de Deux à son propre coeur, puisque Cléopâtre s'est suicidée non pas directement, mais par la morsure d'un serpent dont le poison a bloqué le battement de coeur. Le personnage littéraire de la tragédie de Shakespeare, Antoine et Cléopâtre, n'est pas moins passionné ni moins manipulateur que le vrai. Dans le premier acte de la tragédie, nous pouvons voir les deux aspects en action lorsque Cléopâtre, craignant inconsciemment d'avoir perdu son influence sur Antoine, lui envoie un messager, car son orgueil ne lui permettrait jamais de montrer directement à son amant qu'il a besoin d'elle, ce qui ferait revenir son désir dans son esprit. Les mots que Shakespeare met dans la bouche de Cléopâtre sont si précis psychologiquement qu'ils méritent d'être rapportés ici : Cléopâtre (s'adressant au messager) : "Va voir où elle est, avec qui, ce qu'il fait. Ne dites pas que c'est moi qui vous envoie. Si vous le trouvez mélancolique, dites-lui que je danse ; si, par contre, il est gai, dites-lui que je me suis soudainement sentie mal. Vite, et revenez ensuite".

L'interprétation cinématographique la plus célèbre de ce drame est certainement celle avec Liz Taylor et

Richard Burton. Dans ce film, Taylor, qui est également un Type Two, ajoute aux caractéristiques du personnage une certaine fragilité enfantine et un besoin d'encouragement explicite qui sont également typiques de Pride.

La chanteuse Madonna peut être considérée comme une transposition moderne du personnage de Cléopâtre. Profondément ambitieuse, elle a su vendre une séduction qui ne se soucie pas beaucoup du jugement des autres, une image d'indépendance et un désir de liberté émotionnelle qui ne veut subir aucun type de conditionnement et ne se soucie pas beaucoup du jugement social. Parmi les actrices ne peut pas se souvenir de notre Sofia Loren et Anna Magnani célèbre dans le monde pour leurs rôles riches en impulsivité émotionnelle et

riche en impulsivité et en chaleur émotionnelle.

On retrouve plutôt l'aspect plus maternel et nourricier du Deux, pleinement exprimé dans Mia Farrow, un surnaturel pleinement exprimé dans Mia Farrow, une supermaman qui, ne payant pas pour ses enfants naturels, n'a pas hésité à adopter généreusement qui n'a pas hésité à adopter généreusement une colonie d'enfants de différentes nationalités.

Cet aspect certainement évolué de Deux se retrouve de façon encore plus marquée dans les motivations de Mère Teresa de Calcutta dont le désir d'aider les pauvres et les nécessiteux.

Selon Mère Teresa, la pire chose au monde était le sentiment d'être non désiré, une affirmation qui semblerait étrange sur les lèvres d'un Deux, mais qui révèle, au contraire, l'un des traits de motivation les plus profonds et nié de ce type. Son amour pour les enfants était en effet sans limite, et c'est pourquoi elle s'est toujours battue, à tort ou à raison, contre le bien ou le mal, contre l'avortement volontaire. La phrase qui résume pleinement ses convictions est aussi celle qui est la devise de l'ordre des Missionnaires pour la Charité, qu'elle a fondé : "La seule chose qui convertit vraiment, c'est l'amour".

Des motivations analogues à celles de Mère Teresa se retrouvent dans les travaux d'autres couples éclairés comme Florence Nightingale et Henri Dunant, à qui le monde doit cette merveilleuse institution qu'est la Croix Rouge.

Parmi les exemples littéraires, outre Cléopâtre déjà mentionnée, trois figures se distinguent : Donna Prassede de la Sposi Promessi (Fiancée), la malheureuse Francesca da Rimini dans L'Enfer de Dante, et l'indomptable Carmen de Novare.

Le portrait que Manzoni nous donne de Donna Prassede est si exact psychologiquement, aussi finement savoureux dans l'ironie qui l'anime et mériterait d'être rapporté dans son intégralité.

Nous, observateurs, bien que touchés comme Dante par la profonde tristesse de son sort, ne pouvons rien y faire.

14

mais je me demande si elle était vraiment "sans soupçon", le fait qu'elle se soit retrouvée seule à lire côte à côte avec son jeune beau-frère.

lisant côte à côte avec son jeune beau-frère, un livre dont le thème principal était celui d'une

une liaison adultère, ou pourquoi elle a répondu au premier baiser avec ce transport

merveilleusement décrit dans le dernier verset cité.

Le dernier exemple de ce bref aperçu, Carmen, la créatrice de cigares de Séville, met en évidence

Enfin, la coquetterie et le désir explicite de conquérir les personnes qui l'attirent, mais alors

puis les abandonner sans trop de considération lorsque le jeu de la conquête est terminé, ce qui fait de ce type le prototype de l'amant latin charmant et flirteur (Giacomo

Casanova appartenait, en fait, au type Deux).

ENNEATYPE TROIS TROMPERIE - VANITÉ

L'ennéatype 3 évite de se sentir comme un échec en s'identifiant aux valeurs sociales que la situation exige.

Evagrius Ponticus, le brillant anachorète qui a été le premier à décrire en détail les caractéristiques des passions, a écrit sur les des passions, a écrit sur la Déception ou la Vainqueur avec un grand sens psychologique.

Il est difficile d'échapper à la vanité ; en fait, ce que

vous avez fait pour vous purifier deviendra une nouvelle vanité pour vous.

L'incapacité à avoir une idée claire de soi et à comprendre les sentiments en profondeur est, au contraire, la motivation profonde qui est à la base de cette passion. Un célèbre proverbe persan affirme qu'un paon sans plumes n'est rien d'autre qu'une grosse dinde.

En référence à cette croyance, le type Trois travaille très dur (en anglais, on utilise le mot workaholic pour cette caractéristique, indiquant une sorte de dépendance psychologique au travail. dépendance psychologique au travail), il a toujours tendance à vendre une image de lui-même avec une grande attention aux détails, à prendre soin des détails de son apparence, à soigner leur apparence presque au point de devenir accro aux cosmétiques, à être un fanatique du fitness et un adepte du bon "timing".

Tre voit le monde comme un endroit où il est non seulement nécessaire de concourir, mais aussi indispensable de gagner.

Contrairement à la Type 1, qui est animée par un désir

de bien faire, la Type 3 est animée par une impérieuse envie de bien faire.

L'envie de réaliser ses projets est si forte que la Type 3 se caractérise comme un formidable organisateur, motivateur et vendeur de lui-même. Les objections et les réticences ne sont jamais acceptées de plein gré, et les Trois ne les voient que comme une forme d'envie de la part des perdants.

Cela conduit souvent les Vanitosi à avoir des difficultés relationnelles avec d'autres personnes qui se sentent peu impliquées, voire utilisées comme de simples outils, dans les projets que les Trois mènent avec ténacité. Si cette situation implique des personnes qui sont profondément

Les trois réagissent avec une colère et un sentiment d'étonnement douloureux, semblables à ceux que peut ressentir un deux, ce qui peut également les conduire à un détachement émotionnel le plus total pour éviter de perturber les sentiments d'un deux.

Parce que souvent, trois ne comprennent pas l'émotion profonde de leur partenaire ni leur propre

Ils ont tendance à jouer l'image du partenaire parfait, sachant qu'ils ne font que jouer un rôle. Cette difficulté d'être en contact réel avec

avec l'émotion profonde, qui constitue du point de vue ontologique la source la plus sûre du sens de l'être, peut avoir des conséquences dévastatrices sur la vie d'un Trois. Aux États-Unis, où ce type constitue dans la phase historique actuelle la personnalité modale, les psychiatres ont été confrontés à plusieurs reprises à des cas dramatiques de personnes qui, après avoir lutté avec acharnement pour s'affirmer et avoir atteint un niveau social élevé

niveau social, sont tombés en proie à une violente dépression qui a souvent abouti au suicide.

Les victimes de cette pathologie, appelée de façon significative le syndrome du yuppie, ont accepté de vivre un effrayant sentiment d'aliénation et de vide existentiel.

Quelques exemples de personnes ou de personnages célèbres.

La grande capacité caméléonique fait du Vain le type le plus approprié pour jouer des rôles. Il n'est donc pas surprenant que parmi les personnes célèbres, on trouve une longue série d'acteurs à succès comme des acteurs à succès tels que Lawrence Olivier, Sharon Stone, Tom Cruise, Richard Gere, ou des chanteurs

qui se sont sentis à l'aise pour jouer des rôles dans des films tels que Whitney

Houston ou Barbra Streisand.

La capacité de Tre à être un communicateur très habile et à utiliser son corps

comme un outil pour obtenir des succès qui dépassent le domaine artistique est, cependant,

évident dans des personnages tels que Arnold Schwarzenegger et Silvester Stallone qui ont

qui ont réussi à devenir des capitaines d'industrie en vendant une image précise d'eux-mêmes, ainsi qu'en

Ronald Reagan, dont l'ascension d'acteur de second ordre au poste de président des États-Unis est la parabole la plus formidable de sa carrière.

la plus formidable parabole de la motivation de Vanity.

La grande capacité caméléonique de ce type est, au

contraire, admirablement exprimée par l'actrice Jane Fonda. Née dans un milieu d'acteurs à tendance politique résolument radicale (elle est, en effet, fille de Henry Fonda et soeur de Peter Fonda, tous deux acteurs très engagés dans le Fonda social, tous deux acteurs très engagés dans les questions sociales), s'est pleinement adaptée aux valeurs familiales en vendant dans sa jeunesse une image de pacifiste, farouchement opposée au système capitaliste américain et à l'intervention militaire au Vietnam, au point de donner à son premier fils le nom de Ho Chi Min et de prononcer un anathème public contre les soldats partant à la guerre.

Cependant, lorsqu'elle a épousé le réalisateur Roger Vadim à la fin des années 60, la Fonda a complètement changé d'image et

Fonda a complètement changé son image et, s'adaptant complètement au rôle que son mari

avait conçu sur elle, elle a assumé le rôle, dans la vie comme sur le plateau, de la parfaite poupée sexy, belle en apparence.

sexy, belle en apparence, aussi vide en substance

qu'une bulle de savon,

en jouant le rôle de Barbarella dans le film du même nom basé sur une célèbre bande dessinée française.

Bande dessinée française. Mais les changements de vie, dont l'échec du mariage, la poussent bientôt à chercher

l'a bientôt poussée à chercher une autre façon d'affirmer sa valeur.

valeur. Il est devenu l'un des gourous du fitness et a contribué de manière décisive au succès mondial de l'aérobic. La Fonda a ainsi ajouté une pièce supplémentaire à l'image de succès qu'elle était en train de construire et s'est préparée à la prochaine métamorphose, qui s'est produite lorsqu'elle est devenue la compagne de Ted Turner, le fondateur de CNN, la première télévision commerciale à diffusion planétaire. Arrivée dans le rôle d'une véritable première dame faisant partie intégrante de l'establishment social, la Fonda a commencé à demander sans cesse le pardon, sans jamais l'obtenir complètement, des vétérans de la guerre du Vietnam, pour les opinions exprimées par les vétérans de la guerre du Vietnam, pour les jugements exprimés à l'époque de sa jeunesse.

La capacité sans scrupule de changer d'alliance, de faire passer le succès personnel avant les sentiments, de savoir tirer le meilleur parti des sentiments et de savoir exploiter au maximum ses talents de propagande.

La confiance de trois personnes en ses capacités. L'orientation vers un succès mesurable et tangible, fait qu'il est difficile de trouver parmi les Vanitosi des personnages intéressés par la sophistication artistique au sens universel.

Il n'est donc pas surprenant que parmi les artistes de type Trois, nous trouvions des personnes qui voient l'art comme un moyen d'apparaître, de se démarquer dans la société, d'offrir ce que la culture dominante de leur environnement exige, plutôt que quelqu'un qui s'intéresse à l'absolu.

Des exemples dans ce sens sont des écrivains tels que Giambattista Marino et Oscar Wilde, dont

Les histoires personnelles se ressemblent de façon frappante et partagent une vision narcissique débridée de l'art. Le premier, considéré dans son siècle comme un auteur plus important qu'Homère lui-même, n'est connu essentiellement que pour une seule oeuvre, l'Adonis, dans laquelle il exalte le culte de la beauté esthétique avec des métaphores élaborées dont le plus grand mérite est de satisfaire le goût des cours du XVIIe siècle pour le paradoxe. La seconde, qui avait également une très forte proximité avec le type Deux, incarnait le prototype du dandy superficiel et raffiné qui voit dans la beauté de l'image extérieure la fin ultime de l'existence. Le célèbre Portrait de Dorian Gray est l'oeuvre dans laquelle la vision de l'art se déploie de façon plus complète.

La phrase de la préface ouvre le roman,

très similaire à la phrase la plus célèbre de Marino (c'est l'aileron de l'artiste, la merveille), est aussi celle

qui illustre parfaitement la conception de l'auteur : l'artiste est le créateur de belles choses. Le lecteur, dès qu'il entre en contact avec ses sentiments, ne peut s'empêcher de se demander : est-ce la profondeur ? Dorian Gray est peut-être le personnage artistique chez qui le sentiment de Déception dans la perception des sentiments est le plus évident. de Déception dans la perception des sentiments est le plus évident. Dans un passage crucial du roman, Dorian, au cours d'une conversation qu'il a eue avec sa fiancée Sybil après le fiasco retentissant de la pièce qu'elle jouait, est confronté à sa propre incapacité à percevoir la profondeur des sentiments ; à percevoir comment des sentiments profonds peuvent faire paraître tout le reste totalement inintéressant. La révélation est si dévastatrice que Dorian perd immédiatement tout intérêt pour cette femme. Je transcris ci-dessous les passages en question pour laisser les mots aux protagonistes eux-mêmes.

ENNEATYPE QUATRE ENVIE

L'Ennéatype Quatre ne veut pas se sentir perdu et désespéré ; il évite la simple tristesse et se défend en incorporant

Elle évite la simple tristesse et se défend contre elle en s'incorporant à des parties d'autrui.

Aussi pour cette passion, nous devons nous habituer à un sens du mot différent de celle de l'usage courant. Cette passion ne consiste pas tant en une haine du bonheur d'autrui, comme le décrivait saint Augustin, qu'en la perception consciente d'un sentiment de déficience, et d'imperfection intérieure (bien qu'il ne manque pas de personnes et de personnages réels de ce type qui soient ouvertement envieux et destructeurs de l'autre).

Le désir de combler cette lacune entraîne une recherche incessante de l'amour qui ne parvient cependant jamais à se satisfaire. ne parvient cependant jamais à être satisfait, car le surmoi raffiné de ces personnes impose de ne jamais se contenter de moins que la perfection. Le Quatre se sent comme une sorte d'ange déchu du Paradis, et souffre beaucoup de cette "mauvaise" image de lui-même et souffre beaucoup de cette "mauvaise" image de soi.

La douleur et la culpabilité sont perçues consciemment et conduisent souvent à une tendance à se plaindre et à une dépression ouverte ou rampante.

L'envieux évalue toujours comme plus important (peu importe si les gens, les choses ou les situations), ce qu'il n'a pas et n'est pas là, plutôt que ce qui lui appartient. Chaque

La chose est ardemment désirée et perçue comme indispensable, cependant, lorsqu'elle est finalement obtenue, elle perd l'attrait qu'elle semblait avoir auparavant. Dans ce processus, l'idéalité joue un rôle majeur, car c'est le type quatre qui compare le plus systématiquement la situation réelle avec un modèle de perfection inaccessible, en notant l'inaccessible, en notant ses défauts. Cela crée une caractéristique et un "va-et-vient" douloureux selon lequel, par exemple, vous ne voyez que les meilleures caractéristiques du partenaire tant qu'il est loin, mais n'échappez pas aux imperfections les plus infimes lorsqu'il est proche. Cette attitude conduit également à revivre émotionnellement toutes les situations du passé, en les couvrant d'un voile de douce tristesse et de mélancolie et, corrélativement, à avoir toujours le sentiment d'avoir fait de mauvais choix, rabaissant ainsi les situations de la vie présente.

Cette attitude existentielle trouve un exutoire naturel dans la créativité artistique, qui est un moyen de soulager le tourment produit par la perception de ses propres défauts. Il n'est donc pas étrange que ce type soit celui dans lequel les artistes les plus abondants, notamment ceux liés à une vision qui considère la vie comme un pathos universel.

L'empathie pour les pauvres, les maltraités et les souffrants est très présente dans ce type, puisque le. Quatre s'identifient facilement à leur condition.

Mais en même temps, il préfère renoncer à tout sauf à cette sensibilité douloureuse par laquelle il se sent compris par les autres.

Pour cette raison, le Quatre est le type qui accorde la plus grande importance à la capacité des autres à décoder les messages, souvent insaisissables, qui se cachent derrière les nuances de son comportement et croit que ceux qui l'aiment doivent nécessairement comprendre ses désirs les plus profonds. La forte émotivité se reflète également sur le plan humoral, provoquant des hauts et des bas continus et démotivés qui reflètent les transitions soudaines entre des moments d'exaltation et une dépression cachée. Malgré tout cela, l'Envoyé est aussi fondamentalement optimiste et, comme le dit la chanson Il Manichino de Renato Zero, "espère toujours que son destin va changer". et est convaincu, comme Luigi Tenco (les deux chanteurs appartiennent au Type Four), que "je ne peux pas vous dire comment ou quand mais un beau jour, cela changera".

Le raffinement, y compris l'esthétique, est une valeur très importante pour les envieux qui ont un "goût" intérieur fort et décisif, qui transparaît dans toutes leurs manifestations. Ainsi, par exemple, un type Quatre parlera et s'habillera de manière à pouvoir montrer au moins un signe de son

au moins un signe de leur "noblesse" de sentiment.

Plus généralement, on peut dire que les Fours ne se satisfont jamais de la normalité, qui leur apparaît souvent comme une simple banalité.

Exemples de personnes ou de personnalités célèbres

Les capacités artistiques des Quatre permettent à des représentants de ce type de foisonner

Il est bien connu que Marilyn détruisait avec des ciseaux des albums entiers de photos avec des ciseaux, trouvant toujours quelque chose qui la rendait insatisfaite de l'image qu'elle transmettait. En réalité et à la manière typique des Quatre, ce qui a rendu la pauvre Marilyn désespérée, c'est qu'aucune image ne pouvait exprimer la profonde douleur de son coeur ; le besoin désespéré d'amour qui était resté insatisfait toute sa vie.

Très similaire à celle de Marilyn Monroe est aussi la parabole humaine de James Dean, un autre acteur célèbre qui appartenait à ce type. En général, les acteurs de ce type

réussissent toujours à transmettre aux personnages qu'ils incarnent une aura romantique et une sensibilité profonde, qui leur sont souvent absentes.

C'est le cas, par exemple, de Viviane Leigh dans sa célèbre interprétation de

Dans l'interminable liste des personnages littéraires qui appartiennent au type quatre, je ne mentionnerai que pour mentionner, parce que chacun d'eux illustre une tendance distincte de cette passion,

Edmont Dantes protagoniste du Comte de Monte-Cristo d'Alexandre Dumas père, Jago dans la tragédie de Shakespeare Othello (à laquelle sont étroitement liées Cousine Bette protagoniste du roman homonyme d'Honorè de Balzac, Uria Heep dans David Copperfield de Charles Dickens et Shylock dans Le Marchand de Venise), Anna Karénine protagoniste du roman homonyme de Tolstoï et Jean Valjean protagoniste des Misérables.

Jago est l'exemple de l'Envie destructrice, de la haine qui se nourrit en silence détruisant d'abord sa propre âme et ensuite, pour une forme de vengeance et de justice déformée, celle des autres qui ont la chance d'avoir une âme intacte. Au début de la tragédie, il semble que Jago ne soit animé que par une forme de jalousie folle envers Othello, mais ce n'est pas le cas. Dans le monologue intérieur du premier acte, il se dit "Je déteste le Maure... Il y avait aussi

chuchote, ici et là, qu'il m'a remplacé dans mon devoir conjugal entre mes draps. Je ne sais pas comment

Voyons voir...Prendre sa place et faire culminer mon plan dans un double coup..." En ces deux mots, c'est

l'explication de la motivation profonde de Jago.

Othello et Cassio sont tous deux détestés

parce qu'ils ont quelque chose qu'il sent qu'il n'a pas (la première gloire et l'amour, la seconde beauté et pureté) ; tout prétexte est valable pour nourrir ce sentiment.

Dans la scène où Jago planifie la mort de Cassio, ces sentiments deviennent conscients et Jago déclare : "Il ne faut pas ; si Cassio reste, il a une beauté quotidienne dans sa vie, qui me rend laid". La puissance de ce sentiment est telle qu'il efface toute forme d'espoir, de respect de soi et de considération, suscitant dans l'âme de l'envieux un profond désespoir qui ne peut trouver de soulagement que dans la destruction de l'objet envié et, par conséquent, dans l'élimination de la douloureuse comparaison avec lui. Shakespeare, qui était aussi un type Quatre, connaissait parfaitement la puissance dévastatrice de ce sentiment, qui enlève tout espoir à la vue d'yeux assombris par la haine. Le

Les derniers mots frappants de la pièce, en fait, ne peuvent être pleinement compris que si l'on est conscient de l'incapacité à se satisfaire, ce qui nourrit secrètement la haine de l'envie.

Quatrièmement, il y a toujours un élément de vengeance contre l'autre qui a trahi les attentes d'amour qu'il nourrissait.

Chez Edmond Dantès, nous pouvons également voir à l'œuvre le désir de vengeance et de vengeance caractéristique de la durée dans le temps qui différencie la vindicte de ce type de celle beaucoup plus immédiate et directe que nous verrons en action dans le type huit. Dantes étudie avec l'acuité psychologique acuité psychologique de ce type, les principaux défauts de ses ennemis qui ont conspiré pour sa ruine et les frappe en leur faisant ressentir la même douleur que lui, mais, à la différence

À la différence de Jago et Anna Karénine, il est toujours soutenu par l'espoir qui soutient ceux qui sont sortis indemnes des moments les plus sombres du désespoir. Sa profonde sensibilité Sa profonde sensibilité est évidente dans de nombreux épisodes du livre et se manifeste pleinement dans le passage suivant qui clôt le roman

Dites à l'ange qui veillera sur votre vie, Morell, de

prier parfois pour un homme qui, comme Satan, est un homme qui, semblable à Satan, s'est cru pendant un instant semblable à Dieu, et a reconnu avec toute l'humilité d'un chrétien, que dans les mains de Dieu seul se trouve le pouvoir suprême et la sagesse infinie. Ces

Les prières adouciront peut-être les remords qu'il porte au fond de son cœur. Quant à vous, Morell, voici tout le secret de la conduite que j'ai tenue envers vous : il n'y a ni bonheur ni malheur en ce monde, ce n'est que la comparaison d'un état à un autre, c'est tout. Seul celui qui a connu un chagrin extrême est apte à goûter le bonheur suprême. Vous devez avoir désiré ardemment la mort, Maximilien, pour savoir à quoi bon vivre. Alors, vivez et soyez heureux, enfants bien-aimés de mon cœur, et n'oubliez jamais que, jusqu'au jour où Dieu daignera révéler l'avenir à l'homme, toute la sagesse humaine sera placée dans ces deux mots : attente et espoir. Encore plus intense et capable de compréhension et d'empathie efficace pour l'autre et la lumière qui illumine Jean Valjean, après que Monseigneur Benvenuto ait lavé son âme de la haine qui l'avait empoisonnée, par un acte d'amour profond et de respect pour sa fragilité humaine. Voici les mots avec lesquels Hugo décrit l'effet produit sur l'âme de Valjean par les paroles et les actions de l'évêque : Il ne pouvait pas réaliser ce qui se passait en lui.

Il ne pouvait pas réaliser ce qui se passait en lui. Il s'est raidi contre l'action angélique et contre les douces paroles du vieil homme : "Tu m'as promis de devenir un homme honnête".

Tu m'as promis de devenir un homme honnête. J'achète ton âme, je l'arrache à l'esprit de méchanceté et je la donne au bon Dieu.

Je la donne au bon Dieu". Cela lui revenait continuellement. Il s'est opposé à cette indulgence céleste, à cet orgueil qui est en nous comme la forteresse du mal.

ENNEATYPE CINQ AVARICE

Enneatype Five ne veut pas ressentir le vide, et se défend en isolant ses émotions de l'expérience.

Le vide dans la partie inférieure de l'Ennéagramme indique un changement décisif d'attitude existentielle entre les positions marquées aux points Quatre et Cinq. Si, en effet, Quatre est, comme nous l'avons vu, marqué par un désir ardent et par l'espoir de pouvoir changer son état, Cinq s'est séparé de ses sentiments et est profondément convaincu que rien ne peut changer pour le mieux.

Dans l'Envie, le désespoir, qui est toujours un mouvement émotionnel, est un enfer de désir.

Nous sommes ici dans un enfer gelé qui dépasse les limites du désespoir lui-même. L'Avarice est donc plus qu'un amour passionné de l'argent et

des biens matériels (même si, bien sûr, les égarements ne manquent pas, à juste titre, dans le langage courant), un sentiment profond de n'avoir que peu, combiné à la peur (le type Cinq est, en fait, un satellite de Six, qui, comme nous le verrons, est dominé par la Peur) de perdre ce que l'on a peu. Il y a, oui, de l'avidité dans ce type, mais elle est tellement freinée par la peur de s'exposer à un certain risque qu'il est difficile pour un Avare de se convaincre qu'une action est nécessaire pour obtenir ce qu'il veut.

La métaphore que j'utilise toujours pour expliquer cette position existentielle est celle du naufragé qui, ayant atteint la côte dans son petit bateau avec peu de provisions, a peur de se jeter à l'eau et de parcourir la distance qui le sépare du rivage, de peur de perdre le peu qui lui reste. peu qui reste. Ici, poursuivant la métaphore, la nourriture est l'énergie vitale dont l'avare sent qu'il n'en a pas assez.

Ce sentiment de faiblesse pousse l'avare à avoir particulièrement peur des complications sentimentales et à défendre son monde intérieur en gelant chaque impulsion, en mettant une barrière défensive aux impulsions, en mettant une barrière défensive entre lui et le monde extérieur. Un sanctuaire presque inviolable dans lequel se réfugier pour traiter calmement les événements de la vie et un temps pour répondre aux stimuli sont des besoins vitaux pour un Cinq.

Cependant, en se séparant de ses émotions et en transformant sa vie en un désert aride, le Miser se sépare de la source première de la perception de soi et a le sentiment, inconsciemment, de vivre comme un robot et d'avoir trahi la tâche que la vie a assignée à chacun d'entre nous.

Ainsi, à côté d'une vision pessimiste et parfois cynique du monde, surgit une douloureuse

un sentiment de culpabilité omniprésent et lucide que ce type, souvent, ressent comme une malédiction qui pèse sur lui.

Un Cinq se sent comme un petit enfant faible entouré de loups, alors il utilise toute son énergie pour s'échapper. Un Cinq se sent comme un petit enfant faible entouré de loups, alors il utilise toute son énergie pour s'enfuir ou pour mieux se cacher. Il ne supporte pas

Il ne supporte pas d'avoir les yeux des autres sur lui, de s'exposer, d'être au premier rang des projecteurs, d'être sollicité pour faire quelque chose. sous les projecteurs, d'être sollicité pour quelque chose, et il trouve particulièrement difficile de partager son propre espace avec quelqu'un d'autre. En général, l'avare utilise sa propre pensée comme facteur de défense contre un éventuel danger.

De tous les types, Cinq est celui qui est le plus à l'aise

avec le monde des idées, de la logique, de la controverse intellectuelle, et moins avec le domaine de l'action pratique et matérielle. Matériel. Même l'image que les autres ont de lui n'a que peu d'intérêt pour un Cinq, qui, typiquement, est détaché du désir de plaisir et de tout ce qui n'est qu'apparence.

L'énorme désir de savoir fait de lui le prototype du philosophe dans sa tour d'ivoire, de l'observateur détaché et impartial, de l'astronome, de l'anatomopathologiste, du scientifique qui, isolé dans son laboratoire, se sent parfaitement à l'aise.

La solitude qui effraie tant les autres types est, au contraire, recherchée et souvent désirée par les Cinq qui peuvent, de cette façon, utiliser leur temps pour mettre mentalement en ordre l'énorme quantité d'informations et de connaissances.

quantité d'informations et de connaissances qu'il accumule.

Cette énorme "tête", qui est constamment à l'oeuvre, aspire en quelque sorte toute l'énergie vitale et pousse le Cinq à essayer de sauver le plus possible de lui-même.

La recherche de connaissances, cependant, peut aussi pousser un Cinq à enquêter de façon surprenante sur le mystérieux, le paranormal. La recherche de la connaissance, cependant, peut aussi étonnamment pousser un Cinq à enquêter dans les domaines du mystérieux, du paranormal et de l'occulte (d'une manière similaire à celle des Six), avec une crédulité et une obstination que l'on n'attendrait pas d'un penseur aussi rigoureux.

Quelques exemples de personnes et de personnalités célèbres

La prédominance de l'aspect cognitif explique pourquoi ce type est celui qui présente le plus grand nombre de philosophes et de scientifiques. Parmi les premiers, on peut citer des hommes tels que

Pythagore, Parménide, la plupart des cyniques, les sceptiques, Épicure (qui n'était pas du tout hédoniste), Sénèque.

Ce dernier, en particulier, était appelé par ses frères le bœuf muet, car il ne participait jamais aux disputes philosophiques ou théologiques et restait seul sur la touche la plupart du temps. Mais lorsqu'un jour, on lui a demandé son avis sur un passage difficile de la philosophie d'Aristote, il l'a interprété avec une telle acuité et une telle précision que tout le monde a été impressionné par son génie.

Parmi les philosophes modernes, on peut citer Hobbes, qui soutenait, entre autres, que la vie n'est rien d'autre que le mouvement des membres et donc qu'un automate est doté de sa propre vie, Bergson, Leibnitz, Heiddeger, Popper et surtout Descartes. Certains choix dans sa vie qui pourraient paraître surprenants, s'expliquent parfaitement en sachant

Ennéagramme.

Il n'est donc pas difficile de comprendre pourquoi il a disposé de la ferme que son père lui avait donnée, que son père lui avait laissée en héritage (il fallait trop d'efforts pour (il fallait trop d'efforts pour la poursuivre), préférant, en échange, un modeste revenu annuel fixe. A Paris, il préférait s'isoler dans un quartier monastique pour se consacrer à l'étude de la géométrie. Mais comme, même là, quelqu'un venait lui rendre visite, il interrompit ses études et décida de s'enrôler dans l'armée néerlandaise. Cela peut sembler très étrange, si l'on ne tient pas compte du fait que la Hollande était dans une période de paix durable et que ses soldats avaient très peu de devoirs à accomplir. Dès que, en fait, le risque de guerre se profilait à l'horizon Dès que la menace de guerre se profilait à l'horizon, Descartes a démissionné et s'est enrôlé dans l'armée bavaroise, dont la principale occupation à l'époque était de maintenir l'ordre dans les casernes, choisissant comme destination un endroit froid et isolé.

Descartes était un catholique timide et pratiquant, mais il soutenait les hérésies de Galileo Galilei. Bien qu'il ait essayé par tous les moyens de gagner la sympathie de l'Église et en particulier celle des jésuites, il a écrit ce qu'il pensait, bien qu'avec une extrême prudence pour ne pas courir le danger d'être considéré comme un hérétique, et à cause de cela, a subi diverses persécutions. Il travaillait peu et lisait peu ; son œuvre était presque entièrement achevée en peu de temps, après de longues années de réflexion et de remaniement. De toutes ses oeuvres, celle qu'on tient pour absolument la moins profonde est celle sur l'Amour (le thème, évidemment, ne correspondait pas beaucoup aux attitudes d'un Cinq). La phrase qui résume le sens de sa philosophie est la suivante : "Cogito, ergo sum" (je pense, donc je suis).

Newton a été fait baronnet par la reine et, par conséquent, a participé aux réunions de la Chambre des Lords, l'une des deux branches du gouvernement.

La Chambre des Lords, l'une des deux branches du Parlement. Pendant les trente années de son

participation aux réunions se distinguait par trois choses : sa demande de toujours siéger sa demande de toujours siéger dans le dernier banc, l'absence totale d'intervention dans les discussions (sa seule requête au

(Sa seule requête au président de la chambre était de faire fermer une porte-fenêtre là où le vent soufflait), et le fait qu'il répondait au vent venait de), et le fait qu'il répondait invariablement "Nous avons besoin de temps pour décider" à ceux qui lui demandaient de parler.

ENNEATYPE SIX PEUR

L'Ennéatype Six craint de s'écarter des normes du groupe et se défend en projetant des émotions inacceptables sur les autres.

La peur est, comme je l'ai noté dans l'introduction, l'une des deux passions qui ne figurent pas dans la liste traditionnelle des péchés.

incluse dans la liste traditionnelle des péchés ou des vices capitaux. C'était, probablement,

pour deux raisons différentes. D'une part, d'un point de vue chrétien médiéval, la peur, ou

la peur de Dieu, n'était pas considérée comme un élément négatif, puisqu'elle, par la mémoire de la

Le souvenir du jugement et du châtiment éternel, a conduit l'homme à se soumettre à la loi et à l'ordre social.

à l'ordre social. D'autre part, il faut dire que la dynamique même de cette passion

n'ont pas été bien compris.

La variété des comportements induits par la passion de la Peur est en fait telle que, à première vue, il semble y avoir peu de choses en commun.

À première vue, il semble y avoir peu de choses en

commun entre les nombreuses personnes appartenant à ce type. Si, en fait, il est assez facile de comprendre qu'ils sont certainement dominés par la Peur sont certainement dominés par les personnes qui, dans le langage courant, sont aussi appelées phobiques, ceux, en d'autres termes, qui ont un mode de vie dominé par l'insécurité ou par des phobies qui sont en partie.

Il n'est pas aussi facile de voir la Peur à l'œuvre au niveau de la motivation chez ces personnes dites contre-phobes, qui agissent avec une forte agressivité de type stratégique. L'exemple du comportement de la souris qui fuit un chat, permet cependant de comprendre comment les deux attitudes sont, en réalité, des réponses différentes à un même besoin. La souris fuit normalement devant un chat, tant qu'elle a l'espace et la force de le faire, mais, si elle se trouve dans une situation sans issue, elle se retourne et

s'attaque à la source même de sa peur. Cette réaction n'est bien sûr pas due à une forme de courage, mais à une défense instinctive mise en œuvre par la Peur. Dans le jeu d'échecs, pour bien exprimer ce concept, nous utilisons le dicton suivant

met effectivement en évidence le monde intérieur d'un homme craintif, "la menace est beaucoup plus forte que son exécution". Cette expression est destinée à montrer comment l'idée d'un risque qui nous dépasse peut être beaucoup plus insupportable pour notre psyché que le fait d'affronter le danger lui-même. La majorité des Six, bien que majoritairement phobiques ou contre-phobiques, montrent dans leurs comportements les traits de ces deux réactions.

Cette alternance typique s'étend à presque tous les comportements possibles et est souvent décrite par le terme d'ambivalence.

Il existe cependant une autre possibilité d'expression de la Peur qui peut être déduite du comportement adopté par de nombreux animaux au sein de leur groupe. Chez de nombreuses espèces, il existe en effet une forme particulière de reconnaissance de la supériorité de l'autre, qui se manifeste par une série d'actes par lesquels elle reconnaît l'autorité du spécimen dominant et, en même temps, définit sa place dans l'échelle sociale du groupe.

dans l'échelle sociale du groupe. Ainsi, chaque membre du groupe sait, sur la base de cet ordre précis, quel est exactement son rôle.

Les craintifs, en général, sont des personnes très cérébrales, en ce sens qu'elles pensent trop à la

Ils combattent leur insécurité en demandant de l'aide et en ayant tendance à prévoir tous les scénarios possibles. Pour ce type, il est décisif de savoir quel est le comportement requis par l'autorité et, avec leur ambivalence typique, de savoir comment se comporter face aux demandes qui en découlent.

Nous aurons donc trois comportements distincts qui ont cependant en commun d'avoir

proviennent du besoin d'apaiser la peur. Contrairement à un Cinq, un Six ne s'est pas séparé de ses sentiments et de ses désirs

Un thème central de ce type est celui de l'accusation et, précisément pour éviter d'éventuelles

blâmer, Sixes ressent le besoin de connaître chaque détail d'une situation donnée.

Sixes ne donne pas facilement sa confiance et est très

attentif à détecter les signes d'ambiguïté ou de déloyauté.

Il met souvent les autres (en particulier ses proches) à l'épreuve, car l'ambivalence intime

l'amène à douter de lui-même et de sa loyauté. L'Effrayant ressent toute petite fissure comme un piège qui pourrait mener à un effondrement complet et a donc tendance à être un pessimiste lucide, qui préfère prévoir le pire afin d'être préparé à toute éventualité.

Pour cette raison, ce type est souvent décrit comme l'avocat du diable, en référence au rôle qu'il joue dans le processus de béatification par un membre du clergé, qui doit trouver d'éventuels motifs négatifs contre le futur saint éventuel.

Quelques exemples de personnes ou de personnages célèbres.

Ainsi, dans le sous-type contre-phobe, une opinion domine selon laquelle soit vous attaquez, soit vous êtes attaqué. Lorsque cette conception devient extrême, vous pouvez avoir des comportements visant à la destruction de l'ennemi, qu'il soit réel ou imaginaire, et à l'élimination de toute déviance.

L'Allemagne du Troisième Reich est un exemple de cette inclination portée à la suppression aveugle de toute forme d'individualité personnelle et qui se traduit, inévitablement, par un sombre et sinistre cupio dissolvivi

La tendance du nazisme à exiger une forme de loyauté aberrante et à ne pas discuter de la loyauté et à ne discuter d'aucune sorte d'ordre émanant des supérieurs hiérarchiques, peut être facilement comprise comme l'extrême des tendances présentes, à tous égards, dans les Six.

Le père de la psychanalyse moderne, Sigmund Freud, qui appartenait à la variante contrephobique, a raconté, avec ses propres mots, qu'il était le père des Six.

La variante contrephobique, a raconté, en expliquant certaines attitudes très agressives envers ceux qui s'opposaient à ses idées, qu'il ne baisserait jamais la tête devant un

ennemi qui l'a attaqué. Malgré cette attitude guerrière typique de la contre-phobie, Freud souffrait cependant d'étranges phobies qui rendaient, par exemple, impossible de voyager si à ses côtés il n'y avait pas son médecin personnel, une personne,

en d'autres termes, quelqu'un qui a de l'autorité, qui pourrait le rassurer contre les risques éventuels. Le

Le monde intérieur d'un Six pessimiste souvent enfermé dans son labyrinthe de pensées et incapable de décider d'une action avant de s'épuiser dans de très longues analyses, a été magnifiquement décrit par presque tous les écrivains les plus importants.

Des exemples célèbres sont les personnages d'Hamlet, le protagoniste de la tragédie homonyme de

La tragédie du même nom de Shakespeare, et Raskolnikov, figure centrale du roman Crime et Châtiment de Dostoïevski.

L'ambivalence et le pessimisme d'Hamlet sont les moteurs qui animent chacune de ses actions.

Dans la lettre qu'il écrit à Ophélie, Hamlet explique sa vision de la réalité comme suit : Il doute que les étoiles soient du feu, il doute que les étoiles soient du feu, il doute que les étoiles soient du feu.

Il doute que les étoiles soient du feu, il doute que le soleil bouge, il doute que la vérité soit un mensonge, mais ne doute pas de mon amour. Presque un manifeste programmatique de la mentalité des Six qui considère le monde comme un lieu d'incertitude.

ENNEATYPE SEPT GORGE

L'Ennéatype 7 échappe à la souffrance en intellectualisant et en sublimant les émotions. La passion de la gourmandise est quelque chose de beaucoup plus envahissant et subtil que l'utilisation courante du terme glouton ne le laisse supposer. Compte tenu de la position de ce type sur l'Ennéagramme, on comprend immédiatement que l'aspect cognitif est celui qui prévaut et que, par conséquent, la gourmandise est davantage un goût pour les promesses intellectuelles d'une situation, plutôt qu'un simple goût pour la nourriture ou la fine cuisine (même si, comme pour les autres passions, il existe des gloutons qui le sont au sens commun du terme). Cette passion est donc certainement un désir de se remplir de bonnes choses, mais ces "choses" relèvent plus du domaine des attentes idéales que de celui de la matière.

Les mots hédonistes et épicuriens qui sont souvent

utilisés en relation avec ce type, ne réussissent à transmettre que la tendance des Sept à tirer du plaisir de ses propres actions et de la vie, en prescrivant d'autres intérêts ou d'autres fins morales, mais ils ne font pas ressortir que derrière cette apparente espièglerie, il existe une très forte composante de peur qui est d'une certaine manière exorcisée.

La passion de la gourmandise est, en réalité, celle qui, pour limiter les effets de la peur, utilise ainsi

tellement d'appareils qu'il peut être considéré comme le plus stratégique dans l'absolu.

L'attitude de condescendance agréable et d'inclination facile aux plaisirs, cache en fait, un sentiment plus profond de fragilité existentielle qui est masqué, pour ainsi dire, derrière un rire joyeux.

Le Six contre-phobe, pour se défendre, s'attaque à sa propre peur, le Sept parallèle,

essaie de se défendre en jouant à cache-cache avec la peur. Le premier se souvient toujours du côté négatif d'une situation, le second, cependant, essaie toujours de se souvenir et de revivre uniquement l'émotion positive qu'il a ressentie.

Un poète médiéval a exprimé cette façon de concevoir la vie des Sept dans les mots suivants : Nous dansons tous, depuis des temps immémoriaux, au bord de la mort. Mais, peut-être, à cause de cela, ne devrions-nous pas danser ou rendre la danse que nous dansons moins attrayante ? De cette tendance naît l'attitude des Sept d'être très curieux, de poursuivre avec détermination et presque à tout prix tout ce qui semble promettre un plaisir et, corrélativement, une sorte de mouvement existentiel continu, avec lequel on passe facilement d'une histoire affective à une autre, d'une expérience à une autre.

Les Sept se définissent, et sont en fait, comme des amoureux de la vie, joyeux, insouciants, optimistes et convaincus qu'il y a toujours une solution à chaque problème, mais ils savent que cette couche de peinture dorée couvre à peine les sentiments les plus profonds de perte et d'insécurité.

Comme un enfant qui est mis sur un manège et qui craint qu'à la fin du voyage il se retrouve complètement seul sans savoir quoi faire.

Le plus grand danger pour un Sept est celui de l'ennui, car l'excitation cède facilement la place à une forme d'illusion.

C'est pourquoi on peut comprendre pourquoi les Sept sont plus intéressés par le jeu de la conquête que par les résultats.

Par conséquent, le Gourmet peut être intéressé par n'importe quoi, mais ce n'est qu'avec une extrême difficulté qu'il deviendra un véritable expert, contrairement au Cinq auquel il est relié par la flèche intérieure.

D'autre part, il développe une intuition très forte qui le conduit à toujours trouver la meilleure façon de traiter les relations interpersonnelles.

Dans le Sept, il y a une plus grande spontanéité et, surtout, une émotivité plus immédiate.

L'accusation d'être un peu trop léger (ou pire) souvent faite à ce type, trouve souvent une confirmation plus dans la vision de lui-même qu'a un Sept, que dans la réalité objective des faits.

des faits objectifs. La curiosité est le carburant supplémentaire qui fait fonctionner la machine émotionnelle du Sept, lui faisant croire que derrière chaque nouveauté il peut y avoir l'opportunité d'une expérience agréable.

Comme on dit en Angleterre, cependant, la curiosité a tué le chat et, souvent, à la fin du jeu, au lieu de l'amusement espéré, le lieu du Sept de l'amusement espéré, les Sept ne trouvent que désillusion (même si, évidemment, cela ne durera pas longtemps car il y a toujours une autre occasion à poursuivre) ou pire.

Quelques exemples de personnes ou de personnalités célèbres.

La souplesse et la polyvalence des Sept font que ces personnes peuvent faire presque n'importe quel travail.

effectuer presque n'importe quelle tâche. Poussés par un désir inlassable d'apprendre de nouvelles situations, de nouveaux lieux et de nouvelles personnes, les Sept peuvent s'impliquer dans une grande variété d'activités, même si ce n'est généralement que pour une courte période.

Il n'est donc pas surprenant de trouver des gourmets connus dans presque tous les domaines de l'activité humaine.

Le personnage le plus connu et le plus illustratif des caractéristiques profondes des Sept est sans aucun doute Ulysse dans l'Odyssée et la Divine Comédie. Maître de l'habileté d'un conteur enchanteur et d'un stratège hautement qualifié, Ulysse est en permanence à la recherche de nouvelles aventures, même si, en bon homme, de nouvelles aventures, même si, en bon glouton, il essaie d'éviter ces devoirs qui semblent ne promettre que des expériences négatives. Il essaie donc d'éviter de tenir la promesse de se battre qu'il avait faite quand, en vain, il avait essayé de conquérir la main d'Hélène, en prétendant être fou. Tout au long de l'Odyssée, Ulysse semble s'intéresser de plus en plus aux merveilles du grand monde, plutôt qu'au retour effectif chez lui. Ithaque semble fonctionner dans l'esprit d'Ulysse typiquement comme une sorte de ligne de vie, comme l'idée agréable qu'il existe une sorte de port libre, que chaque Sept juge nécessaire pour combattre le sentiment désagréable de n'avoir nulle part où aller. L'existence de ce centre de gravité est nécessaire pour un Glouton qui, autrement, courrait le risque de n'être soumis qu'à des forces centrifuges qui le perdraient. L'Ulysse de Dante est, comparé à celui d'Homère, encore plus utopique et désireux d'expérimenter de nouvelles expériences et connaissances.

Les paroles de Peter Pan, font écho avec le même sens et la même subtile rébellion, dans la chanson Girls they want to have fun de la chanteuse Seven Cindy Lauper. L'aspect rebelle du Seven qui, contrairement à son voisin Six, ne porte pas beaucoup le poids d'une obsession et d'une hiérarchie lourde, est cependant beaucoup plus évident dans le personnage de McMurphy, un petit punk qui a feint la folie pour éviter la prison, joué par Jack Nicholson (également un Seven dans la vraie vie), dans le film Someone Flew

Au-dessus du nid de coucou. Le contraste entre le personnage de l'infirmière en chef, qui représente typiquement le style du Type Un, et la désobéissance et la rébellion anarchique des Sept (McMurphy non seulement enfreint à plusieurs reprises les ordres des médecins et de l'infirmière, mais il pousse également les autres patients à se rebeller contre ce qu'il décrit comme un ordre maléfique et implacable ; un ordre maléfique et implacable capable de créer des esclaves et des dictateurs) conduit inévitablement à la conclusion dramatique du film. L'inclination à la permissivité, au libertinage et à la transgression des Sept transgressions des Sept fait de ce type le plus facilement accessible aux drogues, à l'alcool et à tout ce qui semble promettre le plaisir.

Dans une clause de son testament, Bob Fosse a laissé 25 000 $ à des amis pour qu'ils puissent organiser une orgie sur sa tombe en son honneur. Compte tenu de cette prémisse, il n'est donc pas étrange de comprendre comment les Gloutons sont très présents dans les domaines de la pornographie et plus généralement, dans les domaines du plaisir interdit.

Hugh Hefner, un Seven typique, a prétendu avoir

fondé le célèbre magazine Playboy pour s'échapper d'un monde réel de devoir vers une zone de plaisir libre où tous les fantasmes étaient possibles. Le Seven léger et libertin peut cependant, en illustrant le message existentiel du Tantra, transformer son énergie sexuelle en une énergie spirituelle et devenir ainsi, une personne de transcendance et de haute moralité.

ENNEATYPE HUIT EXCÈS

L'Ennéatype 8 rejette la faiblesse et l'évite en se défendant par le déni.

Cette passion était considérée par les écrivains chrétiens, selon la tripartition classique de l'âme faite par les philosophes grecs, comme un vice de la partie concupiscente, capable de soumettre le côté spirituel de l'homme aux valeurs de la sphère grossièrement matérielle. De cette façon, elle était concrètement liée aux relations charnelles et a pris le nom classique de luxure, du mot "latin".

nom de la luxure, du mot latin luxus (luxe), indiquant, comme la gourmandise toute proche, une inclination à trouver satisfaction dans les choses du monde, perdant ainsi le sens ultime de l'existence.

le sens ultime de l'existence.

En dehors de la vision religieuse, cependant, le sens profond de cette passion ne se trouve pas tant dans la

ne réside pas tant dans la recherche constante de la satisfaction sexuelle (bien que, comme pour les autres

passions il ya Lustful qui sont tels dans le sens commun du terme), mais consiste,

plutôt, dans une soumission envahissante des parties émotionnelles et cognitives à la force

tout type de désir.

Dans le type Otto, toute impulsion instinctive est dotée d'une très forte charge qui, métaphoriquement parlant, ne ressent et ne veut ressentir aucune considération

qui peut l'inhiber.

Cette connotation d'aller jusqu'au bout et de ne se soumettre à aucune règle est donc bien exprimée par le mot Excès, qui dans un sens plus général de la Luxure, indique une position existentielle dans laquelle toute expérience doit être, pour ainsi dire, extrême. Un premier corollaire descendant de cette façon de voir, est celui qui considère le monde comme une arène dans laquelle seuls les forts ont la possibilité et le droit de se satisfaire. Pour cette raison, le Huit est le type qui valorise la force et la puissance et, corrélativement, tient peu compte des expressions douces et sentimentales.

des expressions sentimentales douces, ce qui pourrait affaiblir sa réactivité.

Bien que l'inclination fondamentale au plaisir fasse définitivement de ce type un narcissique, le Huit n'est pas trop intéressé à vendre une image agréable de lui-même, préférant plutôt laisser sa ferme détermination transparaître à travers chaque expression. La tendance à la fraude et à la manipulation que nous avons constatée chez les Sept,

sont également présents dans le Huit, qui ne parvient cependant pas, contrairement au premier, à très bien masquer la profondeur de ses réactions.

Très à l'aise avec son propre corps et doté d'une grande énergie, le Huit n'hésite pas à utiliser sa colère comme un outil, ainsi qu'un instrument. Lié à sa vision "extrémiste" du monde, le Huit est très direct dans ses expressions verbales et physiques, et c'est quelqu'un qui

ne passe guère inaperçu.

Souvent, la dureté de comportement et l'agressivité manifeste sont consciemment recherchées par un Huit comme une forme supplémentaire de démonstration de son invulnérabilité à la douleur, sans invulnérabilité à la douleur, indépendamment des dommages ou préjudices qu'il peut causer à autrui.

En général, ce type préfère avoir affaire à un adversaire fort, avec lequel il peut éventuellement avoir une confrontation sans merci.

La proximité avec le Neuf, exprimée par la position du Huit dans l'Ennéagramme, nous rappelle que même dans ce type, il y a un travail en cours. Cependant, le Huit a une vision qui saisit immédiatement l'hypocrisie d'une situation, l'incongruité de la situation, l'incongruité qui se cache dans un moralisme qui n'est trop souvent qu'une forme de rien du tout mais une forme de prévarication du fort sur le faible.

De ce point de vue, le Huit est le plus révolutionnaire

de tous les types et comme le Quatre, aux antipodes de l'Ennéagramme, il prend facilement le parti du plus faible contre l'autorité.

La différence entre les deux types est que le Quatre agit ainsi parce qu'il ne veut pas qu'il y ait un inférieur et un supérieur, tandis que le Huit, s'identifiant au faible, se rebelle contre l'autorité limitante et répressive, perçue comme illégitime. Paradoxalement, cependant, un Huit peut facilement se comporter comme un dictateur s'il devient le détenteur du pouvoir.

Dans tous les cas, un Huit de luxe est un leader capable et charismatique, qui exige une dévotion absolue de la part des membres de son groupe.

Cependant, au plus profond de lui-même, chaque Huit cache l'enfant faible qu'il était autrefois et craint d'être à nouveau maltraité s'il perd ses forces. Cela génère une anxiété omniprésente qui est le véritable carburant qui alimente, au fond, cette passion.

Quelques exemples de personnes et de personnalités célèbres.

Les caractéristiques de la combativité et le désir de

prouver qu'elle est la plus forte, font que le

le Huit : le prototype idéal du gladiateur, du combattant, du combattante. Il n'est donc pas surprenant que certains des plus grands boxeurs de tous les temps soient de ce type et que certains d'entre eux aient été ceux qui ont le plus révolutionné le noble art. Parmi les nombreux

nous mentionnons Cassius Clay (Muhammed Ali après sa conversion à l'Islam), Carlos Monzon,

Jack La Motta, dont le personnage a été joué par Robert de Niro dans le film Toro

Raging Bull Roberto Duran et le récent et controversé ancien champion du monde des poids lourds, Mike Tyson.

Dans les sports d'équipe, la capacité des Huit à être un leader et un redoutable, a été magnifiée notamment par Diego Armando Maradona. Considéré probablement comme le plus grand joueur de tous les temps, Maradona est né et a grandi dans un pays très pauvre.

pauvre banlieue de Buenos Aires, illustre mieux que quiconque les grands dons du combattant Otto et, en même temps, la difficulté de ce type à se donner une discipline morale et à contenir le désir dans des limites acceptables. L'abus dans l'utilisation de la drogue, le désir sexuel excessif (souvenez-vous des nombreuses histoires qui ont rempli les pages des journaux et le (nous rappelons les nombreuses histoires qui ont rempli les pages des journaux et l'ont vu impliqué), et la tendance à se satisfaire par un usage immodéré de la nourriture et de divers stimulants, ont miné le physique a miné le physique de cet extraordinaire champion, capable comme tant d'autres Ottos de susciter les sentiments les plus contrastés d'admiration sans limite et de blâme féroce.

La tendance à subvertir les règles constituées de ce type, est bien illustrée dans le monde de l'art par la vie et l'oeuvre du peintre Michelangelo Merisi, connu sous le nom de Caravage.

Ce génie novateur, qui est mort à l'âge de trente-sept ans après une vie dissolue et orageuse qui l'a conduit dans divers pays à échapper à l'arrestation pour meurtre, reste dans l'histoire de la peinture pour la véracité dramatique de ses représentations et l'importance et l'utilisation du corps humain dans la composition. En bon Otto (qui appartient à la triade du Centre d'action dominée par le ventre), Caravage a pris comme modèle pour ses œuvres et représenté dans les tableaux, avec un réalisme et une violence.

Bousculant le goût maniériste de l'époque, Caravage a introduit dans son travail le principe de la centralité du corps réel et, grâce à l'utilisation d'un puissant jeu d'ombre et de lumière, il a pu faire des ombres, il a réussi à transmettre dans ses œuvres un sens du drame et de la force qui reflète la conception profonde de la vie d'un Otto.

En général, les artistes qui appartiennent à l'Otto laissent toujours une trace de la centralité du corps dans leur travail.

Un autre domaine d'expression privilégié des Huit est la politique. Les personnes de ce type peuvent être des leaders, évidemment très charismatiques, mais surtout capables de créer un climat de : celui qui n'est pas avec moi est mon ennemi. Le Huit incarne la figure du dictateur qui exerce, en fin de compte, plus de pouvoir personnel que le pouvoir qui vient du fait d'être le pouvoir plutôt que le pouvoir qui vient du fait d'être la plus haute expression d'une idéologie ou d'un mouvement.

On trouve des exemples notoires de personnes ayant cette attitude parmi les membres des formes les plus diverses d'appartenance aux formes politiques les plus variées. Si, en fait, nous pouvons citer comme exemples de dictateurs de la "gauche", Staline, Mao ou Fidel Castro, nous pouvons également citer parmi ceux de la "droite", Benito Mussolini et "Benito Mussolini ou, même si à l'époque les concepts de droite et de gauche étaient très différents de ceux d'aujourd'hui, les Romains. Le leader dans lequel les caractéristiques de l'Excès se manifestent de façon plus évidente, est selon mon opinion, certainement le plus formidable ennemi de Rome, Hannibal Barca.

L'histoire de la vie d'Hannibal (un Huit avec une forte proximité du Sept), est celle d'un aman qui n'a pas peur d'affronter quoi que ce soit et qui que ce soit, animé moins par l'amour pour son propre pays, mais du désir de se battre et de gagner un ennemi envers lequel il avait nourri, dans le respect du diktat familial, une haine profonde depuis l'enfance. Capable d'un effort physique presque incroyable, astucieux et déterminé à réaliser ses idées, tant d'idées, tant idolâtrées par les soldats sous son commandement et par le peuple de Carthage, tant détestées par les Romains de l'aristocratie romaine que par les Carthaginois, Hannibal reste dans l'histoire comme un exemple classique de personne envers laquelle on ne peut rester indifférent.

ENNEATYPE NEUF PARESSEUX

L'ennéatype 9 évite les conflits en narcotisant et en émoussant la conscience.

L'existence en italien du mot Accidia, du grec Achedia non curarsi, permet de

L'existence du mot Accidia, du grec Achedia non curarsi, nous permet d'exprimer l'essence de cette passion bien mieux que nous ne le pouvons avec l'utilisation du

de l'oisiveté ou de la paresse également utilisées. Dans

le type Neuf, il y a certes une forme de paresse, mais celle-ci plus qu'un manque d'action prend souvent l'apparence d'une inertie psycho-existentielle, d'une inertie existentielle occupée, d'une préoccupation pour mille choses sans importance, faisant toujours ce qui est demandé par les autres, ne faisant pas toujours ce qui est demandé par les autres, ne voulant pas faire de distinctions entre ce qui est essentiel et ce qui est sans importance.

Les écrivains chrétiens classiques connaissaient bien cette passion, qu'ils ont souvent

souvent appelé le Démon de midi ou de la sixième heure, en référence au temps canonique que les moines avaient à observer.

C'est ainsi qu'Evagrius Ponticus le décrit avec un grand sens psychologique, un moine anachorète du quatrième siècle qui fut le premier à fournir une description précise des passions, qu'il considérait comme de véritables démons tentateurs, dans son livre Les différents esprits du mal. La méchanceté. "L'oeil de l'homme paresseux est continuellement fixé sur les fenêtres, et dans son esprit il fantasme sur les visiteurs possibles : la porte grince et celle qui saute dehors ; il entend une voix et regarde par la fenêtre, et ne le fait pas.

Il entend une voix et regarde par la fenêtre, et ne la quitte pas, jusqu'à ce qu'il soit obligé de s'asseoir, tout engourdi. Lorsqu'il lit, l'homme paresseux baille souvent, et il est facilement dépassé par le sommeil, il plisse les yeux, se frotte les mains et, retirant ses yeux du livre, fixe le mur ; puis, les tournant à nouveau vers le livre, il lit un peu plus, puis, dépliant les pages, il les tourne, compte les feuilles, calcule les fichiers, blâme l'écriture et la décoration ; enfin, baissant la tête, il place le livre sous le livre, et s'endort d'un sommeil léger, jusqu'à ce que la faim le réveille et le pousse à s'occuper de ses

ses besoins" . Quelles caractéristiques de l'Acedia glanons-nous sur le passage d'Evagrius ?

Tout d'abord, une tendance à se laisser facilement distraire, puis une recherche quelque peu superficielle du contact avec les autres, un rejet des autres, un rejet des choses trop élaborées qui sont considérées comme "artificielles", un "artificiel", une incapacité à rester physiquement immobile (rappelez-vous que le Neuf appartient en fait au centre de l'action), une torpeur existentielle qui trouve son divertissement dans une forme de curiosité et enfin une "accommodation" facile aux situations visant à ne pas créer trop de problèmes. Les aspects centraux de cette passion semblent donc être ceux d'essayer de s'échapper d'eux-mêmes et de ne pas vouloir vraiment affronter les problèmes.

La stratégie mise en œuvre au niveau inconscient pour atteindre ces objectifs peut inclure alternativement le sommeil et une structuration exaspérée de son temps, par une occupation de beaucoup de choses de peu ou pas d'importance. L'accidenté, par conséquent, est généralement accommodant et toujours prêt à supporter la charge d'un travail plus lourd (même si cela lui coûte, le

une charge de travail importante (même si cela lui coûte, en tout cas, pas peu en termes de fatigue), afin de ne pas avoir à s'arrêter pour réfléchir.

En fin de compte, nous sommes confrontés à une position psychique qui ne laisse aucune place aux besoins les plus profonds de la personne.

besoins profonds de la personne, qui accepte de se subordonner aux besoins du partenaire, de la famille ou, plus généralement, du groupe auquel elle appartient.

Le Neuf peut facilement être confondu avec le Deux, qui met en œuvre une attitude similaire, également parce que les deux types de personnes pensent qu'elles "peuvent se passer".

Dans le Neuf, cependant, l'aspect du don pour le bien de l'avoir est absent et il existe, au contraire, une forme de passivité psychologique qui exprime le déni inconscient de sa colère. Les formes les plus typiques avec lesquelles les Neuf expriment leur colère refoulée sont, en fait, l'entêtement et l'oubli. l'entêtement et l'oubli des personnes et des situations problématiques.

Un autre aspect typique est de se justifier, si la relation ou la situation ne va pas

qui ne va pas bien, en disant : ce n'est pas ma faute, je n'ai rien fait.

Dans toute la littérature de l'Ennéagramme, le Neuf est considéré comme le type qui exprime le mieux, au niveau spirituel, la condition humaine réelle ; la passion dans laquelle la différence subtile qui existe entre une conscience qui oublie les choses du monde va vers le transcendant, et un ego qui s'oublie et se perd dans le monde de la matière, trouve son expression la plus évidente. La paresse est donc techniquement considérée comme la passion centrale.

Il n'y a pas de jugement de valeur dans cette expression (bien que le proverbe populaire affirme que l'oisiveté est le père des vices), puisque toutes les passions sont considérées comme équivalentes, mais seulement l'affirmation que dans Accidia l'aspect "caricatural" des passions est plus évident que les vertus correspondantes.

Quelques exemples de personnes ou de personnages célèbres.

Le sens pratique et la facilité d'adaptation aux choses du monde de type Neuf, apparaissent
apparent dans la figure de Sancho Panza, l'écuyer immortel de l'ingénieux Don Quichotte de la Manche (un

type Six avec une très forte aile Sept), qui, contrairement à son maître plus qu'idéaliste, explique par ces mots à sa femme, qui lui demande de rendre compte de son comportement, ce que pour lui est le vrai sens de la poursuite de Don Quichotte : Il est vrai moh6 que la plupart des aventures ne réussissent pas comme on le souhaiterait, car sur cent quatre-vingt-dix-neuf elles finissent

finissent à l'envers ; néanmoins, il est bon de traverser les montagnes, de pénétrer dans les forêts, de piétiner les précipices, de visiter les châteaux et, surtout, de séjourner dans les auberges sans payer un seul centime. Sancho nommé pour la boutade gouverneur de la soi-disant île Barattaria fait preuve dans ses jugements de bon sens et de discernement, mais le bon sens et le discernement, mais placé devant une invasion ennemie imaginaire, ne

n'hésite pas, lorsque le danger apparent est passé, à se dépouiller de toutes ses charges et à reprendre son rôle initial avec simplicité. Ce sont les mots que Cervantès met avec une finesse psychologique dans la bouche de notre héros, alors qu'il barde et embrasse son petit âne :

depuis que je t'ai abandonné, mon compagnon, mon ami, pour gravir les tours de l'ambition et de l'orgueil, mille

L'orgueil, mille misères, mille travaux et quatre mille désirs ont pénétré dans mon coeur... Pierre à Rome ; et je veux dire que chacun est bien dans la fonction pour laquelle il est né ; mieux vaut une scie dans ma main qu'un sceptre de gouverneur. Mieux vaut pour moi être saturé de pain mou, d'huile, de vinaigre et de sel, que d'être soumis à la misère d'un médecin impertinent qui me fera mourir de faim ; je préfère rester dans le séjour en été à l'ombre d'un hêtre et me couvrir de sacs en hiver, mais en toute liberté, que de dormir dans une détresse constante, enveloppé dans des draps de Hollande et vêtu de fourrures. Quand on lui demande de changer d'avis, Sancho répond, comme un Neuf typique, qu'une fois qu'il a répondu non à une proposition, il n'y a pas de proposition, il n'y a rien au monde qui puisse l'inciter à changer d'avis.

"Les gens ont du monde des milliers d'idées différentes, mais il leur manque cette idée générale qui leur permettrait de se comprendre et de déterminer tout de suite de quel point de vue ils entendent considérer le monde. "Il est impossible d'étudier un système de l'univers sans étudier l'homme. En même temps, il est impossible d'étudier l'homme sans étudier l'univers. L'homme est une image du monde. Il a été créé par les mêmes lois qui ont créé le monde dans son ensemble. Si un homme se connaissait et se comprenait, il connaîtrait et comprendrait le monde entier, toutes les lois qui créent et gouvernent le monde. Et inversement, par son étude du monde et des lois qui le gouvernent, il apprendrait et comprendrait également les lois qui le gouvernent.